新しい視点からの
教育社会学

人間形成論の視点から

住本克彦〈編著〉

大学教育出版

発刊によせて

　この度、奈良学園大学教授住本克彦先生の編集による「新しい視点からの教育社会学」のご出版を心からお祝いいたします。

　新見公立大学のある教授が「住本先生の研究室に入ると子どものムードが一杯ですよ。心が温かくなります」と、私に話したことがあります。住本教授の部屋は明るい子どもたちの写真が溢れているそうです。彼は子どもたちが本当に好きで、子どもたちと心を通わせて教育をされている教育人です。その上、住本教授からは教育に対する熱情がほとばしっています。

　現在、文科省が進めている教育学部をはじめ人文系の学部の入学生の縮小や、テクノロジー重視、そろばん勘定重視の教育政策に私は賛成できません。大切なことは人間教育でしょう。霞が関には高学歴の法学、経済、工学関係などの人が多いと思いますが、国民のための、そして、国家の品格のある政治が行われているとは思えないのです。人間教育の欠如だと思います。十分な人間教育と深い教養がなければ世界的に通用しません。教育は寺子屋式で、血の通った人間教育がすべての基礎だと思います。そして、教育は目前のことだけでなく、10年後、20年後に生きるものでなければならないと考えています。

　本書を分担執筆された先生方は、住本教授と教育について同じ考えと目的とを持たれ、教育に熱情を傾けられておられると確信しています。読者が本書の内容を学ぶなかで、教育の深い意味を読みとられ、実践に生かされ、そして、そのような教育を受けたものに生涯にわたってその効果が継続されることを心から祈念いたします。

2022年3月15日

新見公立大学前学長

岡山大学名誉教授

難波　正義

ま え が き

　社会の急激な変化にともない、子どもを取り巻く環境が大きく変化してきている。社会は常に「便利さ」を求め、科学技術は飛躍的に伸びたが、一方で「心」が置き去りになっているようにも思えてならない。特に教育にあっては、いじめ問題や児童虐待問題等、子どもたちが抱える問題がますます深刻化、複雑化している。

　本書は、教職課程にかかわる学修を進めている皆さんを対象にし、子どもが抱える問題やその背景を理解するための理論や最新の知識を学べる内容に編んである。教育現場を熟知し、教育臨床経験等も豊富な執筆者が各章を担当し、現代の教育現場において、教師が必要となる内容を網羅している。教職課程を学ぶ学生の皆さんには、順次読み進めることで、教育社会学の理論と実際を学ぶことができ、教育現場の教師にあっては、最新の教育社会学の知見を学び、実践的な内容に触れることができるように構成している。

　まずは、日頃からご薫陶を頂戴している、新見公立大学前学長・岡山大学名誉教授　難波正義先生から巻頭にあたっての過分なお言葉を賜り、重ねて、「共生社会」実現に向けての大きなきっかけとなる貴重なテーマでのご寄稿論文までご恵贈頂き、身に余る光栄でございます。この場をお借りして心より御礼申し上げます。

　本書では、難波先生のご寄稿論文を起因として、社会の動向を基に教育のあるべき姿を探り、その様相を明らかにしようと取り組んでいる。第1章では、「教育社会学へのアプローチ」のテーマで、教育社会学の理論的背景について探る。第2章では、「教育社会学から見たカリキュラム」と題し、カリキュラムをマネジメントすることの意味について学ぶ。

　第3章では、主題を「キャリア教育と教育機会」とし、キャリア教育の意義や教育機会の平等等についての学びを進める。第4章では、「現代社会における高等教育」の題目で、現代社会における高等教育の意義や、その機会・質

の保障等について、第5章では、「子どもの福祉と教育」と題し、福祉の視点から見た教育社会学の内実に迫る。第6章では「多様化する家族のあり方」のテーマで、家庭の教育力の低下や近代家族の様相について概観する。第7章では、いじめ問題への適切な対応の仕方等について学ぶ。第8章では、不登校の現状やその効果的支援等について、第9章では、「子どもとメディア利用」と題し、現代の子どもとメディア利用の現状やその対策等についての学びを進める。第10章では、「特別支援教育」のテーマで、特に特別支援教育の歴史の流れから教育社会学を見つめ、インクルーシブ教育が目指すものとして、先進的事例についても紹介している。第11章では「マイノリティとジェンダー」と題し、社会的弱者の視点から「公正」の在り方について探り、これらのテーマが教育のあり方に大きくかかわっていることを学ぶ。第12章では、「大学教育の今」のテーマで、大学教育の現況と課題、改革への方途を探る。第13章では、「共生社会」の実現の方途を探ろうとする、これからの教育社会学を展望していく。なお、本書の編集にあたっては、各章、各コラムの執筆者の専門性を尊重した表記となったことを付記する。

　めまぐるしく変化する社会の情勢を的確に捉える必要性や、最新の教育改革の現状、様々な援助・支援スキルを身に付ける必要性が一層増してきている現況にあって、本書が、日々尊い教育実践を重ねる教師や、将来教職を目指す学生の皆さんの今後の教育活動の一助になることを願っている。

　最後に、本書の編集にあたっては、大学教育出版社長の佐藤　守氏、営業部長の佐藤宏計氏には多大なるご尽力を頂いた。衷心より感謝申し上げる。

令和4年3月

奈良学園大学　教授

住本　克彦

新しい視点からの教育社会学
― 人間形成論の視点から ―

目　次

新しい視点からの教育社会学
― 人間形成論の視点から ―

特別寄稿

環境教育のための資料例
― 環境プラ塵問題／私たちの 2 つの実験 ―

新見公立大学前学長

岡山大学名誉教授

難波　正義

要　　旨

　現在、大きな環境問題の一つになっている環境中に破棄されているプラスチック、特に直径 5 mm 以下のマイクロプラスチックの現状について簡単に概観した。そして、私たちの実験で、ある種のプラスチックは、培養細胞を使用しての条件であるが、細胞毒性があること、また、日常の食品としての貝類にマイクロプラスチックが存在することを示した。そして、プラ塵に対する私達の取り組める方策を提案した。最後に、あとがきで本稿を執筆中に筆者が考えたことを述べた。

1.　プラスチック問題の現状

　私たちの身辺に溢れている様々なプラスチック製品とそのリサイクルの難易度を表 1-1 に示した。プラスチック製品は便利な日常生活の必需品であるが、大きな環境問題にもなっている。それは、プラ塵の環境への蓄積である。プラ塵が環境中で自然に分解し無毒化するのか、分解にどれだけ時間がかかるのかなどのことは現在はっきりしていない。

　2020 年現在、年間約 3 億トンのプラ塵が捨てられている。このプラ塵のほとんどは埋め立てられるか自然投棄されているが、その内約 800 万トンは海に流出している。そして、2050 年には魚の量よりプラスチックの方が多くなると予測されている。

表1-1　日常生活の環境中にあるプラスチックの種類
　　　　と再生処理度

ポリエチレンテレフタレート*（PET）	ペットボトル、食品容器、衣料繊維
高密度ポリエチレン*（HDPE）	洗剤ボトル、菓子容器、収納ケース
低密度ポリエチレン**（LDPE）	ラップ、レジ袋、気泡緩衝材
ポリプロピレン**（PP）	ボトルの蓋、ストロー、紙おむつ、カーペット
ポリスチレン***（PS）	発泡カップ、卵の容器、ハンガー
ポリ塩化ビニル****（PVC）	カード、水道管
その他****	ナイロン繊維、自動車部品、CD、哺乳瓶

再生処理度：*簡単、**ふつう、***困難、****非常に困難
英語の略記は、それぞれの製品に示されています。

　2018年、インドネシアで死亡したマッコウ鯨の胃の中には、プラスチック片19個、カップ115個、ビニール袋25枚、ビニール紐3Kg、ペットボトル4個、サンダル2足が見つかった。この鯨食にも驚くが、このような雑多なプラスチックが海中にあることも大きな驚きである。

　でも、このような大きなプラスチックより、小さく壊れたプラスチックの方が問題は大きいと考えられている。直径5mm以下になったマイクロプラスチックの問題である。筆者は、2018年6月号の National Geographic「海を脅かすプラスチック」の特集号[1] で、2mmほどの大きさのミジンコの中に沢山のマイクロプラスチックが入っている写真をみて、これは大変だと思った。ミジンコは小魚の餌になり、小魚は大きな魚に食べられ、大きな魚は人間に食べられる食物連鎖がある。ミジンコ類ではマイクロプラスチックが成長阻害や生殖阻害をおこすことが報告されているが[2]、魚がどのような影響を受けるかの報告はいまのところない。将来、プラスチックが人間にどのような影響を及ぼすかは大きな問題であるが、結論には長い時間と多くの研究が必要であろう。

また。琵琶湖や東京湾の小魚の消化管内[3]、日本の多くの河川[4]、九州地方の湖底[5]、ヒトの糞便[6]、道路粉塵[7] などにマイクロプラスチックが存在することが報告されている。

2. 二つの実験

　私たちは細胞培養という方法を用いて、種々の物質のヒトの細胞に及ぼす研究を行ってきた経験から、今回、細胞レベルでのプラスチックの影響を検討した。

　現在、ラップとして、ポリエチレン製とポリ塩化ビニリデン製のものが市販されている。いま、ポリ塩化ビニリデン製のものをアルコールに浸けておくと、写真1-1に示したように、アルコール中に細胞に障害のあるものがラップより出てくる。細胞は変性壊死に陥っている。そして、その細胞毒性物質は、プラスチック原料のポリ塩化ビニリデンそのものではなく、ラップをつくるための可塑剤（epoxidized bean oil と epoxidized linseed oil）であった[8]。データは省略したが、エイムステストで、この細胞毒性物質に遺伝子変異性はなかった[8]。もし、遺伝子変異をおこすものであれば、がんやその他の遺伝性疾患をおこす可能性がある。

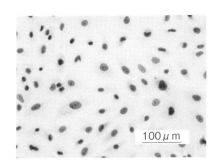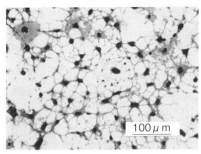

写真 1-1　ポリ塩化ビニリデン製ラップのアルコール抽出液が示す細胞変性壊死
細胞はヒト培養肝臓細胞　右：コントロール／0.5％アルコール、左：細切したポリ塩化ビニリデン製ラップを 12 時間アルコールに浸し、そのアルコール（最終濃度 0.5％）を添加したもの。スケールは 100μm。

以上の実験からプラスチック製品には一般に可塑剤が含まれているので、プラ塵の生物への影響を調べる場合には、プラスチックとその添加剤とをトータルで考える必要がある。一方、ポリエチレン製のラップには毒性物質は認められなかった。

また、この研究から、天ぷらなどの油物の食品をポリ塩化ビニリデンで包むと、このラップから毒性物質が油物のなかに移る可能性がある。ただ、培養細胞での毒性物質の検出は非常に鋭敏な方法なので、この程度の毒性で直ちに人体に害があるとは現在のところ結論できない。しかも、人体には解毒機能や排泄機能もあるので結論はさらに難しくなる。しかし、塵も積もればということもある。実際、現在の大気中の炭酸ガスは産業革命後から少しずつ溜まり続け、現在、地球の温暖化をきたしている。

別の実験データを表 1-2 と写真 1-2 に示した。岡山市内のマーケットで購入したアサリ、ハマグリ、シジミ、カキ（産地：熊本県、中国、愛知県、岡山県）などの各個体には約 2 個のマイクロプラスチックがみられる。糸くずもナイロンなどの合成繊維からできていてプラスチック由来である。洗濯の際などに流出したものであろう。写真 1-2 は貝の中に観察されたマイクロプラスチッ

表 1-2　貝類に観察された糸くず・マイクロプラスチック

試料（産地）	検出物	糸くず・プラ片／100g	糸くず・プラ片／個体
かき（5 個）（岡山県虫明）	糸くず	15	2.4
	プラスチック片	17	2.8
あさり（10）（熊本県）	糸くず	109	1.8
	プラスチック片	146	2.4
はまぐり（10）（中国）	糸くず	92	2.5
	プラスチック片	96	2.6
しじみ（20）（愛知県）	糸くず	142	0.5
	プラスチック片	416	1.6

貝類をタンパク質消化酵素と強アルカリで処理し、有機物を溶解後、その残渣中のプラスチック片と糸くずを顕微鏡で調べた（実験方法の詳細は文献9）。

A

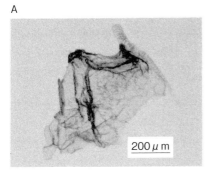

B

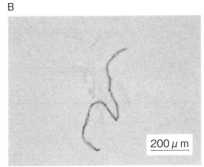

写真 1-2　アサリにみられたマイクロプラスチック（A）と糸くず（B）
A 図のマイクロプラスチックは赤外分光計でポリエチレンと同定された。

クと糸くずである。この事実は、マイクロプラスチックや糸くずを貝と一緒に人は摂取している可能性がある。

　最後に、表1-3に私たちにできるプラ塵対処方法を示した。地球温暖化を始め多くの環境問題の教育には、モラル的な面と科学的思考が必要であろう。

表 1-3　プラ塵を減らすための努力目標

1. プラ塵に関心をもつ（情報はメディアによくでる）
2. レジ袋をもらわない
3. ストローを使わない
4. ペットボトルを買わない
5. プラスチック包装を避ける
6. できる限りリサイクル
7. ポイ捨てしない
8. ポリ削減企業を応援

3. あとがき

　今回、本書の編者からプラスチック問題の執筆を依頼されて、実験細胞生物学畑の筆者には、「教育社会学」は専門外なので辞退した。しかし、再度の依頼で、専門外ながら挑戦することにした。それに、現在ホットな環境問題になっているプラスチックのことを少しでも多くの方に知っていただきたい願いもあった。以下、本稿を執筆中に筆者が感じたことを述べる。

　現在、地球上には様々な問題が山積している。例えば、経済格差、教育格差、温暖化、異常気象、環境破壊、環境汚染、水不足、人口増加、先進国での

少子化、核、武力闘争など数え上げればきりがない。どの事柄も将来の人類の存亡にかかわる問題である。それぞれの問題に対して、論評があり、また、取組があるが、いずれもそれらの問題の解決には程遠いのが現状であろう。

　しかし、これらの問題を傍観していては、将来の地球が危ない。その危機を乗り越えるために、私たちは上記の諸問題に、常に関心をもち、ささやかでも前向きに行動をすることが大切である。

　今回報告のプラスチック問題は、上に述べた問題の中のごくわずかな部分である。しかし、問題を小さい的に絞ることによって、問題を掘り下げて身近に引き寄せ、行動方針を立てることができると思う。ここでは、その一例を示して、具体的にプラスチック問題を実感してもらうことを期待した。

　教育の目的は、生涯にわたって、いろいろな問題に関心を持ち、考え、実践できる人材を育てることだと思う。本稿は教育学そのものではないが、学ぶことの一つの事例を示したものである。

謝　　辞

　実験については、岡山大学学術研究院医歯薬学科細胞生物分野山本健一博士、岡山大学学術研究院自然科学域工業触媒化学分野押木俊之准教授、岡山大学学術研究院医薬品安全学有元佐賀恵准教授、岡山大学病院看護部香川寛子さんに協力していただき、また、本稿の作成には、（公財）岡山医学振興会職員逢坂綾子さんに助けていただきました。皆様に心から感謝いたします。

文献

1) Parker L: We made plastic. We depend on it. Now We're drowning in it. National Geographic, 233: 40, 2018.
2) Jeong CB, Kang HM, Lee MC, Kim DH, Han J, Hwang DS, Souissi S, Lee SJ, Shin KH, Park HG and Lee JS: Adverse effects of microplastics and oxidative stress-induced MAPK/Nrf2 pathway-mediated defense mechanisms in the marine copepod Paracyclopina nana. Sci Rep, 7: 41323, 2017.
3) Tanaka K and Takada H: Microplastic fragments and microbeads in digestive tracts

of planktivorous fish from urban coastal waters. Sci Rep, 6: 34351. 2016.

4) Kataoka T, Yasuo Nihei Y, Kudo K, and Hinatan H. Assessment of the sources and inflow processes of microplastics in the river environments of Japan. Environmental Pollution, 244: 958, 2018.

5) 恵良要一、中田晴彦：都市淡水域における底泥中マイクロプラスチックの濃度分布と起源推定：江津湖（熊本市）と大濠公園池（福岡市）を例に。水環境学会誌、43、107、2020

6) Schwabl P, Köppel S, Königshofer P, Bucsics T, Trauner M, Reiberger T and Liebman B: Detection of various mictroplastics in human stool: A prospective case series. Ann Intern Med, 171: 453, 2019.

7) Kitahara K and Nakata H：Plastic additives as tracers of microplastic sources in Japanese road ducts. Science of the Total Environment, 736: 13694, 2020.

8) Yamamoto K, Kagawa H, Arimoto S, Tan XW, Yasui K, Oshiki T, Namba M, and Sakaguchi M: Cytotoxic effects of alcohol extracts from a plastic wrap（polyvinylidene chloride）on human cultured liver cells and mouse primary cultured liver cells. Acta Med. Okayama, 74, 327, 2020.

9) Yamamoto K, Oshiki T, Kagawa H, Namba M, and Sakaguchi M: Presence of microplastics in four types of shellfish purchased at fish markets in Okayama city, Japan. Acta Med. Okayama, 75, 381, 2021.

第 1 章
教育社会学へのアプローチ

1. 教育社会学とはどんな学問か

（1）　教育と社会のつながり

　皆さんが、小学校もしくは中学校の教師として働いている姿を思い描いてみよう。そして、教師としての日々の生活がどのように社会とつながっているかを考えてみよう。児童・生徒への対応、授業の準備、学校運営に必要な仕事の数々。多忙な日々を送る中で、あらためて「社会とのつながり」を意識することはないかもしれない。立ち止まって考えてみることが必要だ。

　まず、教科の内容。教科書や授業の内容は学習指導要領によって定められている。学習指導要領は法律に準じるものとされており、世の中の「きめごと」の一つである。これにより、日本全国どこでも同じ内容の教育が受けられるようになっている。実はこれは「あたりまえ」のことではない。世界を見渡した時、教える内容は各学校、あるいは地域ごとに決めるようになっている国は多い[1]。さて、学習指導要領の内容も世の中の動きと非常に関連している。例えば、インターネットが普及し、ICT 機器の使用が当たり前になった世の中では、それに対応する内容を教えることが教育にも求められる。また経済の分野でも「外国と比べて、日本の競争力が落ちている」ということになれば、それに対応する人材が求められるだろう。学校で教える内容は、世の中の動きと密接に関連している。

　次に、学校という「仕組み」をよく見てみよう。文部科学省の学校基本調査

によれば2020年度の小学生の人数が約630万人、中学生の人数が約321万人である。これだけの人数に、決まった時間に一斉に勉強させる仕組みが学校なのである[2]。

　この他にも、労働者としての教師の仕事のあり方も世の中の仕組みに位置付けられている。児童生徒の将来の就職のあり方、受験競争なども同様である。こうした、世の中のきめごと、動き、仕組みは、社会のマクロな側面ということができる。

　ただし、社会はマクロな側面だけではない。私たちの身近に見られる人と人のつながりやコミュニケーションのあり方、個人の立ち居振る舞いも社会の現れである。

　教師は、児童・生徒の期待に応えて行動しようとするだろう。例えば、教師は児童から「先生」と呼ばれる。また、児童に対して、自分自身のことを「先生」と呼ぶことが多い。例えば「今から、先生のすることをよく見てください」などである。教育実習生であっても、児童から「先生」と呼ばれ、自分のことを「先生」と呼ぶようになる。「先生」という役割は、児童と生徒の共同作業によって作り出されているのだともいえる。このように、意識的にせよ無意識的にせよ、教師としての立ち居振る舞いは児童や生徒の期待が反映されている。これもまた、社会の一つの側面なのである。

　学級もまた、一つの小さな社会である。学級の中の人間関係は、時に楽しく、また時には息苦しくもあるかもしれない。児童や生徒は、教師から親の期待を引き受けて生活している。こうした、人と人との顔を突き合せた「やりとり」や触れ合いは、社会のミクロな側面といえる。

　教育社会学は、教育を社会とのつながりから研究する学問である。ここでいう社会にはマクロな側面とミクロな側面が含まれる。社会のマクロな側面とは、世の中のきめごと、動き、仕組みである。ミクロな側面とは、人と人の「やりとり」、立ち居振る舞いである。

（2） 教育社会学的に授業を観察する

　まずは、教育社会学の観点から、小学校で行われている授業を観察してみよう。授業は、先に述べた社会のミクロな側面であり、人と人との対面的なやりとりが行われる場である。

　通常、教師や教員養成系の学生が授業を観察する場合、授業の「良し悪し」を問題にするだろう。例えば「授業の目標は達成されたか」「教師による発問や指示は効果的であったか」「教師は児童の発言に対して適切に対応していたか」などである。こうした「良し悪し」の判断の背景には「育てたい児童の姿」「目指す授業の在り方」といった理想像がある。そして、この理想像をモノサシとして、良い授業かどうかを判定するのである。

　教育社会学の観点から授業を観察する場合は、授業の「良し悪し」の判断からは、距離をとる。個々の授業の目標、内容、手立て等についての検討もいったんは棚上げする。そして、授業を、人と人とのコミュニケーションの場として捉える。教育社会学は、教師と児童、児童同士のやりとりのパターンや仕組みに関心を向けていくのである。

　例えば授業の中で次のような、教師と児童のやりとりがあったとしよう。

　［事例］小学校4年生の算数「面積」の授業。
　　前の時間に「一辺の長さが1cmの正方形の面積は1cm^2」であることを学習している。
　　本時では、「たて3cm、横4cm」の長方形の面積の求め方を考える。
　　教師　「たて3cm、横4cmの長方形の面積をどうやって求めたらいいですか？」
　　Aさん「長方形の中に1cm^{2}がいくつあるか考えればいいと思います」
　　教師　「なるほどいいですね」

　上の事例では、教師が問いをなげかけ、それに対して児童であるAさんが反応している。教師は、児童のそれぞれの反応について「なるほどいいですね」と評価している。こうした「やりとり」はどこの教室でも見られるものだろう。もしかしたら、みなさんも教職課程の講義において、こうしたやりとりで模擬授業を行ったことがあるかもしれない。

　ただし、前ページの4年生の算数の事例に見られる「やりとり」のパターンは、実は日常生活における会話とはまったく異なったものになっている。どのような点が違うだろうか。考えてみよう。

　先の事例の、教師と児童の「やりとり」について、発言の内容は考えずに、その形式だけを取り出してみよう。社会的な事実のパターンや仕組みだけを取り出して、簡単にまとめることを「モデル」を作るという。図1-1は、社会学者メーハン[3]の考えをもとに4年生の算数の事例を「モデル」にしたものだ。

図1-1　授業における「やりとり」の
　　　　モデル（IRE連鎖）

　「I：教師の導入（Initiation）」は、児童 — 教師間の「やりとり」を開始することである。具体的には発問や指示などだ。「R：児童の反応（Reply）」は児童による発言や意見の表明などである。「E：教師の評価（Evaluation）」は児童の反応を肯定または否定したり、ほめたり、助言したりすることである。

これらが一組になって、授業の「やりとり」は成り立っている。これをそれぞれの頭文字を取ってIRE連鎖と呼ぶ[4]。IRE連鎖は、ほとんどの教室で観察される。もちろん諸外国でも見られるものである。

　IRE連鎖では、教師が一連の「やりとり」をコントロールしていることに注目しよう。日常生活での会話で、誰かが一方的に「やりとり」をコントロールすることはない。授業での「やりとり」は特殊なものなのである。IRE連鎖を用いることで、教育実習生であっても、授業としての「形」をつくりだすことができる。ただし、児童からすれば「教師が求める反応をさぐる」ことになりかねない。IRE連鎖では、児童が本当の意味で考えることになっていないのかもしれない。

　教育社会学の観点から授業を観察する時は、授業の「良し悪し」ではなく、「やりとり」のパターンや仕組みに着目する。その結果取り出されたモデルが、IRE連鎖だった。みなさんも、教育実習やボランティアなどで学校に行

く機会があれば、そこで行われている「やりとり」をよく観察してみてはどうだろうか？ 休み時間の運動場の場所取り、教室で会話している児童たちのグループ形成、そこには一定のパターンが見いだせないだろうか。

2. 教育学と教育社会学

（1） 教育社会学は教育学でもあり、社会学でもある

　教育社会学は、教育学に位置付けられると同時に、社会学の一分野でもある[5]。教育学でもあり、社会学でもあるという両面を兼ね備えているともいえるし、学問的な位置づけがあいまいだともいえる。ただし、教育社会学は、こうしたあいまいさをあえて引き受けてきた。先に取り上げた授業での「やりとり」の分析にも見られるように、教育社会学は、観察可能な事実に基づきながらも、教育実践をより良くするための提言を行ってきたのである。

　教育学は、「価値」の判断に関わる。例えば「どのような人間を育てるべきか」「どのような教育実践をするべきか」「いじめを解決するにはどうすればよいか？」といった「べき」や「よい」に関わる主張が「価値」の判断である。ただし「これからの時代はこのような人間を育てるべきだ」とどれだけ熱っぽく語ってもそれだけでは説得力はない。まず、「こうした人間を育てるべきだ」という主張が、だれでも納得できるように根拠づけられなければならない。さらに、「このような人間を育てるべきだ」という主張は実現可能なものでなければならない。つまり、教育における価値を具体化するための筋道や手立てが示されなければならない。先に、通常の授業の見方は「良し悪し」を問題にすると述べた。教育に関する常識的な「良し悪し」の判断を、学問的に洗練し、研ぎ澄ます営みが教育学だといえる。こうした「価値」の認識や実現に関わる学問は当為論と呼ばれる[6]。

　教育社会学もまた「価値」の判断に関わっている。学問の目標として教育実践をよりよくすることが指向されているのである。今から教育社会学を学ぼうとしている皆さんも、「どのように実践に生かせるのか？」という関心を持っているはずである。

　一方、教育社会学は家族社会学、地域社会学、環境社会学などと同様、社会学の一部門である。社会学で問題にされるのは「事実」の認識である。「世の中のきめごとや動きがどうなっているのか？」「人と人との『やりとり』や立ち居振る舞いにはどのようなパターンがあるのか？」といった社会的な「事実」を巡る問いが社会学の問いである。先に例示した授業の観察の事例では、教師と児童の「やりとり」からIRE連鎖というモデルを取り出した。これは、ミクロな社会的「事実」の解明だといえる。このように「どうなっているか？」「なぜそうなるか？」を研究する学問のあり方は、事実論[7]と呼ばれる。物理学や生物学のような自然科学、経済学のような社会学も事実論である。

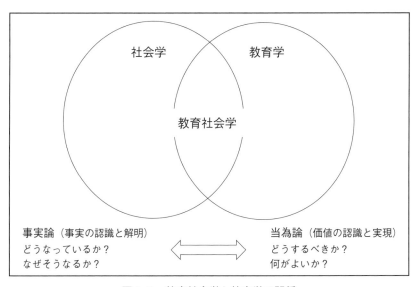

図 1-2　教育社会学と教育学の関係

　教育社会学と教育学の関係をまとめると上の図1-2のようになる。教育社会学は、教育学に含まれると同時に社会学の一部門でもある[8]。言い換えれば、価値の認識や実現を中心とする当為論と、事実の認識と解明を目指す事実論の両方の性質を併せ持つ。それでは、教育社会学は当為論としての側面と事実論としての側面をどのように結びつけているのだろうか。

（2） 教育社会学における価値と事実

　教育社会学は当為論としての側面と事実論としての側面をどのように結びつけているのかについて考えるにあたって、マックス・ヴェーバーの考え方を参考にしよう。ヴェーバーは、ドイツの社会学者である。教育社会学の親学問である社会学の成立にあたって偉大な貢献をした人物の一人である。

　先に、教育学は価値の認識や実現を中心とすると述べた。「どんな人間を育てるべきか？」といった価値についての認識は、一人よがりであってはいけない。人々を納得させる理由や根拠を持たなければならない。とはいうものの、価値についての判断は最終的には理想や理念に行きつく。

　価値の認識の根底にある理想については、完全に根拠づけることができず、また人によって異なっている。ある学生の「理想の教員像」と他の学生の「理想の教員像」は異なっていて当然である。そして、互いの理想が異なっている場合、「何がよいのか？」「どうするべきか？」についての議論や論争になる場合がある。こうした、理想と理想のぶつかり合いは、時として不毛な議論になってしまう。こうした事態をヴェーバーは「神々の争い」にたとえて、学問では決着のつかないものとする [9]。ではどうすればよいか。

　ヴェーバーは、社会学者は自身が特定の理想を持っていること、つまり何らかの価値判断を下してしまっていることに自覚的であるべきだという。その上で、冷静に現実を追求することを勧める。社会的な現実を学問的に捉え、どのような理想をもっていても認めなければならないような、原因と結果の関係や仕組みをモデル化することが大切だというのである。もちろん、こうして取り出されたモデルは、価値判断を助けるものになるであろう。以上がヴェーバーのいう価値自由という考え方の概略だ [10]。

　先に述べた授業における「やりとり」の教育社会学の分析に戻ろう。ここでは授業の「良し悪し」についての判断にこだわらず、現実の「やりとり」のパターンに着目した。つまり、授業についてどのような理想を持っていても認めなければならないようなモデルを見つけ出すことに取り組んだのである。その結果見いだされたのがIRE連鎖というモデルであった。これは、ヴェーバーの言う価値自由を具体化しようとするものだ。

　さて、1-(2) では、授業の「やりとり」のモデル化を通して、教師がその場のコミュニケーションをコントロールしていることについて述べた。「教師が問い、児童が応え、教師が評価する」という形の授業形態は、児童に対する教師の権力を強化することにつながる。児童は、発言のためには常に教師の許可を得なければならず、教師の提示する発問以外の内容を考えることが許されない。さらに、教師の頭の中にある正解をあてなければならない。こうしたパターンから外れることは、教師からの否定的な評価につながってしまう。日常的なコミュニケーションと比べると、授業の「やりとり」における権力は、かなり強いものだ。

　教育社会学によって取り出されたモデルは価値についての問いを呼び起こす。「児童自身が、授業の『やりとり』をコントロールする範囲を多くするべきではないか」「教師の頭の中にある正解を探るような授業ではなく、児童が本当の意味で考える授業を具体化するためにはどうすればよいか？」こうした問いに教育学は真剣に向き合おうとするだろう。例えば、タブレットなどの情報機器を活用することで、授業における「やりとり」には新しいパターンが生まれるかもしれない。

　教育社会学は価値と事実を次のように結びつける。まず、冷静になり自らの価値判断から離れ、教育に関する現実を見つける。次に、現実から誰もが認めなければならないようなモデルを取り出す。さらに、このモデルによって具体的な価値の認識や価値の実現に貢献すること。教育社会学は、教育をよりよくすることに対し、現実の仕組みや成り立ちを解明することで貢献しようとするのである。

3.　教育社会学のあゆみから、その見方・考え方をとらえる

（1）　デュルケームに学ぶ、教育社会学の見方・考え方
1）　個人と社会
　これまで「教育社会学はどのような学問か？」について紹介するとともに、教育社会学と教育学の関係について考えてきた。ここからは、教育社会学の歴

史を紹介するとともに、そこから教育社会学の見方・考え方について述べる。

　まずは、エミール・デュルケームの業績について紹介する。デュルケームはフランスの社会学者であり、先に紹介したヴェーバーと並び、社会学を学問として成り立たせてきた偉大な人物の一人である。また、デュルケームは大学教員としてのキャリアのすべてを通して、社会学とともに教育学を教えており『教育と社会学』(1922)、『道徳教育論』(1925)、『フランス教育思想史』(1938)などの著作がある[11]。「教育」はデュルケームの研究の大きな柱の一つである。これは、後で詳しく見るように教育が社会の存続のために重要な役割を担うと考えられているからだ。

　デュルケームの業績から教育社会学の見方・考え方を学ぶのに先立って、『社会学的方法の規準』(1985) をもとに、彼の社会学の全体像やその方法について概観しよう。

　デュルケームにとって、社会とは単なる個人の寄せ集めではない。社会とは個人を超えた「一種独特な」ものである。それは、生き物が体の各部分の寄せ集めではない、一つの「いのち」であることと似ている。したがって、個人の意識の持ち方や考え方から社会を説明することはできない。社会全体の観察可能な特徴や性質に着目することで、社会は解明される[12]。

　デュルケームによれば、社会学の対象は社会的事実である。私たちの外側にあって、私たちに強制的にある行動をとらせたり、ある考え方を持たせたりするもの、それが社会的事実だ。例えば、コンビニエンスストアで買い物をする時のことを思い起こしてほしい。私たちは、「早く買い物を済ませてしまいたい」と思ってはいても、それを抑えて、レジの前で整然と並んでいる。ただし「強制力」といっても私たちは、自分自身の意思に反して社会のルールに従っているわけではない。多くの場合、私たちは、ルールに従うことを好ましく、心地よく感じている[13]。

　デュルケームによれば、教育について研究するにあたっても社会的事実に着目することが必要になる。例を挙げて説明しよう。学校教育の現場をよく観察すると「学級の雰囲気」というものを感じることがある。「元気のある学級」「まとまりのある学級」「前向きな学級」などである。この場合、学級には個人

と同じような性格や特徴を持っているように感じられている。これは「同じ性格の児童がたまたま多かった」というだけの話ではない。小さな社会としての学級が、個人を超えた特徴を持ち、それが個々の児童のふるまい方に影響しているのである。つまり「学級の雰囲気」も一つの社会的事実である。

　社会的事実とは、私たちの外側にあって、個人に強制的に何かをさせたり、禁止したりする社会の「力」である。デュルケームによればこうした社会の「力」は教育によって内面化される。

　社会の存続のために、教育は人々の間に一様性を形作ろうとする。一人ひとりの価値観や考え方がまったくばらばらであれば社会は成り立たないからだ。デュルケームによれば、教育は、人々が共に生活するために必要な価値観や考え方、ふるまい方を児童の心に刻み込む営みである。家庭や学校に期待されていることは、まず児童に「やってよいこと・やってはいけないこと」を教えることだろう。幼少期からの教育のおかげで、私たちは、人助けのような「よい行い」を見ると好ましく、心地よく感じる。一方、犯罪など「悪い行い」に対しては、非難や怒りの感情がわく。「良し悪し」の判断やそれに伴う感情、行動において人々は類似しており、こうした一様性が社会を成立させているのである。

　人々の多様性を具現化していくことも教育の役割だとデュルケームは言う[14]。人々の一様性だけでは不十分なのである。複雑な社会は、高度な分業が成り立っており、個人はそれぞれ異なった役割が期待される。また、民主主義の社会では、人々が多様な意見・考えを持っていることが期待される。もし、人々の多様性がなければ、戦争や独裁に向かって社会は暴走してしまうだろう。教師は、児童の多様な考えを尊重し、それを引き出していこうとしたり、一人ひとりの良いところを伸ばしたりしようとする。これは、社会の存続のためには、人々の多様性が必要であることに根拠を持っているのである。

　社会はその成員である個人の間に一様性と多様性がなければ存続できない。同時に、個人は社会がなければ人間として生きていくことはできない。社会と個人は相互に結びついている。そして社会と個人とを結びつける働きをもつものが教育なのである。このように社会的な事象をその働きに着目して研究

する立場を機能主義という。機能主義は、社会学の基本的な考え方として、その後も受け継がれていくことになる。

2）デュルケームの方法

　さらに、デュルケームの方法について詳しく見てみよう。デュルケームは『社会学的方法の規準』において「社会的事実は物のように扱われなければならない」と述べている[15]。「物のように」ということは、対象の観察できる側面に目を向けて研究するということである。つまり、自然科学が「物」を対象にするように、社会学の研究を行うべきだという主張である。

　デュルケームは、社会的な事実をとらえるにあたって統計資料を活用している。例えば、彼の代表作の一つで実証的な社会学の古典とされる『自殺論』では「自殺率」の統計数値が手掛かりにされている。自殺の原因は様々である。自殺する人一人ひとりの気持ちや背景をどれだけ調べても、人を自殺にまで追い込んでしまう社会的な「力」は明らかにならない。「自殺率」の統計的数値をもとに、「いつ」「どのような時に」「どのような人」が自殺する率が高いのかを問うことが必要なのである。例えば「独身の人の方が、結婚している人よりも自殺率が高い」「一家族の人数が少ない地域の方が自殺率が高い」といった統計からわかる事実を積み上げ、社会的なきずなやまとまりの力が弱くなると、自殺を抑止する力も弱まることを論証している[16]。

　統計資料は、世の中の動きや流れ、仕組みといった社会のマクロな側面を解明する際の強力な手段になる。先に見たように『自殺論』では、統計資料を駆使することを通して人々を自殺に追い込む社会的な力を研究しているが、教育との関連で特に重要なことはアノミーの概念である。アノミーとは、社会の規律が弱まり、人々の欲望がとめどなくふくれあがった状態である。アノミーに陥ると、人々は常に欲求不満を抱えて生きることになり、自殺にも導かれやすい[17]。こうした際限ない欲望にとりつかれないようにするために、デュルケームは『道徳教育論』において「規律の精神」の重要性を述べている。ただし、ここでいう規律は児童生徒を抑圧するためのものではない。社会を存続させるために必要なルールを個人に内面化し、欲望を自らコントロールするため

のものである[18]。

　比較もデュルケームの研究方法として重要である。デュルケームは『道徳教育論』において、体罰に反対している。「子どもを叩（たた）いてはならないことはいうに及ばず、さらに子どもの健康を損（そこ）ねるようなあらゆる罰が禁止されなければならない」のである。この論拠になっているのが、デュルケームの生きる19 世紀フランスの社会と他の民族との比較、および過去の時代との比較である。当時「未開」とされた人々も児童にしつけのために暴力をふるうようなことはせず、むしろ児童への暴力は極悪非道なこととみなされた場合があることを例示している。さらに、古代のローマにおいても児童への教育は非常に穏やかなものであったことを述べている。ただし、デュルケームによれば、ローマにおいても児童の教育が家庭教師や学校教師に委ねられるようになると、体罰が次第に習慣化され、中世のヨーロッパにおいて過酷なものになっていった。つまり、体罰は歴史的に形成されてきたのである[19]。

　比較という方法は、私たちが「あたりまえ」と考えることを見直すきっかけを与えてくれる。デュルケームが生きる 19 世紀の社会は、体罰をあたりまえのことと考える人は多かっただろう。デュルケームは他の社会や過去の時代との比較を通して、体罰を容認する人々に再考を促しているのである。

　以上、デュルケームの研究方法として統計資料の活用と他の社会や過去との比較という二つを紹介した。いずれも現代の教育社会学でも重要なものとなっている。統計資料を通して、見えがたい世の中の動きや仕組みは観察できるようになる。また、他の社会との比較を通して、私たちは「あたりまえ」と感じていることを見直すことができる。アノミーや体罰に関するデュルケームの問題提起は今でも古びていない。

（2）　現代までの教育社会学のあゆみ
1）日本における教育社会学の成立

　日本においてはすでに、1920 年代には教育社会学というタイトルがつけられた本が出版されたとされる。前の節で紹介したデュルケームの教育関係の著書が出版されたのとほぼ同時代である。ただし、本格的に教育社会学が成立し

たとされるのは1950年代である。日本教育学会が設立されたのもこの頃である。

　日本における教育社会学の確立は教員養成の制度と関連している。1949（昭和24）年度以降、全国の主要な教員養成関係の大学・学部に教職講座として教育社会学が開設されるようになった[20]。現在においても、教育職員免許法には「教育の基礎的理解に関する科目」の項目として「教育に関する社会的、制度的又は経営的事項」が明記されている。教育社会学はこの項目の中に位置づけられており、教員免許取得のために履修する科目の一つになっている。

　教育社会学が、教職科目に組み込まれることによって、教育学の研究者と社会学の研究者がそれぞれ、新しい学問としての教育社会学に参入することになった[21]。先に述べた「教育社会学は教育学でもあり、社会学でもある」という学問としての特徴は、こうして形成されたのである。

　日本において教育社会学が確立された1950年代は、戦後の復興期であった。この時期、教育基本法や学校教育法が制定され、6・3・3制の実施など、学校教育の再編や整備がすすめられていった。日本の復興にあたって、教育の制度や教育方法を改善するためには、児童・生徒や地域社会の実態を知ることが欠かせない。戦後復興期において、教育社会学では教育改革の基礎資料となる実態調査が重視された。すなわち、地域社会の構造や特質、青少年の生活や意識、学校の教育環境についての実態を明らかにし、教育行政や教育方法の改善に資することである[22]。教育社会学はその実証性を生かして、社会の要請に応えようとしたのである。

　1960年代、教育社会学は政策科学への志向を強めていく[23]。政策科学とは、政府や地方自治体の施策が効果的に計画され、実行されるために必要な枠組みや理論を提供しようとする学問である。60年代から70年代にかけては、高度経済成長期にあたる。マンパワー政策によって、経済成長のために必要な人材を育成することが教育に期待されるようになった。教育社会学者の清水義弘は1959年に当時の経済審議会の専門委員として、高校進学率の推計等を行い、60年代も各種審議会に加わったほか、各県の教育計画の策定にも参加した。教育社会学の研究が教育政策に直接関わってすすめられるようになったの

である²⁴⁾。

2）　学校教育への問い直し

　ここで、いったん世界に目を転じよう。「学校教育をより良くすることによって社会の不平等を解消していくことができる」という理念は、現代でも多くの人に共有されているだろう。1960年代後半には、こうした教育観に疑問が提示されるようになった。

　1966年に公表された、コールマンレポートは「学校教育の整備による不平等の解消」という理念に対して、疑問を投げかけるものであった。1950年代から、アメリカでは人種の平等を求める公民権運動が盛んになり、1964年には公民権法が制定された。こうした動きを背景に、社会学者ジェームズ・コールマンによって主導された全米規模の調査が実施されたのである。この調査の目的は、教育における人種差別解消への取り組みを科学的に裏付けることにあった。当初は、学校教育の環境が悪ければ成績も悪く、環境が良ければ成績も良くなると予想されていた。ところが結果は予想とまったく違っていたのである。教育環境の学業成績に及ぼす影響は限定的なものだった。成績に大きな影響を与えたものは、入学以前からの家庭環境、地域環境などであった。つまり、就学前から存在した不平等は、学校教育によってもほとんど解消されなかったことになる。もっとも、この調査により学校教育は不平等の解消に効果がないと結論づけるは早急であろう。学校教育によって、家庭環境等による負の影響は最小限に食い止められたと、解釈することも可能だからだ²⁵⁾。

　1970年代に、オーストリア出身の思想家・文明批評家であるイヴァン・イリイチは脱学校論を主張した。主著『脱学校の社会』（1970）によれば、教育上の不利益は学校の中で行われる教育に頼っていたのでは、救済できないとされる。中産階級の豊かな家庭に育つ児童たちは、家庭での会話や家庭にそなえられた児童のための本など様々な機会を折にふれて利用することができる。これに対し、貧困家庭の児童は学習を学校に頼っている限り、どうしてもより裕福な児童よりも遅れてしまう²⁶⁾。

　脱学校論が批判するのは、学びが制度化されることにより、人々の本当の学ぶ力が失われてしまうことだ。学びの制度化により「進級すること」が「学

んだこと」と混同され、「資格を取る」ことが「能力があること」と取り違えられてしまう。例えば、教科書を消化しただけでは、本当に学んだことにはならないのと同じである。「学校化された社会」とは「価値」を制度によるサービスに置き換えてしまう社会のことである。学校化された社会では「健康」という価値は医療を受けたことに置き換えられ、社会生活の改善が社会福祉のサービスを受けることに置き換えられてしまう[27]。イリイチはこうした価値の制度化を批判しているのである。脱学校論は「学校を無くしてしまえ」という主張ではない。脱学校論は価値の制度化への批判であり、本当の意味で学びや健康、独立、創造といった価値を実現できる社会の模索である。

　日本では、1970年代から1980年代にかけて、高校進学率が9割を超える。一方で、児童・生徒の学ぶ意欲の低下が問題視されるようになる。学校における暴力、いじめ、不登校といった事象も深刻化する。こうした背景から、脱学校論の文献が数多く翻訳され、学校への問い直しがすすめられていった[28]。

3）学校の内部過程への着目

　1970年代、イギリスにおいても、教育機会の教育的な達成の不平等を減じるための施策が次々と失敗した。こうした背景のもと、不平等発生の仕組みそのものをとらえようとする新しい教育社会学が提唱されるようになる。新しい教育社会学は、学校の内部過程、すなわち学校における教師と児童・生徒との「やりとり」に着目し、観察やインタビュー、音声や映像の記録などを通して研究する。この研究は、教師と児童・生徒間において、交わされる言葉や教室における実践というミクロな側面に着目し、それを社会に不平等をもたらすマクロな仕組みと結び付けることを目指すものである。新しい教育社会学につらなる研究により、学校の内部で日常的に行われている教師と児童・生徒間のやりとりそのものが、社会の不平等を定着させてしまっていることが明らかにされていった[29]。

　イギリスの教育社会学者バジル・バーンスティンは教育の場における不平等を言語能力の分析を通して解明していく。バーンスティンによれば、労働者階級の児童が用いる話し言葉は制限された言葉である。労働者階級の人たちは、近隣社会との絆が強い文化の中で生活しており、わざわざ言葉で伝え合わ

なくてもお互いにわかりあうことができる。その結果として、労働者階級の児童が使う言葉は、実際の経験を伝達することには適しているが、抽象的な考えを伝えるのには適していないとされる。一方、中産階級の児童は、話し言葉を学ぶ際に特定の文脈にしばられない。保護者も、しつけのために語りかけや説得を多用する。この結果、中産階級の児童は、抽象的な考え方を伝えるのに適した精密な話し言葉を身に着けることができる。この分析は労働者階級の児童が身に着ける言葉が「劣っている」ことを示すものではない。ただし、学校においては抽象的な考えを学んだり、伝えたりすることが求められるため、精密な話し方を身に着けた児童の方がより成功しやすい。バーンスティンの研究は、経済的に恵まれない児童が成績不振に陥りやすい原因を説明するものである[30]。

　学校の内部におけるミクロな「やりとり」とマクロな社会の仕組みを結びつけた研究としては、フランスの社会学者ピエール・ブルデューは、ある生徒が「優秀」とされたり「才能がある」とみなされたりする出来事の背景にある、社会的な仕組みを問題にする。人は、経験を通して考え方や言葉づかい、ふるまい方などを身に着けていくが、これはそれぞれの人がもつ生活条件としての文化によって定まる。したがって、支配階層には支配階層の文化とふるまい方があり、庶民には庶民の文化とふるまい方がある。社会的な階層ごとに文化があり、本来それぞれの文化に優劣はないはずである。ところが、社会は支配的な階級に即する人々のふるまい方を「正統なもの」と位置づけてしまう。これは、階層間の力関係をそれぞれの文化の優劣に置き換えてしまうことである[31]。学校においても望ましいふるまい方や態度があるが、それらは、支配的な階層の文化に根差したものである。そうなると、社会的に不利な立場にある人たちは、苦労して望ましいとされるふるまい方を身につけなければならず、学校においてはますます不利になる。これに対し、高く評価されるようなふるまい方を生まれ育った環境を通してすでに獲得していた生徒がいる。この生徒は、学校においても「才能がある」とみなされることになるだろう[32]。

　ブルデューによれば、階層間の力関係はそれぞれの文化の優劣に置きかえられ、文化の優劣が個々の児童・生徒の才能の違いに置き換えられる。これに

より、社会的に不利な階層の児童・生徒も自分自身の成績や教師からの評価について「才能がなかった」「努力が足りなかった」と受け入れるしかなくなり、社会的な不平等は世代を超えて維持されることになる。このような不平等を維持する仕組みを文化的再生産と呼ぶ[33]。教師は、日々の児童・生徒とのやりとりを通して、社会的な階層間の力関係を強化しているのかもしれない。ブルデューの研究は、学校で日々営まれている実践への見直しを迫るものである。

4） 教育改革と学力問題

1990 年代の日本では、教育改革がすすめられていった。その目的は、国際化、少子高齢化といった社会の変化への対応に加えて、1980 年代までに顕在化していたいじめ、学習意欲の低下などの教育問題への対応である。1989（平成元）年に告示された学習指導要領では「自ら学ぶ意欲と社会の変化に主体的に対応できる能力の育成」が明記された。さらに、1991（平成 3）年の学習指導要録の観点別評価においては、「関心・意欲・態度」を筆頭とする観点別学習評価が実施され、自ら学ぶ意欲や思考力判断力の育成が重視された。これにより新しい学力観が各学校の教育実践のキーワードとなった。また、1989 年改訂の学習指導要領では、小学校低学年の社会と理科が廃止され、低学年に生活科が新設された。さらに、1992（平成 4）年からは学校週五日制が段階的に実施された（完全実施は 2002 年）。

こうした教育改革の動きに対しては、批判的な立場をとる教育社会学者が多かった[34]。例えば、学校週五日制の実施により、休日は塾やスポーツクラブに通う児童・生徒が増えることが想定される。これは、教育の私事化につながっていく。また、両親が大学卒である家庭は、しつけにおいても児童に考えさせたり判断させたりする意図的な子育てを行うことが知られている。自ら学ぶ力を育てる授業は意図的な子育てを受けてきた児童に有利に、そうでない家庭に育つ児童に不利になるおそれがある。

教科の学習内容を減らすことは、すでに 1977 ～ 78（昭和 52 ～ 53）年に改訂された学習指導要領から始まっている。この改訂のキーワードは「ゆとりと充実」であり、各教科等の目標・内容を中核的事項に精選することが目指された。その後も、学習内容を精選する動きは続き、1999 ～ 2000（平成 11 ～

12）年に改訂された学習指導要領では、さらに学習内容の「厳選」が目指される。小学校3年生以上で総合学習が新設されたのもこの時である（完全実施は2002年）。

　一方、1999年には『分数ができない大学生 ― 21世紀の日本が危ない』（岡部恒治・戸瀬信之・西村和雄 編）が出版され、これをきっかけに学力低下論争が展開された。さらに、2003（平成15）年のPISA調査（OECD生徒の学習到達度調査）で日本は順位を大きく落とした（読解力で40か国中14位）。いわゆるPISAショックである。このことから学習内容を減らしてきた教育改革のあり方が「ゆとり教育」としていっそう強く批判されるようになった。2009（平成21）年に当時の文部科学大臣は「ゆとり教育」への反省を述べたことから論争は沈静化し、2008〜09（平成20〜21）年改訂の学習指導要領では授業時数の増加と指導内容の充実が図られた。

　教育社会学者は、学力問題に対し学力調査のデータに基づいた考察を展開し、学力低下よりもむしろ、学力格差に焦点をあてていった。2001（平成13）年、教育社会学者刈谷剛彦と志水宏吉は、関西で1989（平成元）年に実施された学力調査と同じ対象校、同じテスト問題で調査を実施した。これは、12年間の学力の実態と比較しようとするものである。その結果、児童の学力低下の実態は、学力格差の拡大であることを明らかにした。さらにこの調査から、学力格差の現状を克服しようとしている効果のある学校が見いだされた[35]。

　教育社会学は、時代ごとの社会の変化と、それに伴って現れてくる教育課題について、データに基づいて主張する学問として歩んできた。現在、情報化、グローバル化、少子高齢化がすすむ社会において、教育も大きく変化しようとしている。教育に携わる人間が、これからの社会を生きる児童・生徒を育成するにあたって教育社会学の見方・考え方から学ぶことは多いはずである。第一に、教育実践について「あたりまえ」とされることを問い直すことである。例えば、教育社会学は「教育によって社会の不平等を解消できる」という素朴な理想に対し、疑問を提示してきた。第二に、データに基づいた主張である。教育社会学は学力低下の問題について、個人的な体験や価値観に基づいて発言するのではなく、誰でもが納得できる根拠をもとに議論を展開した。第

三に、教育実践から学び、教育実践に生きる知見を提示しようとする姿勢である。教育社会学は、学校における教師と生徒の間の具体的な「やりとり」から学んだり、学力格差を克服しようとする教師たちの姿から学んだりすることを積み重ねてきたのである。

考えてみよう・話し合ってみよう

・教育社会学は、教育における価値と事実をどのように結び付けようとしているのだろう。現代までの教育社会学のあゆみをふまえて考えよう。

引用・参考文献

1) 刈谷剛彦『学校って何だろう 教育の社会学入門』筑摩書房、2005、pp.94-119.

2) 同上、pp32-35.

3) Meahan, H, "Learning Lessons: Social Organization in the Classroom", Cambridge, Mass., Harvard University Press, 1979, 35-80

4) 佐藤学「Ⅳ教室の会話＝コミュニケーションの構造」『教育方法学』岩波書店、1996、pp.81-103

5) 清水義弘「教育社会学の構造」『教育社会学研究』第6集、1954、p1.

6) 須藤康介「実証科学としての教育社会学」日本教育社会学会編『教育社会学事典』丸善出版、2018、pp.10-11.

7) 同上

8) 菊池城司「教育社会学の日本的展開」『教育社会学研究』第64集、1999、pp.48-49.

9) ヴェーバー、M.、尾高邦雄訳『職業としての学問』岩波書店、1936、pp.54-55.

10) 玉野和志「第3章 意味に依拠し、法制度に対置される社会 ヴェーバーの社会学」玉野和志編『ブリッジブック社会学〔第2版〕』信山社、2016、pp.33-34.

11) 白鳥義彦「Ⅲ-5教育」デュルケーム／デュルケーム学派研究会著、中島道夫・岡崎宏樹・小川伸彦・山田陽子編『社会学の基本 デュルケームの論点』学文社、2021、p88.

12) デュルケーム、É.、菊谷和宏訳『社会学的方法の規準』講談社、2018、p57.

13) 菊谷和宏「Ⅰ-1社会的事実」デュルケーム／デュルケーム学派研究会著、中島道夫・岡崎宏樹・小川伸彦・山田陽子編、『社会学の基本 デュルケームの論点』学文社、2021、pp.3-5.

14) デュルケーム、É.、佐々木交賢訳『教育と社会学』誠信書房、1976、pp.53-59.

15) デュルケーム、É.、前掲『社会学的方法の規準』p66.

16) 江頭太蔵「Ⅱ-5自殺」デュルケーム／デュルケーム学派研究会著、中島道夫・岡崎宏

樹・小川伸彦・山田陽子編『社会学の基本　デュルケームの論点』学文社、2021、pp.54-57.

17)　小川伸彦「Ⅱ-6 アノミー」デュルケーム／デュルケーム学派研究会著、中島道夫・岡崎宏樹・小川伸彦・山田陽子編『社会学の基本　デュルケームの論点』学文社、2021、pp.58-63.

18)　デュルケーム、É.、麻生誠・山村健訳『道徳教育論』講談社、2010、p101.

19)　同上、pp.304-316.

20)　藤田英典「教育社会学の半世紀」『教育社会学研究』第 50 集、1992、p9.

21)　同上、pp.10-11.

22)　同上、p18.

23)　同上

24)　金子元久「政策科学としての教育社会学」『教育社会学研究』第 47 集、1990、p24.

25)　中澤渉『日本の公教育　学力・コスト・民主主義』中央公論社、2018、pp.114-124.

26)　イリイチ、I、東　洋・小澤周三訳『脱学校の社会』東京創元社、1977、pp.13-53.

27)　同上

28)　長谷川哲也「概説：教育社会学の学問的性格」日本教育社会学会編『教育社会学辞典』丸善出版、2018、p5.

29)　志水宏吉「『新しい教育社会学』その後 ― 解釈的アプローチの再評価」『教育社会学研究』第 40 集、1985、pp.194-196.

30)　ギデンズ、A.、松尾精文・小幡正敏・西岡八郎・立松隆介・藤井達也・内田　健訳『社会学第 5 版』而立書房、2009、pp.701-702.

31)　村井重樹「57 ハビトゥスと文化的再生産」友枝敏雄・浜日出夫・山田真茂留編『社会学の力 最重要概念・命題集』有斐閣、2017、pp.214-217.

32)　小澤浩明『ブルデューの教育社会学理論 ― 教育システムと社会階級・社会秩序の再生産と変革の理論』学文社、2021、pp.83-88.

33)　ギデンズ、A.、前掲書、pp.702-703.

34)　中村高康「序章日本の教育社会学の 70 年」日本教育社会学会編、本田由紀・中村高康責任編集『教育社会学のフロンティア 1 学問としての展開と課題』岩波書店、2017、pp.12-13.

35)　志水宏吉『学力格差を克服する』筑摩書房、2020、pp.25-27.

●●● コラム①　オンライン授業の可能性 ●●●

　ここ２年、コロナ禍によって世界の教育現場におけるオンライン授業の実施はせざるを得ない状況となりました。ロックダウンによる学校閉鎖で教育の遅れを避けるためにオンライン授業が大いに期待される中、学校現場のインフラの課題として通信環境と指導教員によるメディアリテラシーの力不足、またコロナ禍がもたらした貧困格差によって、インターネットへのアクセスがない、またはパソコンを持っていない子どもは発展途上国はもちろん、先進国でも大きな課題です。

　しかし、「ピンチをチャンスに」と言われるように、現在見えてきた課題を改善すれば、今後、遠隔教育の様々な可能性が芽生えてくると思われます。

　現在、教育現場でこれまでにない速度で次世代に向けた ICT 教育の普及が始まっています。少なくとも、コロナ禍以前、パソコンでの動画作り、デジタル教科書の使用、ZOOM などのウェブ会議は今日のように浸透していませんでした。今後、感染が抑えられ、日常を取り戻しても、これまで生かされてきた様々なツールを土台に新たなステージへ向かう必要があります。日本では子ども一人一台のパソコン、タブレットという教室環境が全国的に実現へと向かうでしょう。これらの端末はインプットするツールからアウトプットできるツールにすることが必要だといわれています。つまり、画像、図面を見たり、字を読んだり、音声を聞いたりすることから、次はそれらのデータ（コンテンツ）を作成（アウトプット）することが求められます。そのためにはハード面とソフト面の適切なインフラと指導ができる教員も求められると考えられます。

　今後オンライン授業は例えば授業に来られない子どもに対応する手段にとどまらず、インターネットを使って世界とつなぐことが可能になります。AI、ビッグデータの力によってこれまで問題だった言葉の違いによるコミュニケーションの課題が解消されれば、言語の違う子ども同士が国境関係なくつながることになります。そんな近未来のためにも子どもの時からパソコンやスマートフォンの正しい使い方、SNS やゲームが持つ中毒性などを理解するための適切な指導が不可欠になります。

第 **2** 章

教育社会学から見たカリキュラム

1. カリキュラム構成の基本

　この章では、教育が社会にどのような役割を果たしているのかということを学校のカリキュラムを視点に考えてみたい。そしてカリキュラムが果たす社会への影響について、特に「子どもたちにどのような教育をなすべきか」を中心に探っていくことにする。カリキュラムの定義は、心理学辞典によると「教育目標を達成するために計画された教育内容の明細。学習指導要領のように国として示したものと、各学校・学級のものがある。」とされている。カリキュラムの語源はラテン語の「人生の来歴」を意味し、学校で教えられる教科やその内容、時間数など教育計画を意味する教育用語として使用されている。

　我が国では、戦後、一般的に「教育課程」の用語を使用している。これは、教育活動が、教科のほかに教科外の活動（特別活動・学校行事等）も重視されているためであると考えられる。

　実際には学習指導要領に目標及び内容が示され、各教科等で何をどのような順序で教えるのかという具体的な教育課程の編成は各学校で行っている。さらに、子どもの実態に即して教科等を担当する教師が、教材・指導法・時間配当などを考え、指導することになる。

　このように教育課程は、政治的・経済的・社会的要求によって定められる教育課程（国レベル）、学校で編成される教育課程（学校レベル）、個々の教師が計画し、授業として実施する教育課程（教室レベル）という３つの層におい

て構成されている複雑な構造となっている。

　この３つの層構造になっている教育課程は、学校外に公表されている公式的なものがあり「顕在的カリキュラム」と呼ばれている。

　一方で、教育活動において、教師と子ども、子ども同士の人間関係の中で学級の雰囲気や授業の勢いなどを示す「よいクラスだね」「子どもの目が輝き積極的に動いているね」など無意図的に学習されていく「潜在的（隠れた）カリキュラム」も存在する。また、カリキュラムを、教える側から見れば「教育の意図や計画性」、学ぶ側から見れば「学習での出来事や経験」といえる。

　このように、３つの層構造に加え顕在的・潜在的な要素も持ち合わせるカリキュラム（教育課程）は、複雑さを持つものであるという認識が必要である。本章では、この複雑さについて言及することはないもの、カリキュラム（教育課程）について「学校で何を、いつ、どのような順序で、どのような方法で、どのくらいの時間を使って学ばせるのか」という形式だけに焦点を当てることは避けたいと考えた。世界の社会状況、国家観、テクノロジーの発達状況、地球規模で求められるコンピテンシーなどを人々と共有していく取組が今後より重要になってくることを踏まえ述べていくことにする。なお、本章では「カリキュラム」と「教育課程」を同じ意味で用いることにする。

2. カリキュラム・マネジメント

（1）カリキュラム・マネジメントの背景

　中央教育審議会教育課程企画特別部会「論点整理」（平成27年8月）では、「新しい時代と社会に開かれた教育課程」という内容が公表された。この背景として「論点整理」には、次のように述べられている。

> 　グローバル化は我々の社会に多様性をもたらし、また、急速な情報化や技術革新は人間生活を質的にも変化させつつある。こうした社会的変化の影響が、身近な生活も含め社会のあらゆる領域に及んでいる中で、教育の在り方も新たな事態に直面していることは明らかである。　　　　＊下線は筆者

　「論点整理」では、学校そのものも変化する社会の中に位置づけられ、複雑で、予測困難な時代の中で、子ども一人ひとりに対し、自分自身の生き方をどのように切り拓いていかせるかということを学校に求めた。

　この求めに対し、「新しい時代と社会に開かれた教育課程」が打ち出され、学校が準備しなければならない事項が示された。それは、①新たな学校文化の形成、②「学校」の意義、③社会に開かれた教育課程、④世界をリードする役割、⑤日本の子どもたちの学びを支え、世界の子どもたちの学びを後押しするの5点である。

　この中で「社会に開かれた教育課程」が示され以下の3点を重視している。

①　社会や世界の状況を幅広く視野に入れ、よりよい学校教育を通じてよりよい社会を創るという目標を持ち、教育課程を介してその目標を社会と共有していくこと。

②　これからの社会を創り出していく子どもたちが、社会や世界に向き合い関わり合い、自らの人生を切り拓いていくために求められる資質・能力とは何かを、教育課程において明確化し育んでいくこと。

③　教育課程の実施に当たって、地域の人的・物的資源を活用したり、放課後や土曜日等を活用した社会教育との連携を図ったりし、学校教育を学校内に閉じずに、その目指すところを社会と共有・連携しながら実現させること。

　この理念を基本として教育課程を編成し、教育活動を実践していくことが求められた。学校も社会や地域とのつながりを意識し、社会の中の学校であるためには、教育課程そのものも社会とのつながりを大切にする必要がある。学校が教育課程を介して社会や世界との接点を持つことが、これからの時代においてより一層重要になった。

　「論点整理」では、「そのためには、指導すべき個別の内容事項の検討に入る前に、まずは学習する子どもの視点に立ち、教育課程全体や各教科等の学びを通じて『何ができるようになるのか』という観点から、育成すべき資質・能力を整理した。整理された資質・能力を育成するために『何を学ぶのか』という必要な指導内容等を検討し、その内容を『どのように学ぶのか』という子供

たちの具体的な学びの姿を考えながら構成していく必要がある。」と述べている。

そして、これからの時代に必要となる資質・能力として、社会の質的変化を踏まえ、今後、求められる人間の在り方を含めて検討された。その内容は次の通りである。

> 「個性や能力を生かしながら、社会の激しい変化の中でも何が重要かを主体的に判断できる人間。」

> 「多用な人々と協働していくことができる人間。」

> 「問題と解決に導き新たな価値を創造していくとともに新たな問題を発見・解決につなげていくことができる人間。」

こうした人間の在り方を、教育課程の在り方に展開させるために必要とされる資質・能力の要素も検討された。海外の事例やカリキュラムに関する先行研究なども参考に育成すべき資質・能力の要素が、「知識に関するもの」「スキルに関するもの」「情意に関するもの」の三つに分類された。

これらの三要素踏まえ、学習の主体である子どもの視点から育成すべき資質・能力を以下の三つの柱として示し、学習指導要領の総則および各教科等の目標や内容を構成している。

ⅰ）「何を知っているか、何ができるか（個別の知識・技能）」

ⅱ）「知っていること・できることをどう使うか（思考力・判断力・表現力等）」

ⅲ）「どのように社会・世界と関わり、よりよい人生を送るか（学びに向かう力、人間性等）」

この三つの柱は、子どもたちに新しい時代を切り拓いていくために必要な資質・能力であると位置づけられた。また、学校教育法第30条第2項が定める学校教育において重要となる三要素（「知識・技能」「思考力・判断力・表現力等」「主体的に学習に取り組む態度」）と共通し、学力を規定したものといえる。

さらに、新しい時代に必要な資質・能力の育成を重視した「社会に開かれた教育課程」の編成し実践していくために、「アクティブ・ラーニング」と「カ

リキュラム・マネジメント」が重視され、教員へ指導方法等の見直しが次のように求められた。

ⅰ）習得・活用・探究という学習プロセスの中で、問題発見・解決を念頭に置いた深い学びの過程が実現できているかどうか。

ⅱ）他者との協働や外界との相互作用を通じて、自らの考えを広げ深める、対話的な学び過程が実現できているかどうか。

ⅲ）子どもたちが見通しを持って粘り強く取り組み、自らの学習活動を振り返って次につなげる、主体的な学びの過程が実現できているかどうか。

　カリキュラム・マネジメントについては、「論点整理」では以下の三つの側面から捉えている。

<u>第 1 の側面</u>

　各教科等の教育内容を相互の関係で捉え、学校の教育目標を踏まえた教科横断的な視点で、その目標の達成に必要な教育の内容を組織的に配列していくこと。

<u>第 2 の側面</u>

　教育内容の質の向上に向けて、子どもたちの姿や地域の現状等に関する調査や各種データ等に基づき、教育課程を編成し、実施し、評価して改善を図る一連の PDCA サイクルを確立すること。

<u>第 3 の側面</u>

　教育内容と、教育活動に必要な人的・物的資源等を、地域等の外部の資源も含めて活用しながら効果的に組み合わせること。

　また、カリキュラム・マネジメントは教育課程全体を通して取り組むこと、校長等を中心に教職員全員、学校全体で取り組むこと、学校内だけではなく保護者や地域の人々を巻き込んで確立することの重視している。

（2）　学習指導要領からみたカリキュラム・マネジメント

　この論点整理を踏まえ、2017（平成 29）年 3 月告示小学校学習指導要領の<u>前文</u>には、学習指導要領改定の理念となる内容が、次のように示されている。

　一人一人の児童が、自分のよさや可能性を認識するとともに、あらゆる他者を価値のある存在として尊重し、多様な人々と協働しながら様々な社会的変化を乗り越え、豊かな人生を切り拓き、持続可能な社会の創り手となることができるようにすることが求められる。

　教育課程について前文では、次のように示されている。

　教育課程を通して、これからの時代に求められる教育を実現していくためには、よりよい学校教育を通してよりよい社会を創るという理念を学校と社会とが共有し、それぞれの学校において、必要な学習内容をどのように学び、どのような資質・能力を身に付けられるようにするのかを教育課程において明確にしながら、社会との連携及び協働によりその実現を図っていくという、社会に開かれた教育課程の実現が重要となる。

　このように学習指導要領に前文が記載されたことは、新たな取組である。この意図は、理念を社会に示し、広く共有していくことにあるものと思われる。この「社会に開かれた教育課程」を実現するためにカリキュラム・マネジメントが必要であるとされた。

　カリキュラム・マネジメントとは一般的に、<u>各学校が教育目標を実現するために教育課程を計画的・組織的に編成・実施・評価し教育活動の質の向上を図っていくことである</u>。学習指導要領総則において、次のように示されている。

　各学校においては、児童や学校、地域の実態を適切に把握し、教育の目的や目標の実現に必要な教育の内容等を<u>教科等横断的な視点で組み立てていくこと</u>、教育課程の<u>実施状況を評価してその改善を図っていくこと</u>、教育課程の実施に必要な<u>人的又は物的な体制を確保するとともにその改善を図っていくこと</u>などを通して、教育課程に基づき組織的かつ計画的に各学校の教育活動の質の向上を図っていくこと（以下「カリキュラム・マネジメント」という。）に努めるものとする。　　　　　　　　　　　　　　　　　　　　　※下線は筆者

　各学校の学校教育目標と教育課程の編成について、学習指導要領の総則第2教育課程の編成において、次のように示されている。

> 　教育課程の編成に当たっては、学校教育全体や各教科等における指導を通して育成を目指す資質・能力を踏まえつつ、各学校の教育目標を明確にするとともに、教育課程の編成についての基本的な方針が家庭や地域とも共有されるよう努めるものとする。その際、第5章総合的な学習の時間の第2の1に基づき定められる目標との関連を図るものとする。　　　　　　　　　＊下線は筆者

　このことに関連し、学習指導要領解説　総則編（平成29年7月）P.47では、次のように示している。

> 　「社会に開かれた教育課程」の理念に基づき、目指すべき教育の在り方を家庭や地域と共有し、その連携及び協働のもとに教育活動を充実させていくためには、各学校の教育目標を含めた教育課程の編成についての基本的な方針を、家庭や地域とも共有していくことが重要である。そのためにも、例えば、学校経営方針やグランドデザイン等の策定や公表が効果的に行われていくことが求められる。また、第5章総合的な学習の時間第2の1に基づき各学校が定めることとされている総合的な学習の時間の目標については、上記により定められる学校の教育目標との関連を図り、児童や学校、地域の実態に応じてふさわしい探究課題を設定することができるという総合的な学習の時間の特質が、各学校の教育目標の実現に生かされるようにしていくことが重要である。以上のことを整理すると、各学校において教育目標を設定する際には、次のような点を踏まえることが重要となる。
> 　①　法律及び学習指導要領に定められた目的や目標を前提とするものであること。
> 　②　教育委員会の規則、方針等に従っていること。
> 　③　学校として育成を目指す資質・能力が明確であること。
> 　④　学校や地域の実態等に即したものであること。
> 　⑤　教育的価値が高く、継続的な実践が可能なものであること。
> 　⑥　評価が可能な具体性を有すること。
> 　　　　　　　　　　　　　　　　　　　　　　　　　　　＊下線は筆者

　ここでは、ポイントとして、学校の教育目標と教育課程はつながっていることが求められている。特に、学校の教育目標と「各教科等」および「総合的な学習の時間」の目標は関連づけて設定することとあり、特に「総合的な学習の時間」を核として教育課程を編成することを示唆しているものと考えられ

る。

3. カリキュラム・マネジメントの取組

　これまでにも触れてきたが、学習指導要領では「社会に開かれた教育課程」が求められている。天笠 茂 氏は、カリキュラム・マネジメントを「全ての教職員の参加によって、教育課程の編成・実施・診断・評価・改善を通して、学校の特色を作り上げていく営みである。」としている。

　この考えを踏まえ、学習指導要領の中でいう「社会」については、学校現場では「地域」として捉えることができる。学校の教育課程や教育活動による成果が「地域」に共有されるような取組を実践していくための営みをここでは提案したい。

　学習指導要領総則編（平成29年7月）P.47には、教科横断的な視点に立って育成する資質・能力として示され、まとめると次のようになる。

　・各教科等で育成する資質・能力ではあるが、他の教科等における指導内容
　　と関連付けられるもの。

　・言語能力や情報活用能力、問題発見・解決能力など、すべての学習の基盤
　　となるもの。

　・食育、主権者教育、地域で伝えていきたい文化、SDGsの社会の形成、防
　　災・安全教育、など源田に的な諸課題に対応して求められるもの。

　このような視点から教科内容を検討し、横断的な指導ができないものかを検討したいものである。

　では、具体的なカリキュラム・マネジメントの取組について考えていく。

（1）　学校評価がカリキュラム・マネジメントのはじまり

　筆者が小学校教員となった1982（昭和57）年の年度末に3日間連続で職員会議が開催され「学校評価」が行われた。教育活動について成果が問われ、課題を明らかにしながら次年度への取り組む方向性が教職員間で共有されていく取組であった。しかし、第1議題である「学校目標」については、意見がなく

次年度も引き続き同じ目標で学校運営をしていくことになった。時間にして僅か1分程度で終了した。この頃は、筆者自身「学校目標」は、ただのお題目レベルとして捉えていた。その後、平成4年に神戸大学教育学部附属住吉小学校に赴任し、年度末、これまでの学校と同様に学校評価が行われた。附属住吉小学校では、「学校目標」に対して全員の教員が意見を述べ目標の妥当性や子どもへの影響などが議論された。学校目標は、教職員全員で創り出すものであるとこの時に教えられた。このことから、学校評価の営みがカリキュラム・マネジメントのはじまりであり、そのものである。

学校教育目標を評価するためには学校評価を実施する日程などの計画が必要である。この学校評価の検討において、次年度の教育課程の検討がなされることになる。学校によっては9月末にも学校評価を実施している。多くの学校は、年度末の2月下旬から3月上旬に実施されている。学校評価が学校改善のための取組であり、日程や回数の計画・実施そのものが学校経営の工夫と考えられる。この学校評価の実施者として、教職員に加え、保護者、学校評議員、地域住民（自治会長・民生委員等）が参加することが望ましい。

図1-1のように学校評価を教職員以外の者から受けることで、社会に開かれた教育課程の実践がはじまりを迎えることになる。

このことは学校教育目標を学校長が定めるにあたって「子どもの実態」「地域からの願いや要望」「教職員からの願いや要望」を汲み取ることができ、地域に開かれた「学校目標」が設定されることになる。

このことはカリキュラム・マネジメントの第2の側面で示された、PDCAサイクルの取組である。学習指導要領があり、教科ごとの目標、学校教育目標

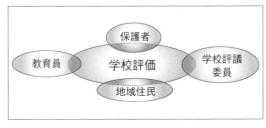

図1-1　学校評価の評価者

38

を有機的につなげていくためにも PDCA サイクルは欠かすことができない取組である。教育計画を編成（PLAN）し、実施（DO）し、目標が達成されたかどうか評価（CHECK）し、達成できていないのであれば改善（ACTION）していくことが大事である。

（2）育成を目指す「子どもの姿」を具体的に示す

　多くの学校の教育目標は、子どもたちの実態および地域の実態を踏まえ、知・徳・体の内容を含んでいる。これらの内容と、学習指導要領が示す3つの柱との関連から「目指す子どもの姿」検討していくことができるのではないだろうか。

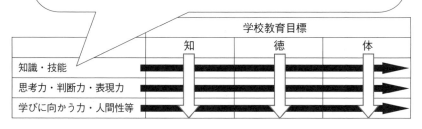

　上記のような「目指す子どもの姿」を教職員・保護者・地域で協議していくことにより、それぞれの立場の役割も明確にされ学校が負うべき責任が「見える化」されるという結果にもつながると考えられる。

　これらの「目指す子どもの姿」を集約することで、学校目標を踏まえた「学校で育成する資質・能力」設定へとつながっていくと考えている。

（3）　学校で育成する資質・能力の設定

　学校教育目標と三つの柱から「目指す子ども像」を協議し共有した結果を基に、「学校で育成する資質・能力」の検討を行いたい。これまでの筆者の経験も踏まえると教師の願いや思いだけを基にして設定した資質・能力は、行き当たりばったり、思いつき、その時の時代の流れなどの要因だけで設定されることが多く、教員だけの世界に通用する閉じられた資質・能力であったといえる。

　これからは「社会に開かれた教育課程」を求められていることから、カリマネを実施していくためには、教職員・保護者・地域の方で協議し「目指す子ども像」を共有したうえで、その子ども像を集約し「学校で育成する資質・能力」を設定していくことが重要であると考えている。

　次に具体的な事例を示す。学校目標の「徳」にあたる文言を基に、子ども像を設定する。その子ども像を集約し、「力」として表現できるよう検討していくのである。

　ここでは「違いを認める」「相手の立場になって」「他者を大事に」などの重視したい言葉に着目し、これらの言葉を「力」に置き換えていくように検討する。

　◎「違いを認める」→ 多様性、多様な価値観

　　　　　　　　　　→「多様な価値観を認める力」

　◎「相手の立場になって」・「他者を大事に」→ 他者の尊重、行動すること

　　　　　　　　　　　　　　　　　→「他者を尊重した行動力」

　このように学校・保護者・地域で共有された「学校教育目標」そして「目指す子ども像」から学校として「育成したい資質・能力」を設定していくのである。このことは、子どもたちを地域ぐるみで育てるという取組であり、「社会に開かれた教育課程」との理念に通じるものであるといえる。

資質・能力の例

　「**多様な価値観を認める力**」「**他者を尊重した行動力**」などの力を設定し、これらの力をもとに、各教科等・特別活動の指導計画を教科横断的に検討し、学校独自の教材（テーマ）を設定していくことができると考えている。

	学校教育目標		
	知	徳	体
知識・技能	人の話をよく聞くことができる子	違いを認めることができる子	規則正しい生活を送ることができる子
思考力・判断力・表現力	自らの考えをもち、発信できる子	相手の立場になって考えることができる子	
学びに向かう力・人間性等		自分と他者を大事にすることができる子	

図2-2 「学校で育成する資質・能力」の作成について

4. ま と め

カリキュラム・マネジメントの三つの側面を改めてまとめると、

第一側面「教科横断的な視点教育課程を編成する」

第二側面「教育内容の質の向上に向けて、教育課程を編成し一連のPDCAサイクルを確立する」

第三側面「人的・物的資源等、地域等の外部資源を効果的に活用する」となる。

学校現場の先生からよく尋ねられる内容は、第一側面の「教科横断的な視点とは何か」ということである。このことについては、学習指導要領解説総則編（平成29年7月）P48～51には、教科等横断的な視点について次のように述べられている。

(1)　各学校においては、児童の発達の段階を考慮し、言語能力、情報活用能力（情報モラルを含む）、問題発見・解決能力等の学習の基盤となる資質・能力を育成していくことができるよう、各教科等の特質を生かし、教科等横断的な視点から教育課程の編成を図るものとする。

(2)　各学校においては、児童や学校、地域の実態及び児童の発達の段階を考慮し、豊かな人生の実現や災害等を乗り越えて次代の社会を形成することに

> 向けた現代的な諸課題に対応して求められる資質・能力を、教科等横断的
> な視点で育成していくことができるよう、各学校の特色を生かした教育課
> 程の編成を図るものとする。

　(1) については、学習の基盤となる資質・能力という視点が述べられている。具体的には、言語能力、情報活用能力、問題発見・解決能力の視点である。

　(2) については、現代的な諸課題に対応して求められる資質・能力という視点が述べられている。具体的に教科等横断的に教育内容を構成する例が学習指導要領解説　総則編の付録6に示されている。その内容は、伝統や文化に関する教育、主権者に関する教育、消費者に関する教育、法に関する教育、知的財産に関する教育、郷土や地域に関する教育、海洋に関する教育、環境に関する教育、放射線に関する教育、生命の尊重に関する教育、心身の健康の保持増進に関する教育、食に関する教育、防災を含む安全に関する教育の13である（下線は筆者）。

　この (1) と (2) が教科横断的な視点として、学習指導要領に示されている。カリキュラム・マネジメントの一つに、この「教科横断的な視点」があることを理解しておきたい。

　特に (1) の学習の基盤となる資質・能力であげられている三つの力を踏まえ、各学校で設定した資質・能力を活用し、各教科等の特質や指導内容に基づき教育課程を作成する。

　例えば、「教科横断的に多様な価値観を認める力」の育成を目指したとする。国語の授業を通し多様な価値観を認めていくことを含んだ教材を用意し、授業を展開していくことになる。社会科でも、体育科でも同様の取組をしていくことで、各教科で育てた「多様な価値観を認める力」が束なり、最終的には、学校として子ども一人ひとりに「多様な価値観を認める力」を育成したことになる。

　また、②の現代的な諸課題に対応していくには、付録6で示された内容を参考にテーマを設定し、総合的な学習の時間を核にした取組が考えられる。単元

の配列の工夫、時には合科的な授業の展開、社会とのつながりを意識した内容などの工夫した授業展開が可能となる。しかし、この場合も、資質・能力の育成の視点は外せないことは十分に理解しておきたいことである。

　このように各学校で設定した資質・能力を核にして教育課程を編制していくことが教科横断的な視点に立ったカリキュラム・マネジメントであるといえる。

　最後に「子どもたちにどのような教育をなすべきか」という、この章の問いに対しては、次のように答えたい。

　「保護者・地域の協力を得て『子どものための学校』づくり」ができるチャンスを与えられた。それは、社会に開かれた教育課程ということからもわかるように、学校は、これまで以上に、子どもや地域の実態を把握し、その実態に即しながら育てたい資質・能力を設定することができる。文科省や地教委からの指示によって動く受身的な学校運営ではなく、子どものために取り組む能動的な教育を行うチャンスが広がったということである。是非、「子ども・地域が中心である学校」を合言葉にそれぞれが工夫した教育課程を編成していくことを祈念してこの章を閉じる。

引用・参考文献

編者　金子隆芳　他『多項目　心理学辞典』教育出版社、1991

天笠 茂（編著）『平成29年改訂 小学校（中学校）教育課程実践講座 総則』ぎょうせい　2017年10月

小・中学校学習指導要領（平成29年告示）　文部科学省

小・中学校学習指導要領解説　総則編（平成29年）　文部科学省

中央教育審議会　教育課程企画特別部会における論点整理　平成27年8月

●●● コラム②　教職員の働き方改革 ●●●

　「教職員に残業手当がないのはなぜでしょうか」。よく、教職員の仕事はやってきりなしといわれます。教職員の仕事には、一般的な書類作成に費やす時間とか、工事を完成させるのに費やす時間とかといった場合の標準的な作成時間や作業工程時間はありません。しかも、だれにも決められません。例えば、1単位時間の小学校6年生の社会科の授業をするために、どのくらいの事前準備が必要かは、その担当の教職員の考え方に任されています。教職員によってバラバラです。もうひとつは、教職員は家に持ち帰って仕事をしがちであるということです。これらは、教職員独特の働き方なのです。ですから、上司からみて、適切な残業時間であるかどうかを推し量れないのが実情です。

　このことが、教職員の働き方改革の妨げになってきていました。昔から、教職員は自己犠牲を顧みない献身的な働き方を美と捉え、社会全体もそれに頼りきるという考え方がずっと根付いていました。しかし、近年になって日本の教職員の過重労働による職場環境の悪化が、日本だけでなく、世界的にも問題視されるようになったことと、教員志望者が年々減少してきていることにより、教職員の働き方改革に早急に着手しなければならないという社会的機運が高まってきました。とてもよいことだと思います。

　したがって、教職員の働き方改革に向けた国や地方自治体が行う「教職員の増員等の教育体制や教育制度の改革の推進」と、各学校組織内での「残業や持ち帰り仕事を減らすための仕事上の取り決め等の共通理解」が急務になってきました。

　さらに、働き方改革を進める上で一番重要なのは、教職員一人ひとりが「ライフ・ワークバランス」を考えて仕事に取り組むことです。そして、何より教職員自らが、教職員同士、教職員と保護者や地域の方々との間で、「働き方改革による教職員の心身の健全化が、子どもたちの健全な育成につながる」ことをしっかり相互理解できるように努力していく必要があります。みんな、社会で働く仲間なのですから。

第**3**章
キャリア教育と教育機会

1. わが国のキャリア教育

（1） キャリア教育とは

　学校の中で行われる上級学校への進学や就職に関する教育活動は、進学指導や就職指導といわれる。これらを合わせて進路指導と呼ぶが、さらに幅広い取組がキャリア教育である。"キャリア" というと、幹部候補を意味する者がキャリア組と呼ばれたり、また仕事や職業を通して経験を積み重ねることを "キャリアを積む" と言ったりするために、まず思い浮かぶイメージは仕事や職業であろう。

　しかし、ここで用いる "キャリア" とはもう少し幅広い意味をもち、特に "役割" が重要な意味をもつ。まず、キャリア教育の定義について見てみると、「一人一人の社会的・職業的自立に向け、必要な基盤となる能力や態度を育てることを通して、キャリア発達を促す教育」（中央教育審議会、2011）とされている。そして、ここに出てくるキャリア発達とは、「社会の中で自分の役割を果たしながら、自分らしい生き方を実現していく過程」（中央教育審議会、2011）を意味している。つまり、「社会的・職業的自立に向け」とあるように、職業や仕事が中心にはなるが、大切なのは「自分の役割」を果たす点が強調されていることである。自分の役割は、仕事に限らず家庭や地域社会の中にもある。家庭であれば、子どもとして、あるいは親としての役割がある。地域社会であれば、自治会やあるいは同好サークルの会員としての役割などもあるだろう。

　このような、生活の中での"役割"に注目した場合の人間の生き方をライフ・キャリアという。これに対して、一般にキャリアという言葉から想定されるような仕事や職業についての生き方は、ワーク・キャリアと呼んで両者を区別することがある。図3-1は、キャリア教育で大きな足跡を残したスーパー（Donald E. Super）が示したライフ・キャリアの虹と呼ばれるもので、ライフ・キャリアの概念をよく表している。

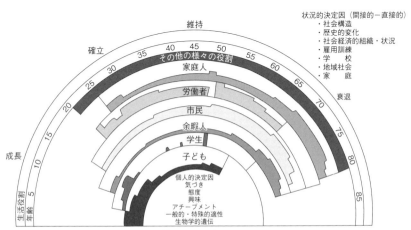

― ある男のライフ・キャリア ―

「22歳で大学を卒業し、すぐに就職。26歳で結婚して、27歳で1児の父親となる。47歳の時に1年間社外研修。57際で両親を失い、67歳で退職。78歳の時妻を失い81歳で生涯を終えた。」D.E. スーパーはこのようなライフ・キャリアを概念図化した。

図3-1　ライフ・キャリアの虹の例
（出典）文部科学省『高等学校キャリア教育の手引き』2012、p.35。

（2）基礎的・汎用的能力

　日本の学校で行われるキャリア教育では、図3-2で示されているような4つの基礎的・汎用的能力の育成が行われている。これら4つの能力の概要について、「今後の学校におけるキャリア教育・職業教育の在り方について（答申）」（中央教育審議会、2011）は、次のように説明している。

　① 人間関係形成・社会形成能力

　　多様な他者の考えや立場を理解し、相手の意見を聴いて自分の考えを正

確に伝えることができるとともに、自分の置かれている状況を受け止め、役割を果たしつつ他者と協力・協働して社会に参画し、今後の社会を積極的に形成することができる力（例：他者の個性を理解する力、他者に働きかける力、コミュニメーション・スキル、チームワーク、リーダーシップ等）。

② 自己理解・自己管理能力

自分が「できること」「意義を感じること」「したいこと」について、社会との相互関係を保ちつつ、今後の自分自身の可能性を含めた肯定的な理解に基づき主体的に行動すると同時に、自らの思考や感情を律し、かつ、今後の成長のために進んで学ぼうとする力（例：自己の役割の理解、前向きに考える力、自己の動機づけ、忍耐力、ストレスマネジメント、主体的行動等）。

③ 課題対応能力

仕事をする上での様々な課題を発見・分析し、適切な計画を立ててその課題を処理し、解決することができる力（例：情報の理解・選択・処理等、

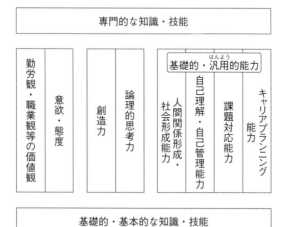

図 3-2　基礎的・汎用的能力の位置づけ

（出典）中央教育審議会『今後の学校におけるキャリア教育・職業教育の在り方について（答申）』2011、p.27。

本質の理解、原因の追及、課題発見、計画立案、実行力、評価・改善等）。

④ キャリアプランニング能力

「働くこと」を担う意義を理解し、自らが果たすべき様々な立場や役割との関連を踏まえて「働くこと」を位置付け、多様な生き方に関する様々な情報を適切に取捨選択・活用しながら、自ら主体的に判断してキャリアを形成していく力（例：学ぶこと・働くことの意義や役割の理解、多様性の理解、将来設計、選択、行動と改善等）。

（3） 初等・中等教育におけるキャリア教育

現在、キャリア教育は中学や高等学校などの中等教育段階だけでなく、小学校段階から実施することになっている。これは、小学校学習指導要領（文部科学省、2017）において、特別活動に「一人一人のキャリア形成と自己実現」という項が新設されたことによる。ライフ・キャリアの概念の特徴である"役割"に注目すると、初等教育である小学校では、例えば家庭での手伝いや学校での当番・係活動などにおいて、自分なりの役割をしっかり果たすという意味で、日々の生活の多くの場面でキャリア教育を実践することが可能である。

中等教育段階では、これにさらに従来、進路指導と呼ばれてきた進学や就職のための指導が加わる。その際にも、単に卒業直後の進路先を決めるといったいわゆる"出口指導"に終始せずに、生涯を見通して各自がどのような"役割"をもって、どのような生き方を目指すのかという点での指導が求められている。

（4） 高等教育におけるキャリア教育

高等教育におけるキャリア教育では、どのような取組が行われているのだろうか。この時期の教育を、学生が社会に出ていくための準備の期間と考えれば、自分らしい生き方をするための社会人・職業人としての準備を行う時間と考えられる。図3-2は、原題が「社会的・職業的自立、社会・職業への円滑な移行に必要な力」であり、次のステージへの移行を踏まえて、それに必要な力を示している。高等教育で学ぶ者にとっては、基礎的・汎用的能力と同時に、

その並びに示されている「論理的思考力」「想像力」「意欲・態度」「勤労観・職業観等の価値観」を身に着け、その上で各自の専門分野・領域における「専門的知識・技能」を習得することが求められているのである。

こうした能力や価値観を育成するための取組をまとめたものが、図3-3である。この中の主なものを、特に学生の立場に視点をおいて説明する。キャリア教育科目とインターンシップは学生全体を対象にしたものであり、その右の就職・キャリア相談とアルバイト、ボランティア活動などは個別指導で実施されている。

なお、ここで注意を要するのは、わが国では大学等の高等教育機関への入学年齢が18〜20歳程度に集中している点である。他の国では、一度何らかの職業に就いたあとに大学に入学するといった例も多く、その場合には高等教育での学びの意味も異なってくる。したがって、ここでの説明や記述はわが国

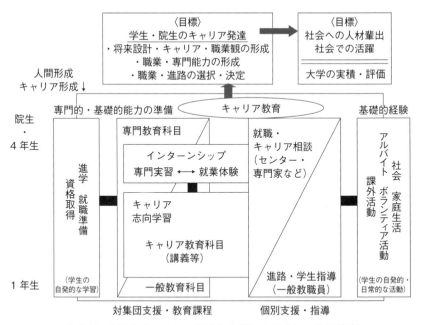

図 3-3　大学生のキャリア形成と大学におけるキャリア教育

（出典）社団法人国立大学協会 教育・学生委員会『大学におけるキャリア教育のあり方 ― キャリア教育科目を中心に ―』2005、p.6。

に限定された部分もあることに留意する必要がある。

1）キャリア教育科目

キャリア教育に関する科目として、「キャリア○○」「（職業名等）入門」「（職業名等）総合演習」など様々なものがある。また、実施形態も講義中心か、あるいは主に演習で学習が進むものがあり、また学内外の講師や卒業生が担当するものと、一人の講師が大部分の授業時間を担当するものなど多様である。

これらの科目が多様なのは、まず医学系や看護系、また教員養成系のように特定の職業に就くことを目的とした教育機関とそうでない機関では学生のキャリア発達に違いがあるし、さらに個人レベルでの差が大きいと考えられる場合とそうでない場合で、科目名称や学習内容に違いが生じるからである。

これらの科目での学びを通して、自己理解を深める（図3-2の自己理解・自己管理能力）とともに、将来のキャリアプランを立てる力（キャリアプランニング能力）を育て、また小グループでの学習や作業を通して他者と協働する力（人間関係形成・社会形成能力）や、さらに自分なりの課題達成を図る力（③課題対応能力）の育成を図ることができる。図3-4は、キャリア教育科目で想定される、自己と周囲の環境理解のための場面を示したものであるが、その中に上で述べたような基礎的・汎用的能力の育成が指向されていることがわかる。

2）インターンシップ

インターンシップという言葉は一般社会にかなり普及しているが、定義としては「学生が在学中に自らの専攻、将来のキャリアに関連した就業体験を行うこと」を意味している（文部省・厚生省・労働省、1997）。現状として、大学（学部、大学院）、短期大学、高等専門学校で、単位認定を伴うインターンシップを行っている機関は約7割、また単位認定を行わないインターンシップを行っている機関は約5.5割程度（注：両方を実施している機関があるため10割を超える）であり、参加の時期は夏期休暇期間にあたる8月・9月が多く、実施期間も2週間未満が多い（文部科学省、2020）。

インターンシップは、図3-3の中では「専門実習」と「就業体験」の2つの側面が書かれている。これはインターンシップには、専門性を身につける

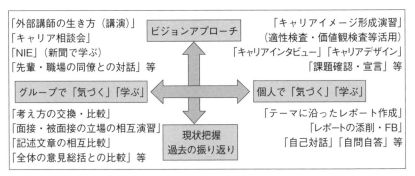

（注1）　縦軸の「ビジョンアプローチ」は基礎的・汎用的能力の「キャリアプランニング能力」、「現状把握・過去の振り返り」は「自己理解・自己管理能力」、横軸の「グループで『気づく』『学ぶ』」は「人間関係形成・社会形成能力」、「個人で『気づく』『学ぶ』」は「課題対応能力」を指向していると考えることができる。

（注2）　出典元の図のタイトルは、「自己理解・環境理解のための場面設定（例）」である。

図 3-4　キャリア教育科目における場面設定の例

（出典）社団法人国立大学協会 教育・学生委員会『大学におけるキャリア教育のあり方—キャリア教育科目を中心に—』2005、p.26。

ための専門教育の一部としての学習という面（専門実習）と、実際の職場での仕事の体験を通して「仕事とは何か」「勤労の意義は何か」といった職業観や勤労観を育てるという面（就業体験）があることを意味している。インターンシップの履修や体験に際しては、その目的や実際の体験内容について、よく理解しまた準備することが重要である。

　インターンシップの課題は、学生とインターンシップ受け入れ先とのマッチングや、職場体験の内容、その期間、そして事前・事後指導のあり方などがあげられる。各高等教育機関において、さらに改善の努力が必要である。

　3）　就職・キャリア相談

　各機関では、就職やキャリア相談に関するセンターや組織が必ず設置されている。配置されている専門家や事務スタッフは様々であるが、最新の就職・進学情報を提供できるようにするとともに、在学生やさらに卒業・修了生についての関連するデータ管理等が行われている。

　上で述べたキャリア教育科目やインターンシップが、学生全体に対する

キャリア教育であるのに対して、この就職・キャリア相談は個別の取組といえる。キャリア相談においては、主にキャリアの方向付けや指針を示したりするキャリア・ガイダンスと、悩みや迷いあるいは課題を受け止めて解決を支援するキャリア・カウンセリングが行われている。

4）アルバイト、ボランティア活動など

アルバイトは、生活費や学費を得るためという経済的な理由によるものもあるが、ボランティア活動と合わせて、職業観・勤労観の育成や生き方の選択について影響力をもつと考えられる。アルバイトやボランティア活動は強制されるものではなく、学生の自発的な活動である。ただし、教育機関によってはボランティア活動の推奨のために、これを単位化する場合もある。その場合は、ボランティア体験活動あるいはボランティア体験学習といった意味をもつ。各教育機関においては、その設置目的に合わせて図3-3に示された種々の学修や体験の全体をとらえて、キャリア教育を推進する必要がある。

2．教育機会の平等

（1）　日本の学校制度

わが国の小学校以降の教育制度の概要を図3-5に示した。6〜12歳が初等教育、12〜18歳が中等教育、そして18歳以降が高等教育に区分されている。なお、図3-5の大学には、一般的によく知られている学士課程以外に、専門職業人の養成を目的とした専門職大学がある。短期大学についても同様に、専門職業人養成のための専門職短期大学がある。また、大学卒業後に大学院（修士課程）があるが、さらに高度専門職業人の養成を目的にした専門職大学院がある。

こうした高等教育機関への進学率は年々増加し、2020（令和2）年3月段階では合計で8割を超えている（図3-6）。つまり、高校を卒業した10人の内8人以上が、大学や短大あるいは専門学校等に入学しているわけで、高等教育機関への進学者が増加していることがわかる。

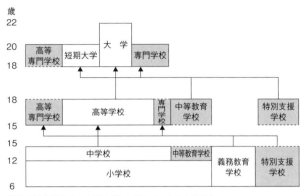

（注）網かけ部分は、中断せずに一貫していることを表す

図 3-5　日本の小学校以降の教育制度の概要

（出典）小泉令三「学校・教育システムの連携による支援」下山晴彦・佐藤隆夫・
本郷一夫（監修）小野瀬雅人（編著）『公認心理師スタンダードテキスト
シリーズ⑱　教育・学校心理学』ミネルヴァ書房、2021、p.131。

（2）　高等教育のユニバーサル化

　大学に代表されるような高等教育の変容は、マーチン・トロウ（Martin
Trow）によると 3 段階に分けることができる（トロウ、1976）。まず、少数
の特権階級の者が学んでエリート養成が行われるのが、エリート型である。日
本では、第 2 次大戦前の大学などがこれに当たる。その後、高等教育機関へ
の入学者が増えマス型になる。日本でも大学教育の"大衆化"といった言葉
が 1960 年代に聞かれるようになった。そして、現在は図 3-6 で見たように、
8 割以上の者が高等教育機関に進学・入学する状況にあり、ユニバーサル型と
呼ばれる。このような量的拡大は、18 歳人口が減少しているという事実と合
わせて考えると、以前は学力面で上位層しか進学できなかったものが、昨今は
その面でのハードルが低下していることを意味している。

　高等教育がユニバーサル型になった状態では、高等教育を受ける機会が平
等に提供されることが望ましい。高等教育を受ける機会が不平等になると、国
全体として経済的損失と民主主義の危機がもたらされるとの指摘がある（パッ
トナム、2017）。つまり、経済的損失とは高等教育で延ばすことができたであ

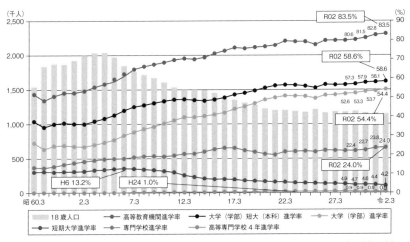

（注1）高等教育機関進学率 ＝ $\dfrac{\text{大学（学部）・短期大学（本科）入学者、高等専門学校4年在学者及び専門学校入学者}}{\text{18歳人口（3年前の中学校・義務教育学校卒業者及び中等教育学校前期課程修了者）}}$

（注2）大学（学部）進学率 ＝ $\dfrac{\text{大学（学部）の入学者}}{\text{18歳人口（3年前の中学校・義務教育学校卒業者及び中等教育学校前期課程修了者）}}$

（注3）短期大学・専門学校の進学率は、（注2）計算式の入学者部分にそれぞれの入学者を当てはめて算出。
　　　高等専門学校4年進学率は、同部分に4年生の学生数を当てはめて算出。

（注4）□で囲んだ年度は、最高値である。

図3-6　高等教育機関への進学率の推移

（出典）文部科学省『令和2年度学校基本調査（確定値）の公表について』2020、p.5。

ろう能力が身につかなかったために、社会の中での生産性（国内総生産など）が低くなり、それに伴って税収の低下や社会保障費が増加することを意味している。また、民主主義の危機とは、選挙の際の投票やその他の政治への参加行動が低下することを表している。

（3）教育機会の格差

　わが国の現状として、高等教育を受ける機会が平等に提供されているとはいえず、それを阻害する要因として、性、年齢、経済状況、障害などがある。性と年齢による具体的な例として、入学選抜試験での差別がある。例えば、特定の学部で女子が男子に比べて入学しにくくなるような操作や、浪人年数が合否の判定に関わるような事例が報告されている（文部科学省、2018）。今後、他の学部でもこうした事例が生じやすい状況がないかを常に確認するしくみが

必要であろう。

　経済的状況とそれに関わる要因や取組については、以下に、アメリカでの施策を含めて説明する。また、近年特に重視されつつある特別支援教育に関わる取組も、教育機会の格差解消の観点から紹介する。

1）子どもの貧困率

　貧困には、生活の維持そのものが難しい絶対的貧困と、生活は維持できるが住んでいる国の生活水準や文化水準を下回る状態にあることを意味する相対的貧困がある。相対的貧困は、具体的には等価可処分所得（世帯の自由に使える所得を、世帯の人数の平方根で割ったもの）の中央値の半分に満たない世帯を意味している。2018（平成30）年ではこの中央値の半分が127万円で、この基準に達しない世帯の割合、すなわち相対的貧困率が15.4%、子ども（17歳以下）の貧困率が13.5%であった。子どもの場合、7.5人に一人が相対的貧困の状態にあったことになる。

　図3-7に1985（昭和59）年からの相対的貧困率の推移を示したように、右肩上がりで増加傾向にあることがわかる。2010年の国際比較では、OECD加盟国34か国中10番目に高く、OECD平均を上回っていた。このような家庭環境の実態を踏まえて、どのような取組が必要かつ有効なのかを検討しなければならない。

図3-7　相対的貧困率の年次推移

（出典）厚生労働省『2019年　国民生活基礎調査の概況』2020、p.14より作成。

2）子ども食堂

　生活困窮世帯の子どもへの支援の一つとして、子ども食堂がある。子ども食堂は、地域住民や自治体、あるいは非営利団体などが中心となって、無料あるいは低価格で子どもたちに食事を提供する場を意味している。その発端は、2012（平成24）年に東京のある八百屋店主が、十分に食事ができない子どものために始めたことにあるといわれている。その数は全国で、2016（平成28）年に319ヶ所、2018（平成30）年に2,286ヶ所、2019（令和元）年に3,718ヶ所、そして2020（令和2）年には5,086ヶ所と急増している（NPO法人全国こども食堂支援センター・むすびえ、2020）。

　子ども食堂以外にも、生活困窮世帯への支援には様々なものがある。図3-8は、それらの取組の全体像をまとめたものである。まず主体に注目して、行政と民間を両極とする軸があり、もう一つは対象者による違いで全員を対象とする包括的なものか、対象を限定する選別的なものかという軸である。

3）経済的要因克服への支援

　子どもの進路選択に家庭環境が与える影響は大きく、その主な要因の一つが経済的なものである。この要因を表す指標として、社会経済的背景がある。これは、家庭の所得、父親の学歴、母親の学歴から算出されるもので、いわゆ

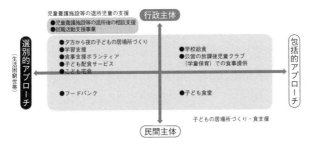

図 3-8　支援者・アプローチの違いに基づく子ども支援の取組の分類

（出典）一般社団法人　日本老年学的評価研究機構『生活困窮世帯の子どもに対する支援ってどんな方法があるの？ ― 国内外の取り組みとその効果に関するレビューおよび調査 ―』（平成30年度厚生労働省社会福祉推進事業「社会的弱者への付き添い支援等社会的処方の効果の検証および生活困窮家庭の子どもへの支援に関する調査研究」報告書）2019、p.8。

る高収入で両親が高学歴であれば社会経済的背景が豊かであり、子どもが高等教育を受けやすい環境にあるということになる。

こうした要因による教育機会の格差を是正する施策が取り入れられつつある。義務教育を終えた後の後期中等教育機関に該当する高等学校については、2010（平成22）年より授業料が公立校で無償化され、私立校では就学支援金が支給されたりするようになった。

高等教育機関についても、2020年度から「高等教育の就学支援新制度」という制度が実施されている。これは、進路への意識や進学意欲がある場合に、家庭の経済状況のために学びをスタートできなかったり中断したりすることがないようにするための取組である。条件は、所得、資産、そして学業成績・学ぶ意欲の3つである。

4）家庭要因

前項で、家庭の経済的要因について述べたが、ここで注目すべきことは、家庭の社会経済的背景がもたらす家庭環境の質である。例えば、家庭に辞書や本があり、またすぐに調べものができるようなインターネット環境が整っていて、家族の中でそれらをすぐに手に取ったり、不確かなことを確認したりするような習慣があれば、文字情報に親しみやすく、また新しい知識を習得しやすいだろう。これらは、文化資本と呼ばれている。そして、環境の中での知覚の傾向や行動の原理をハビトゥスというが、学校での学びに適した文化資本のある家庭環境では、学校環境に適応しやすい習慣、つまりハビトゥスを身に着けることが可能である。例として、わからないことがあれば納得できるまで質問でき、また文字情報に触れる機会が多いといった習慣があげられる。このように、社会経済的背景が、子どもが学校環境に適したハビトゥスを身に着けやすいような文化資本を有していると、進学や高等教育への志向性は高まるのである。以上の文化資産およびハビトゥスの概念は、ブルデュー（1991）によるものである。

こうした考え方は、家庭環境の文化的要因が子どもの学校生活への適応・不適応を左右し、進路選択に影響して、将来再び同じような文化的要因をもった家庭環境をつくりやすいという意味で、文化的再生産論と呼ばれている。こ

の点を克服するために、様々な取組が行われており、アメリカの例を次に2つ紹介する。

5）ヘッドスタート計画

ヘッドスタート計画は、アメリカで貧困家庭出身の小学校入学前の子どもを対象に、1965年から行われている就学援助プログラムである。学習に関することだけでなく、健康や栄養面なども対象で、さらに保護者への啓発や具体的な家庭教育面での支援なども行われている。ヘッドスタートとは、競争に際して競争相手よりも早くスタートするといったように、有利にスタートすることを意味している。家庭教育環境が十分に機能していない場合に、小学校入学でのつまずきがないように、前もって準備状況を整えておくことをねらいとしたわけである。

テレビの教育番組で有名なセサミ・ストリートも、このヘッドスタート計画の一環として始まったものである。この番組では、例えば小学校入学までに「アルファベットが読める」、また「10までの数字が数えられる」といったことを目指している。

このプロジェクトは連邦政府の保健福祉省によるものであり、州によって取組に差があるようであるが、全体として次の3点の成果が報告されている。①子どもの小学校入学との成績に効果的で、また保護者支援の充実につながった、②子どもの認知的や言語面での発達に効果が見られ、参加した子どもについて、その保護者との交流が積極的になった、③保護者の教育・職業訓練への参加が増え、保護者の自立の助けになった（今後の幼児教育の振興方策に関する研究会、2009）。

6）どの子も置き去りにしない法

アメリカの小中学校等での取組として、「どの子も置き去りにしない法（No Child Left Behind Act of 2001）」（NCLBと略されることが多い）が、2002年から実施されている。これは、人種、家庭の所得、障害、母語（英語かそれ以外か）による学力格差をなくすことを目的としたもので、成果として読解力と算数・数学の学力格差が小さくなっていると報告されている（吉良、2009）。

7）合理的配慮

　障害者の権利に関する条約には、合理的配慮について「障害者が他の者と平等にすべての人権及び基本的自由を享有し、又は行使することを確保するための必要かつ適当な変更及び調整であって、特定の場合において必要とされるものであり、かつ、均衡を失した又は過度の負担を課さないものをいう。」と定義されている。わが国でも、学校で障害のゆえに必要な教育を受けられなくなるようなことがないように、例えば教員や支援員が確保されたり、施設・設備が整備されたりするとともに、個別の教育支援計画や個別の指導計画に対応した柔軟な教育課程の編成や教材等の配慮が求められている。

　合理的配慮をわかりやすく示すために、図3-9がよく用いられる。目的は全員が野球を観戦できることであり、そのためには各人の身長に合わせた踏み台を用意する必要があるという意味である。したがって、例えば学習場面であれば、聴覚（音声情報など）や視覚（文字情報など）の入力や出力に困難があるのであれば、その困難度に合わせた学習方法の提供やICT（情報通信技術）機器の活用が、この図の"踏み台"に相当する。

平等　　　　　　　　　公平（公正）

図3-9　平等と公平（公正）の概念の違いを説明した図

（出典）Interaction Institute for Social Change│Artist: Angus Maguire.
http://interactioninstitute.org/illustrating-equality-vs-equity/

　なお、こうした合理的配慮の提供には、子ども本人がその必要性に気づき、さらにそれを表明できるようになることが求められる。このための発達段階に合わせた教育的支援が必要である。

8）非認知スキルの育成

　社会的自立のためには、学校の教科で学習した成果としての学力だけでは十分でなく、それ以外の力も必要である。すなわち前者は知識、思考、推論などの力であり、認知的スキルと呼ばれている。これに対して後者は、周囲の人と適切な関係をつくって維持する力や、そのための感情・情動の管理、そして目標達成のための粘り強さなどが含まれ、非認知的スキルと呼ばれている（OECD, 2015）。この２種類のスキルはどちらも、子どもの成長とそれに続く社会的自立に必要である。

　しかし、学校での学びで、非認知的スキルの重要性は認められつつも、その育成への取組は見落とされがちであり、その点に注目する必要がある。この点に関して、近年このスキルを意図的・計画的に育成するために、「社会性と情動の学習」が欧米を中心に進められている。この学習は、わが国では「自己の捉え方と他者との関わり方を基礎とした、対人関係に関するスキル、態度、価値観を育てる学習」（小泉、2011）といった説明がされている。この学習で育成を図る能力として、表3-1に示す５つの能力が示されている。「社会性と情動の学習」は、プラットフォーム（あるいは枠組み）であり、これに該当する学習プログラムは非常に多く、国や地域によって様々である。

　社会性と情動の学習は、学校全体でのていねいな実践の継続によって、出席率の向上と中退率の減少、問題行動の減少、そして成績の向上がアメリカの研究で報告されている。特に、家庭環境や地域の事情が厳しい場合に、この学習の効果が明確に示されていることから、乳幼児期や学齢期の子どもの教育面の公正の観点（図3-9参照）から、取組の普及が求められている。

（4）リカレント教育

　リカレント教育とは、学校を卒業して社会に出ていく方向だけでなく、社会に出て就労経験を積んだ後に学校に入るといったような方向も加えて、これ

表 3-1　「社会性と情動の学習」で育成をめざす能力

能　力	説　明
自己への気づき	自分の感情に気づき、また自己の能力について現実的で根拠のある評価をする力
他者への気づき	他者の感情を理解し、他者の立場に立つことができるとともに、多様な人がいることを認め、良好な関係をもつことができる力
自己のコントロール	物事を適切に処理できるように情動をコントロールし、挫折や失敗を乗り越え、また妥協による一時的な満足にとどまることなく、目標を達成できるように一生懸命取り組む力
対人関係	周囲の人との関係において情動を効果的に処理し、協力的で、必要ならば援助を得られるような健全で価値のある関係を築き、維持する力。ただし、悪い誘いは断り、意見が衝突しても解決策を探ることができるようにする力
責任ある意思決定	関連する全ての要因と、いろいろな選択肢を選んだ場合に予想される結果を十分に考慮し、意思決定を行う。その際に、他者を尊重し、自己の決定については責任をもつ力

（出典）Collaborative for Academic, Social, and Emotional Learning, "Safe and sound: An educational leader's guide to evidence-based social and emotional learning（SEL）programs". Chicago, IL: Author. 2003. p.5 より

らを繰り返す教育制度を意味する。例えば、高校卒業後に一度就労し、そこで何らかの資格取得のために大学に入学するような場合である。また、専門学校を卒業後に職に就き、さらにその分野での専門性を高めるために大学に通い、一度職場に戻った後に、さらに上位の学位を取得するために夜間や通信制の大学院に進学するケースなどもこれに該当する。

　わが国では、従来高等教育機関への入学年齢が 18 〜 20 歳程度に集中していたが、近年その傾向が変わりつつある。図 3-10 は、社会人になった後に、大学、大学院、短大、専門学校などの学校で学習したことがある社会人の割合を示したものである。全体として、こうした学習経験のある人や今後学習してみたい人は約 36％いることがわかる。そして、年代別で見ると 30 代ではその割合が 50％を超えている。一定期間の就労体験を経たゆえに新たな学びの必

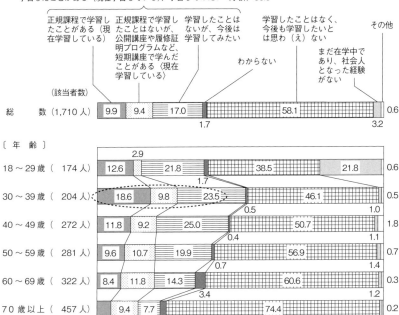

（注）図中の破線の楕円は著者によるもので、合計が51.9％になる。

図3-10　リカレント教育における「学び直し」の実施状況

（出典）内閣府政府広報室『「生涯学習に関する世論調査」の概要』2018、p.7。

要性に気づいたためと考えると、この調査結果は納得できる。

　こうした実態は、Society5.0といわれる今後の新たな社会に向けた動きへの対応を反映していると考えられる。すなわち、現在は第4次産業革命として、IoT（Internet of Things）、AI（人工知能）、ビッグデータなどの技術革新が進展している時代である。それが次のSoiety5.0では、サイバー空間とフィジカル（現実）空間が高度に融合したシステムによって、経済発展と社会的課題の解決が両立する人間中心の社会になると予想されている。そうした社会では、社会に出る前の学校での学びだけでは対応できず、「学び直し」によって転職や復職、起業等がスムーズにできるような教育システムが求められるの

である。すなわち、学校と社会を行き来するリカレント教育が普及すると予想される。この傾向は、若年期に教育機会が十分に得られなかった場合でも、再度、高等教育機関での学習の機会が提供される可能性を高めるものであり、今後の進展が期待される。

引用文献

ピエール・ブルデュー、ジャン＝クロード・パスロン　宮島　喬（訳）藤原書店『再生産』1991.

中央教育審議会『今後の学校におけるキャリア教育・職業教育の在り方について（答申)』、2011、pp.25-26.

吉良　直「どの子も置き去りにしない（NCLB）法に関する研究 ─ 米国連邦教育法の制定背景と特殊性に着目して ─ 」教育総合研究『日本教育大学院大学紀要』、2、2009、pp.55-71.

小泉令三『子どもの人間関係能力を育てる SEL-8S（第1巻)』ミネルヴァ書房、2011.

今後の幼児教育の振興方策に関する研究会『幼児教育の無償化について（中間報告)』（第23回社会保障審議会少子化対策特別部会　資料5-3)　2009.

文部科学省『小学校学習指導要領』2017.

文部科学省『医学部医学科の入学者選抜における公正確保等に係る緊急調査 ─ 最終まとめ ─ 』2018.

文部科学省『令和元年度大学等におけるインターンシップ実施状況について』2020.

文部省・通商産業省・労働省『インターンシップの推進に当たっての基本的考え方』1997.

NPO法人全国こども食堂支援センター・むすびえ『こども食堂全国箇所数調査2020結果のポイント』2020.

OECD『Skills for social progress: The power of social and emotional skills』2015.

ロバート・D・パットナム　柴内康文（訳）『われらの子ども ─ 米国における機会格差の拡大』創元社、2017.

トロウ、M. 天野郁夫・喜多村和之（訳）『高学歴社会の大学 ─ エリートからマスへ ─ 』東京大学出版会、1976.

●●● コラム③　今後のキャリア教育の行方 ●●●

　現代社会は、インターネットの普及に伴い、あらゆる情報を素早く取得できるだけでなく、SNS 等を通じて個人がもつ情報をグローバルに発信できる基盤が整備されてきました。その中で、私たちの生活に関するあらゆるデータは集約化・構造化され、社会活動に活用されています。そのため、これまで人間が行ってきた様々な活動は、人工知能（AI）に置き換えることが容易になってきたといえます。

　フレイ&オズボーン（2013）は、米国において 10 ～ 20 年以内に労働人口の 47％が機械に代替されるリスクが 70％以上あるという研究結果を示し、今後 10 年以内に機械に置き換わる仕事としては、電話マーケティング業務、データ入力係、銀行窓口係、保険事務員、証券仲介業者、スポーツの審判、運転手、販売員等をあげ、逆に 10 年後も残る仕事は、小学校教員、看護師、獣医、救命救急士、作業療法士、内科医と外科医、メンタルヘルスカウンセラー等としました。機械に置き換えられる仕事を見れば、ルーチンワーク的な窓口業務やルールが明確なものであり、残る仕事は、個別の要望に応じた細かな対応を自らが臨機応変に判断する必要がある専門的業務だといえます。このような背景の中、今後のキャリア教育に求められることとは何でしょうか。

　国立教育政策研究所生徒指導・進路指導研究センター（2018）は、「特定の既存組織のこれまでの在り方を前提としてどのように生きるかだけではなく、様々な情報や出来事を受け止め、主体的に判断しながら、自分を社会の中でどのように位置付け、社会をどう描くかを考え、他者と一緒に生き、課題を解決していくための力の育成が社会的な要請となっている」と述べました。社会や産業の構造が刻々と変化する中においては、対処療法的に問題を処理していたのでは対応ができなくなってしまいます。むしろ、社会構造が常に変化していることを念頭に置き、AI が不得意な「物事を多角的・多面的に捉える力」を養い、様々な視点から課題を解決しようとする意欲と能力を磨くことを目指す教育が求められるでしょう。

【参考文献】

Frey, C. B., & Osborne, M. A. (2013) "The future of employment: how susceptible are jobs to computerization?", 1-72.

国立教育政策研究所生徒指導・進路指導研究センター（2018）「「キャリア教育」資料集研究・報告書・手引編」、p.6

第 **4** 章
現代社会における高等教育

1. 高等教育とは

（1） 高等教育とは

　高等教育とは、初等教育（小学校）、中等教育（中学校・高等学校）の次に接続する最終的な学校教育段階の総称で、日本の場合、大学院、大学、短期大学、高等専門学校の第4・5学年に加えて、高校卒を入学資格にする専修学校を含めるのが一般的である（江原　2014a）。

　高等教育が「教育社会学」のテキストで扱われる理由として、角替（2018）は、3つ挙げている。

　1つ目に、現代社会では高等教育は人々の社会移動の主要な分岐点と考えられるからである。近代社会は能力主義に基づく人員配置を基本とし、個人の能力は取得した学位や資格に置き換えられ、その後の地位達成に重要な意味をもつ。高等教育は社会移動の主要な「節目」となる。

　2つ目に、高等教育が学校教育体系のなかでも特殊な位置を占めているからである。大学は中世ヨーロッパを起源とし、国家権力とは一線を画した自治権を獲得し、特有の組織を形成してきた。その成立ちは王権や国家権力に対峙し、学術的な観点から人類社会の平和と福祉に貢献するという独特な機能をもつ。大学の歴史は外部社会との様々な緊張、対立、軋轢の連続で、高等教育の成立を学ぶことは学問の自由と社会のあり方をも問い直すことにつながるのである。

　3 つ目に、高等教育が産業社会に対し重要な役割を果たしているからである。近代社会の進展には科学技術の進歩が不可欠であるが、その大部分は大学を中心とした高等教育を中心に開発され、それを担う人材も高等教育を通じて供給されている。高等教育は現代社会の発展になくてはならない存在であるからである。

　また、角替（2018）は、高等教育の機能を 3 つ挙げている。1 つ目は研究機能である。学校教育法では、「大学は、学術の中心として、広く知識を授けるとともに、深く専門の学芸を教授研求し、知的、道徳的及び応用的能力を展開させること」（83 条）と定められている。先端的知識に裏づけられた高度な教育と社会サービスを行うためにも、研究機能は欠くことができない。

　2 つ目は、教育機能である。高等教育は専門的知識・技術の教授を通して、高い能力を身に着けた人材を社会に供給する。特に社会の分業化が進んだ状況では、こうした人材の供給は非常に重要である。一方、高等教育の量的拡大が進むなかでそこでの教育のあり方を根本的に見直す機運が高まりつつある。

　3 つ目は、対社会サービスである。高等教育は、社会や人々のニーズの変化に合わせ、従来の教育・研究の蓄積を生かして個人や社会のニーズと問題解決に資する知的プラットホームとしての役割を果たすことが期待されている。特に産業経済の高度化や社会問題の複雑化により、高等教育が担う対社会サービスは重要性を増すと考えられる。

　このような高等教育で今いろいろな課題が問題になっている。江原（2014b）は、大学の課題として、「かつては複数の学部をもち、学位授与権を有する高度な教育と学術研究を行う自治的な教育研究機関のみを「大学」と称していた。しかし高等教育の大衆化に伴い、大学は全体として大学教員中心の研究重視機関から学生中心の教育重視機関へ、その基本的性格を変え、管理運営の仕組みも大きく変わってきている。」と述べ、「少子化に伴う学生の確保、大学生の学力低下、教養教育と専門教育のアンバランス、教育研究条件の大学間格差、大学評価とアカンタビリティ（説明責任）、大学自治のあり方」など多くの解決すべき課題があると指摘している。

　現在高等教育には、様々な課題があるが、その実態を理解するために、次

の項では、18歳人口と進学率及び高等教育との関係をみてみることにする。

（2）高等教育の量的拡大

　ここでは、18歳人口の推移と進学率及び高等教育の量的拡大について考えてみる。

　文部科学省『文部科学統計要覧（令和3年版）』（2021）によれば令和2（2020）年現在、日本の高等教育機関は合計4,290校（大学795校、短期大学323校、高等専門学校57校、専修学校3,115校）である。昭和30（1955）年当時は大学228校、短期大学264校であるから、大学数は約3.5倍、短期大学は1.4倍の増加である。大学の学生数では、昭和30（1955）年の約553,000人から令和2（2020）年の約2,916,000人へと約5.6倍以上増加した。また、高等教育のなかで大きな部分を占める4年制大学進学率について見てみると、1960年代には、10%前後であったが、令和2（2020）年現在54.4%に躍進している。

　18歳人口は、昭和41（1966）年にピークを迎え（第一次ベビーブーム）約249万人になるが、以降減少し、再度上昇して2度目のピークは、平成4（1992）年約205万人になる。その後減少を続け、平成21（2009）年頃からは、約120万人前後で推移しており、令和2（2020）年現在は、約117万人まで減少している。一方で、この間に大学進学率はほぼ右上がりに上昇する。平成21（2009）年には50%を超え、令和2（2020）年は54.4%となった（図4-1）。1990年代に大学進学率が急増する背景として、津多（2018）は、「1980年代からハイテク産業への産業構造の変化にともない高度技術者など大卒への需要が高まったこと、1991年の大学設置基準の大綱化にともない大学が増加したこと」をあげている。

　平成4（1992）年には、26.4%であった大学進学率が現在54.4%となっており、これに伴い、大学進学者数も平成4（1992）年の約54万人から現在は約63万人にまで増加している。

　このように多くの高等学校卒業者が大学進学を希望し、大学教育の裾野が広がっていくことは社会の発展と安定に寄与しているが、学生の可能性を最大

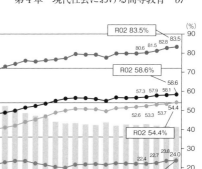

図 4-1　高等教育機関への進学率

（出典）文部科学省　2020『令和 2 年度学校基本調査（確定値）の公表について』より

限に伸ばすという学修成果がでているかどうかについては検討の余地がある。

　令和 2（2020）年には、高等教育機関への進学率は 83.5％となり、大学進学率とともに過去最高になっている（図 4-1）。しかし、18 歳人口の減少に伴い、進学者数は平成 4（1992）年の約 117 万人から約 98 万人に減少している。進学率は高くなっていくものの、進学者数は、減少するという実態がある。

　次に、この学生を受け入れる高等教育機関はどのようになっているのか。その実情を見てみることにする。

　高等教育の学校数の推移は、（表 4-1）に示すとおり、設置者別の大学の推移では、国立大学は、昭和 30（1955）年 72 校が令和 2（2020）年 86 校とほとんど変化がない。また公立大学は、昭和 30（1955）年 34 校が令和 2 年 94 校と国立大学に比べると多いが、私立大学の昭和 30（1955）年 122 校が令和 2（2020）年 615 校に比べるとほとんど変化がないといえる。

　平成 3（1991）年の大学設置基準の大綱化に伴い増加した大学は主に私立大学で、現在私立大学が大学校数に占める割合が 77.4％となっている。

　また、私立大学は学生数確保の面から大都市圏を中心に増加したため、大都市圏に多くの大学が集中する形になっている。このため大学数の地域差は大

表4-1　戦後日本における高等教育機関の推移

		1955	1960	1965	1970	1975	1980	1985	1990	1995	2000	2005	2010	2015	2020
大学	国立	72	72	73	75	81	93	95	96	98	99	87	86	86	86
	公立	34	33	35	33	34	34	34	39	52	72	86	95	89	94
	私立	122	140	209	274	305	319	331	372	415	478	553	597	604	615
短期大学	国立	17	27	28	22	31	35	37	41	36	20	10	–	–	–
	公立	43	39	40	43	48	50	51	51	60	55	42	26	18	17
	私立	204	214	301	414	434	432	455	498	500	497	436	369	328	306
専修学校	国立					46*	187	178	166	152	139	13	10	9	9
	公立					28*	146	173	182	219	217	201	203	193	184
	私立					819*	2187	2664	2952	3105	3195	3225	3098	2999	2586

（注）＊は1976年の値

（出典）文部科学省　2021『文部科学統計要覧（令和3年版）』

学の進学率の地域差と関連している（図4-2）。そして、昭和51（1976）年から始まった専修学校は、昭和55（1980）年には2000校を超え、急速に増加し、専修学校の学校数における私立の占める割合は、93.7％となっている（表4-1）。

　さらに、設置者別の学生数の推移（図4-3）を見ると、その圧倒的多数が私立学校で占められている。これらのことから、戦後の高等教育の量的拡大を支えたのは私立の高等教育機関であった。

　高等教育機関における学校数・学生数の私立への比重は、他国ではどうなっているのだろうか。そこで、国際比較を見ると（図4-4）、学校数・学生数の日本の高等教育における私立の学校数・学生数は、韓国を除くと、他国に比べると非常に多いことがわかる。

　「2040年に向けた高等教育のグランドデザイン（答申）」（2018）では「2040年には、18歳人口が約88万人、現在の規模と比較すると約74％になり、大学進学者は約51万に減少することが予想されている。各高等教育機関は、『18歳中心主義』を維持したままでは現在の規模を確保することができないということを認識した上で、いかに学生の可能性を伸ばすことができるかという教育改革を進め、その観点からの規模の適性化について検討する必要がある。その

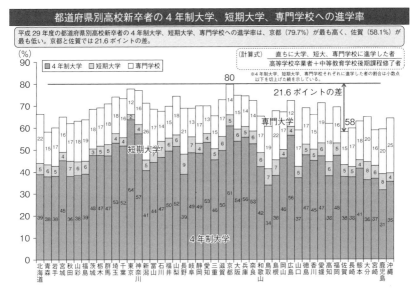

図 4-2　都道府県別高校新卒者の 4 年制大学、短期大学、専門学校への進学率

（出典）文部科学省　2018『2040 年に向けた高等教育のグランドデザイン（答申）（中教
　　　　審第 211 号）』Ⅳ.18 歳人口の減少を踏まえた高等教育機関の規模や地域配置関係
　　　　資料より

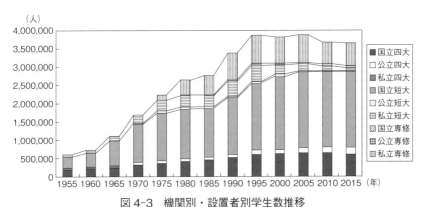

図 4-3　機関別・設置者別学生数推移

（出典）文部科学省　2021　『文部科学統計要覧（令和 3 年版）』

学校数・学生数の国際比較

日本は私立大学が多く、学校数・学生数ともに約8割を占めており、諸外国と比較しても多い傾向。

	日本 (2017年)	アメリカ (2013年)	イギリス (2014年)	フランス (2014年)	ドイツ (2014年)	中国 (2014年)	韓国 (2015年)
学校数	780校 国立11% 公立12% 私立77%	3,039校 州立23% 私立77%	161校 私立1% 公立99%	74校 国立100%	427校 私立32% 州立68%	1,202校 私立35% 国公立65%	199校 国公立23% 私立77%
学生数	258万人 国立17% 公立5% 私立78%	1,341万人 私立39% 州立61%	173万人 私立0% 公立100%	141万人 国立100%	270万人 私立7% 州立93%	1,541万人 私立24% 国公立76%	213万人 国公立24% 私立76%

(注) ○日本：（学生数は学部）○アメリカ：総合大学（大学統合む）・その他の4年制大学（リベラルアフーツカレッジ）○イギリス：大学・高等教育カレッジ。私立は1校のみ。○フランス：大学、大学は国立機関である、大学型私立高等教育機関は存在するが（14校）、学位授与権を持たない。○ドイツ：総合大学・専門大学・教育大学・神学大学・芸術大学　○中国：大学（本科）○韓国：大学・教育大学

図4-4　学校数・学生数の国際比較

(出典) 文部科学省　2018『2040年に向けた高等教育のグランドデザイン（答申）（中教審第211号)』Ⅳ.18歳人口の減少を踏まえた高等教育機関の規模や地域配置関係資料より

際、教育の質を保証することができない機関については、社会からの厳しい評価を受けることとなり、その結果として撤退する事態に至ることがあり得ることを覚悟しなければならない。」と述べている。

　このような量的拡大に貢献してきた私立の高等教育機関は、18歳人口の減少を背景にいろいろな意味できわめて厳しい状況に置かれている。

2．高等教育の機会・質の変容

（1）　高等教育の質の変容

　アメリカの教育社会学者、マーチン・トロウ（M.Trow）は、高等教育が量的拡大とともにその質と社会的使命を変容させると指摘し、高等教育の発展段階をエリート段階、マス段階、ユニバーサル段階の 3 つに分けた。

　エリート段階は、進学率 15％以下の段階で、高等教育が少数者の特権として捉えられ、エリートの形成が主要な機能とされた。進学率が 15 ～ 50％の段階をマス段階と呼び、もはや高等教育は限られた学生の特権ではなくなり、一種の「権利」とされる。その機能は広く社会の指導者層の養成に変化し、規模の拡大とともに多様性を増した。進学率が 50％を超えた段階をユニバーサル段階と呼び、そこでは全国民の育成が期待され、マス段階以上の多様性が出現する。このように発展段階によって質と社会的使命の変容がきたされるので、教育の質を検討しなければならない。

　山内（2019）は、「日本の高等教育進学率は専修学校を含めると 80％近くに達し、ユニバーサル段階を迎えている。」と述べ、角替（2018）は、「高等教育の量的拡大は、社会に対する高い能力を身につけた人材の効率的な供給を可能としつつも、高等教育としての「質」を維持する方法について、根本的な問いかけを迫る。量と質の悩ましい関係は、今日の高等教育に課せられた困難な課題の一つである。」と指摘している。

　現在多くの人が高等教育を受けるために学校教育にむかっている。そこにはどういう個人的なニーズと社会的な需要があるのか。次の項以降でみてみる。

（2）　学歴社会と賃金

　多くの人々がより高度な教育を受けることそれ自体は歓迎されるべきことであるが、学校教育を受けることによって個々人に与えられる学歴が本人の能力を表すかどうかは疑わしい。山内（2019）は、「学歴社会とは、社会におけ

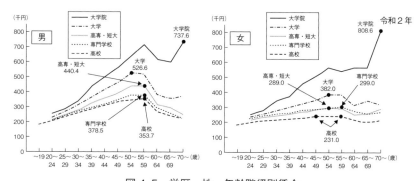

図4-5　学歴、性、年齢階級別賃金

（出典）厚生労働省　2021『令和2年賃金構造基本統計調査結果の概況　令和3年5月14日』学歴、性、年齢階級別賃金より

る社会的・職業的地位などの配分の基準として学歴が重きを占める社会であると考えられる」と指摘している。学歴社会では、学歴によって、社会的・職業的地位などの配分がされている。

　また、多くの人が高等教育にむかう背景に、角替（2018）は、「学歴の高さと賃金の高さの相関」を指摘している。2020年の厚生労働省による調査では（図4-5）、学歴別に平均賃金をみると、男性では、大学院465.2千円、大学391.9千円、高専・短大345.5千円、専門学校309.3千円、高校295.0千円となっている。賃金のピークとなる年齢階級でみると、高卒者は55～59歳で353.7千円、大卒者は、50～54歳で526.6千円となり、約1.5倍の差が示された。女性についても同様に高学歴の方が高い賃金を得ている。

　しかし、実際の社会では、学歴だけがすべてではない。採用企業は、いろいろなデータを蓄積し、そのデータに基づいて採用を決定している。ただ、このように高学歴が高賃金につながるということは、女性など社会的弱者に対して大きな希望となり、女性の社会進出につながっている。

（3）　女性の社会進出と高等教育

　昭和60（1985）年にいわゆる「男女雇用機会均等法」が成立してすでに35年以上が経過した。近年、女性の職業生活における活躍の推進に関する法律

（平成27年法律第64号）の制定、保育の受け皿整備の加速化、女性役員の登用に向けた企業への働きかけなどの取組が進められ、女性の社会進出が進められた。

また、男女共同参画局（2020）によれば、わが国の就業者数は、令和元（2019）年には女性2,992万人、男性3,733万人となっている。また、男女別に就業者数の増減を見ると、15〜64歳の女性は平成25（2013）年以降増加している。15〜64歳の就業率は、近年男女とも上昇しているが、特に女性の上昇が著しく、令和元（2019）年には15〜64歳で70.9%、25〜44歳で77.7%となっている。

一方、日本の女性の就労パターンは就職後、結婚や出産育児を契機としていったん職場から離脱し、子育てが一段落した後に再び就職するというM字型就業が知られている。男女共同参画局（2020）によれば、現在も「Mカーブ」

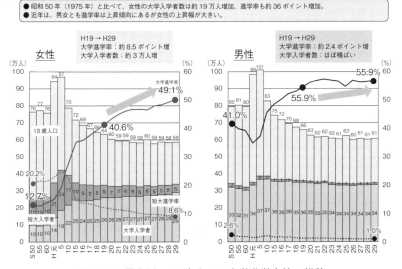

図4-6　男女別・18歳人口と大学進学率等の推移

（出典）文部科学省　2018『2040年に向けた高等教育のグランドデザイン（答申）（中教審第211号）』Ⅳ.18歳人口の減少を踏まえた高等教育機関の規模や地域配置関係資料より

は描いているものの、そのカーブは以前に比べ浅くなっている。このことは、職場からの離脱が少なくなったことを示している。

　女性の大学進学率をみてみると、上昇幅が大きく、平成19（2007）年度40.6%から10年後の平成29年（2017）年度は49.1%へ大きく上昇している（図4-6）。これに応じて、短期大学からの転換も含め四年制大学の数も増加している。このように女性の社会進出とともに高等教育への進学率も上がっている。

（4）　奨学金制度

　高等教育機会の保障は、費用負担の問題と直結する。文部科学省によれば平成31（2019）年度の国立大学の学費は入学金約28万円、授業料約54万円で、初年度には約82万円を必要とする。私立大学の場合は、入学金25万円、授業料約91万円、施設設備費18万円で、初年度には約134万円必要となる。これらは平均額で、大学や学部等により金額が異なるが、いずれにせよその金額は高額になる。高額な負担は機会均等の観点から問題になる。

　角替（2018）は、「高等教育進学時の学費負担の増大は、社会的格差の拡大につながる危険性がある。経済的に恵まれた者だけが高等教育の恩恵を受けることになる可能性が高いからである。」と問題点を指摘している。

　奨学金は、高額の授業料をはじめ私費負担比率の高い日本の高等教育制度において、経済的に豊かでない家庭出身者の高等教育進学への機会を保障する一定の役割を果たしてきた。しかし近年の奨学金利用者の急増は、高等教育進学における奨学金の意味づけを大きく変容させ、様々な問題を生み出している。

　大内（2015）は、「奨学金の制度も奨学金をめぐる社会状況に大きな影響をもたらした」と指摘し、「奨学金の利用者数は、1990年代後半以降急増した。1990年代半ばまで、奨学金利用者の比率は全大学生の20%ほどであった。その後2012年には全大学生の52.5%に達した。奨学金利用者の増加は、1990年代以降の4年制大学への進学率の上昇を背景としている。」と述べている。

　ここで、日本の奨学金の制度をみてみることにする。文部科学省は、「奨

学金事業は、日本国憲法第26条『すべての国民は、法律の定めるところにより、その能力に応じて、ひとしく教育を受ける権利を有する。』及び教育基本法第4条第3項『国及び地方公共団体は、能力があるにもかかわらず、経済的理由によって修学が困難な者に対して、奨学の措置を講じなければならない。』に基づき、経済的理由により修学に困難がある優れた学生等に対し、教育の機会均等及び人材育成の観点から経済的支援を行う、重要な教育政策です。」と述べている。

日本の奨学金事業は、昭和18（1943）年に創設された財団法人大日本育英会の奨学金事業に端を発している。無利子の貸与型奨学金としてスタートし、学生数の増加や利用者数の増加に伴い規模を拡大してきた。昭和28（1953）年に名称を「日本育英会」に変更、貸与希望者の増大に対応するため、昭和59（1984）年の日本育英会法の改訂によって、有利子の貸与型奨学金が創設された。平成16（2004）年に日本育英会は廃止され、日本学生支援機構への組織改編が行われた。日本学生支援機構は、奨学金制度を「金融事業」と位置づけ、その中身をさらに変えていった（大内　2015）。

日本学生支援機構の奨学金には、第一種奨学金（無利息貸与）と第二種奨学金（利息つき貸与）とがある。平成29（2017）年度、無利子奨学金の事業規模が3,528億円、貸与人数52万人、有利子奨学金の事業規模が7,238億円、貸与人員82万人である。

大内（2015）は、「1990年代後半から、日本学生支援機構の奨学金事業は大きく拡大した。この奨学金制度は、1990年代後半からの4年制大学進学率の上昇に貢献したと考えられる。」と奨学金事業の効果を認めつつも、特に「有利子を中心とする奨学金制度の拡充は、奨学金返済の困難という問題をもたらした。」と問題を提起している。実際、大学を卒業して就職できたとしても、低賃金労働者になってしまう可能性は飛躍的に高まっている現状がある。また、大内（2015）は、「失業率の高まり、非正規雇用や周辺的正規労働者の急増など、「若年層の貧困化」が奨学金返還を困難にしている構造を捉える必要があるのではないか。」と指摘している。

文部科学省においては、学生の負担軽減の観点から、「有利子から無利子

へ」という方針のもと、無利子奨学金の充実に努め、平成29（2017）年度から、経済的困難により進学を断念することがないよう、日本で初めての給付型奨学金事業を導入した。そして、令和2（2020）年度から、授業料、入学金の免除または減額と、給付型奨学金の大幅拡充を行う高等教育修学支援新制度を実施している。

3. 今後の高等教育

（1） 高等教育のグランドデザイン（答申）

　高等教育の現状をみてきたが、今後はどうなるのか。平成30年11月26日の第119回総会において中央教育審議会は、「2040年に向けた高等教育のグランドデザイン（答申）」を取りまとめた。その概要を見てみよう。

　多くの論点を整理し6つの大きな柱を立てて議論されたものが提言されている。見出しだけをピックアップしてみる。

① 2040年の展開と高等教育が目指すべき姿 … 学修者本位の教育への転換 …

② 教育研究体制 … 多様性と柔軟性の確保 …

③ 教育の質の保証と情報公開 … 「学び」の質保証の再構築 …

④ 18歳人口の減少を踏まえた高等教育機関の規模や地域配置 … あらゆる世代が学ぶ「知の基盤」 …

⑤ 各高等教育機関の役割等 … 多様な機関による多様な教育の提供 …

⑥ 高等教育を支える投資 … コストの可視化とあらゆるセクターからの支援の拡大 …

　これらの柱をもとに各項目について議論し、様々な提言がなされている。詳しく知りたい人は、文部科学省　2018 『2040年に向けた高等教育のグランドデザイン（答申）（中教審第211号)』『本文』 https://www.mext.go.jp/content/20200312-mxt_koutou01-100006282_1.pdf を参照してもらいたい。

　「2040年に向けた高等教育のグランドデザイン（答申）」の「はじめに」の部分に、これからの高等教育改革の実現すべき方向性が述べられている。

・高等教育機関がその多様なミッションに基づき、学修者が「何を学び、身に付けることができるのか」を明確にし、学修の成果を学修者が実感できる教育を行っていること。このための多様で柔軟な教育研究体制が各高等教育機関に準備され、このような教育が行われていることを確認できる質の保証の在り方へ転換されていくこと。

・18歳人口は、2040年には、88万人に減少し、現在の7割程度の規模となる推計が出されていることを前提に、各機関における教育の質の維持向上という観点からの規模の適正化を図った上で、社会人及び留学生の受入れ拡大が図られていくこと。

・地域の高等教育の規模を考える上でも、地域における高等教育のグランドデザインが議論される場が常時あり、各地域における高等教育が、地域のニーズに応えるという観点からも充実し、それぞれの高等教育機関の強みや特色を活かした連携や統合が行われていくこと。

　これらが実現することで、高等教育がすべての学修者の「学び」の意欲を満たすと同時に、引き続き社会を支える重要な基盤となり、高等教育改革がすべての関係者の意見や思いを酌み取り、協力と支援を得ながら、進められていくことを期待している。

　また、「2040年に向けた高等教育のグランドデザイン（答申）」の「①2040年の展望と高等教育が目指すべき姿 ― 学修者本位の教育への転換 ―」の中に、（高等教育が目指すべき姿）として以下の事が書かれている。

　　基礎的で普遍的な知識・理解と汎用的な技能を持ち、その知識や技能を活用でき、ジレンマを克服することも含めたコミュニケーション能力を持ち、自律的に責任ある行動をとれる人材を養成していくためには、高等教育が「個々人の可能性を最大限に伸長する教育」に転換し、次のような変化を伴うものとなることが期待される。

　　・「何を教えたか」から、「何を学び、身に付けることができたのか」への転換が必要となる。

　　・「何を学び、身に付けることができたのか」という点に着目し、教育課程の編成においては、学位を与える課程全体としてのカリキュラム全体の構成や、学修者の知的習熟過程等を考慮し、単に個々の教員が教えたい内容ではなく、

学修者自らが学んで身に付けたことを社会に対し説明し納得が得られる体系的な内容となるよう構成することが必要となる。

・学生や教員の時間と場所の制約を受けにくい教育研究環境へのニーズに対応するとともに、生涯学び続ける力や主体性を涵養するため、大規模教室での授業ではなく、少人数のアクティブ・ラーニングや情報通信技術（ICT）を活用した新たな手法の導入が必要となる。

・学修の評価についても、学年ごとの期末試験での評価で、学生が一斉に進級・卒業・修了するという学年主義的・形式的なシステムではなく、個々人の学修の達成状況がより可視化されることが必要となる。

・「何を学び、身に付けることができたのか」という認識が社会的に共有されれば、社会の進展に伴い更に必要となった知識や技能を身に付けるべく生涯学び続ける体系への移行が進み、中等教育に続いて入学する高等教育機関での学びの期間を越えた、リカレント教育の仕組みがより重要となる。

予測不可能な時代にあって、高等教育は、学修者が自らの可能性を最大限に発揮するとともに、多様な価値観を持つ人材が協働して社会と世界に貢献していくため、学修者にとっての「知の共通基盤」となる。このような視点に立ち、「何を学び、身に付けることができるのか」を中軸に据えた多様性と柔軟性を持った高等教育への転換を引き続き図っていく必要がある。

また、個々の教員の教育手法や研究を中心にシステムが構築されるのではなく、学修者の「主体的な学び」の質を高めるシステムを構築していくためには、高等教育機関内のガバナンスも組織や教員を中心とするのではなく、学内外の資源を共有化し、連携を進め、学修者にとっての高等教育機関としての在り方に転換していく必要がある。これらの点については各学校種や課程の段階に応じて、学修者を中心に据えた教育の在り方をそれぞれ検討すべきである。加えて、一つの機関での固定化された学びではなく、学修者が生涯学び続けられるための多様で柔軟な仕組みと流動性を高める方策が必要である。

これらは、主に高等教育機関に対する変容の提言などであり、今後高等教育機関は着実にこのように変容していくものと思われる。次の項は、今後の学生についてみてみる。

（2）　不本意入学

　高等教育の量的拡大に伴って、日本は現在マーチン・トロウのいうユニバーサル段階である（山内 2019）。では、マスの段階のへの移行はいつだったのであろうか。竹内・定金（2020）は、「日本の高等教育におけるエリート段階からマス段階への移行、すなわち、高等教育の大衆化は 1960 年代以降のことであったと考えられる。」と述べている。このマス段階において、希望する大学ではなく合格はしたが不本意な気持ちを持って大学に進学する「不本意入学者」の実態について、岩井（1984）は、「平均して 20%前後存在している」とし、また桐山（1997）は、「どの大学にも、自分の大学に入学したことを不本意に思う学生がいる。大学に入学したことに不満な学生が 1/3 ぐらいの割合になっている」の指摘からもわかるように、マス段階における「不本意入学者」は、一定の割合で存在していることがわかる。

　ユニバーサル段階の不本意入学者には 2 つのタイプが存在する（竹内・定金　2020）。1 つは、マス段階から存在する入学する大学に対して不本意感を持つタイプであり、もう 1 つは、入学する大学に対しての不本意感の中に、高校卒業後の進路先が大学進学になったこと自体に対する不本意感が組み合わされるタイプである。2 点目の「不本意入学者」が顕在化した要因として、竹内・定金（2020）は、「大学進学率が 50%を超えたことで、大学進学という進路選択が、当事者が権利として持つ主体的な選択から義務感へ移行し、当事者が持つメンタリティを複雑にしている可能性」を示唆している。このタイプの学生は、大学に進学する目的をあまり感じなく、周囲の友人が進学することで自分も進学することを選んだタイプの学生で、今後増加することが予想される。

引用・参考文献

岩井勇児「愛知教育大学学生の進路意識：V」『愛知教育大学研究報告（教育科学編）』33　1984.

江原武一「高等教育」今野喜清・新井郁男・児島邦弘　編『学校教育辞典』教育出版　2014a.

江原武一「大学」今野喜清・新井郁男・児島邦弘　編『学校教育辞典』教育出版　2014b.

大内裕和『日本の奨学金問題』『教育社会学研究第 96 集』 2015.

桐山雅子「学生相談室からみた現代の学生」東海高等教育研究所編『大学と教育 19 現代の学生』1997.

厚生労働省『令和 2 年賃金構造基本統計調査 結果の概況 令和 3 年 5 月 14 日』『学歴、性、年齢階級別賃金』2021.

https://www.mhlw.go.jp/toukei/itiran/roudou/chingin/kouzou/z2020/dl/03.pdf

竹内正興・定金浩一「現代の大学不本意入学者 ― 入学と就学の視点からの検討 ―」『甲南大学教職教育センター年報・研究報告書』2019 年度 2020.

男女共同参画局 男女共同参画白書 令和 2 年版 2020.

https://www.gender.go.jp/about_danjo/whitepaper/r02/zentai/index.html

津多成輔 第 3 章「教育機会と進路選択」飯田浩之・岡本智周 編著『教育社会学』ミネルヴァ書房 2018.

角替弘規 第 4 章「高等教育」飯田浩之・岡本智周 編著『教育社会学』ミネルヴァ書房 2018.

文部科学省『2040 年に向けた高等教育のグランドデザイン（答申）（中教審第 211 号）』 2018.

https://www.mext.go.jp/b_menu/shingi/chukyo/chukyo0/toushin/1411360.htm

文部科学省『2040 年に向けた高等教育のグランドデザイン（答申）（中教審第 211 号）』『概要』2018.

https://www.mext.go.jp/component/b_menu/shingi/toushin/__icsFiles/afieldfile/2018/12/17/1411360_7_1.pdf

文部科学省『2040 年に向けた高等教育のグランドデザイン（答申）（中教審第 211 号）』IV. 18 歳人口の減少を踏まえた高等教育機関の規模や地域配置関係資料 2018.

https://www.mext.go.jp/component/b_menu/shingi/toushin/__icsFiles/afieldfile/2018/12/17/1411360_10_5_1.pdf

文部科学省『令和 2 年度学校基本調査（確定値）の公表について』2020.

https://www.mext.go.jp/content/20200825-mxt_chousa01-1419591_8.pdf

文部科学省『文部科学統計要覧（令和 3 年版）』2021.

https://www.mext.go.jp/b_menu/toukei/002/002b/1417059_00006.htm

山内乾史 第 1 章「学歴社会の基本理念 ― 学歴社会と学力 (1)」原 清治・山内乾史編著『教育社会学』ミネルヴァ書房 2019.

●●● コラム④　令和の日本型学校教育 ●●●

　社会は刻々と変化し、予測困難な時代を私たちは生きています。そこで文部科学省は「『令和の日本型学校教育』の構築を目指して（答申）（2021年3月30日）」において、子どもたちに育むべき資質・能力を「一人一人の児童生徒が、自分のよさや可能性を認識するとともに、あらゆる他者を価値のある存在として尊重し、多様な人々と協働しながら様々な社会的変化を乗り越え、豊かな人生を切り拓き、持続可能な社会の創り手となることができるよう、その資質・能力を育成すること」と提言しています。そこで、「個別最適な学び」と「協働的な学び」の充実が「令和の日本型学校教育」の姿であるとしています。「『個に応じた指導』と何が違うの？」と思った人も少なくないでしょう。実はこの「個に応じた指導」をより具体化した内容が「個別最適な学び」であり、その実現にむけて「指導の個別化」と「学習の個性化」を図っていくことが必要であるとしています。「指導の個別化」は子ども一人ひとりの特性や学習進度等に応じて、一定の目標をすべての子どもが達成することを目指し異なる方法で学習を進め、「学習の個性化」は子ども一人ひとりの興味・関心、キャリア形成等に応じ、異なる目標に向けて学習を進めていくとしています。また、「協働的な学び」とは、子ども一人ひとりのよい点や可能性を生かし、多様な他者と協働していく学びとしています。そしてこれらの学びの実現にむけて、「教育の機会均等の実現」「学校マネジメントの実現」「これまでの実践とICTとの最適な組み合わせ」、「履修主義・習得主義等の適切な組み合わせ」「学びの保証」「持続的で魅力ある学校教育の実現」が方向性として示されています。中でもSociety5.0時代、ICT活用能力およびその指導力の向上は必要不可欠です。

　ここまで読んだ人は、「こんなにも多くの資質・能力を身に付けることができるだろうか」と不安になったかもしれません。それは無理もないことです。しかし、「学び続ける姿勢」と「教育的愛情」があれば大丈夫です。この二つは、たとえ時代がかわろうとも教員として大切な資質・能力であることに違いありません。目の前の子どもたちにどのような支援が必要なのか、そのために教員として何をすればよいのかと常に自分自身に問いかけ行動に起こすことで、必ず道は拓けると信じています。

第 **5** 章
子どもの福祉と教育

1. ペスタロッチーの教育実践

　1789 年から続くフランス革命の余波を受け、隣国のスイスでも 1798 年に中央集権国家を打ち立てるスイス革命が起きた。ニートヴァルデン州では、革命に反対する人々が蜂起した。しかし、フランス革命軍によって、州都シュタンツは破壊され、地域社会も家庭生活も失われ、戦争孤児が残された[1]。

図 5-1　ペスタロッチーとシュタンツの孤児

　戦争孤児のために設えられた孤児院の運営にあたったのは、後に教育実践や教育学に大きな影響を与えるペスタロッチーであった。孤児院に子どもらを迎えたペスタロッチーは次のように述懐している。

　　子供の大部分は入学当時、人間性を極度に侮蔑すればその結果多くはきっとそうならずにはおれないような憐れな姿をしていた。入学してきたときはほとんど歩けないように根の張った疥癬をかいている者も多かったし、腫物が潰れた頭をしておる者も多かったし、毒虫のたかった襤褸（ぼろ）を着ている者も多かったし、痩せ細った骸骨のようになり、顔は黄色で、頬はこけ、苦悶に満ちた眼をして、邪推と心配とで皺くちゃになった額をしている者も多かったし、破廉恥きわまるあつかましさで乞食をしたり、偽善の振舞いをしたり、またどんな詐欺にも慣れているといった者も少しはあった。他の子供は貧困に押し潰されて、忍耐強くはあるが、邪推深くて愛情がなく、また臆病だった[2]。

　厄災との関係のうちに教育の原理上の起源をみる矢野は、「最初の先生」として、ペスタロッチーに言及する。「『シュタンツ便り』には、孤児となった子どもたちの心を開かせようと、ペスタロッチが子どもたちと生活をともにし、子どもひとりひとりと真剣に向かいあっている姿が感動的に描かれている」[3]、と。

　ペスタロッチーが身を置いた状況と類似する事態に直面し、子どもと向き合った教育関係者にとって、「ペスタロッチのテクストは、「古典」といった書斎での学問的研究の対象というより、現場でのきわめてリアルな実践の手引き書であった」[4]のであり、「教育学的な知見や実践の指針を与えるとともに、よるべなき子どもに向かいあう力を与えもした」[5]のである。

　もっとも、フランス革命の余波がもたらしたように、地域社会や家庭生活が破壊されるほどの厄災はそう頻繁に訪れるものではないかもしれない。だが、衣食住が満たされなかったり、保障されるはずの子どもとしての権利がないがしろにされながら、日常生活を送る子どもの存在は、我が国においてもそう珍しいことではない。幸福や、生活の安定・充足を意味する福祉[6]の視点をとるとき、これらの問題を見過ごすことはできないだろう。本章では、冒頭に引用したシュタンツにおけるペスタロッチーの実践記録を導きとしながら、子どもの福祉と教育の問題圏に迫る。その際、本章は、子どもの貧困、ヤングケアラー、児童虐待を取り上げる。こうした課題群を考察するための参照点として、まずは、子どもの権利について、その発展の経緯や概要を辿る。

2. 子どもの権利 [7]

　子ども [8] が心身ともに健康に育つためには、毎日を安全・安心に暮らす環境が欠かせない。十分な衣服、食事、住居はもちろんのこと、適切な時期に適切な教育を受ける機会が与えられることも必要である。しかしながら、歴史をひもとくとき、あるいは、世界に視野を広げるとき、貧困、偏見、差別、児童労働、武力紛争等によって子どもが育つ環境は、十全に保障されてきたわけではないことが明らかとなる。このような動向のなか、子どもを権利の主体として位置づけ、子どもの権利を擁護する運動が主に 20 世紀以降に行われてきた。

　国際機関が採択した世界で初めての児童の権利に関する宣言が、1924 年に国際連盟によって採択された「児童の権利に関するジュネーブ宣言」である。「児童の権利に関するジュネーブ宣言」では、子どもの心身の発達の保障、保護を必要とする子どもの援助、危機的状況にある子どもを優先して援助すべきこと、生計を立て、搾取から保護されること、子どもの育成目標の 5 項目がうたわれた。

　第二次世界大戦後の 1948 年に国際連合は、「世界人権宣言」を採択した。「世界人権宣言」の第二十五条は、人間が十分な生活水準を保持する権利を有することや、すべての児童が社会的保護を受ける必要性を述べている。また、第二十六条は、教育を受ける権利を述べている。続く 1959 年に国際連合は、「児童の権利に関する宣言」を採択した。「児童の権利に関する宣言」は、前文と 54 の条文から構成されており、すべての子どもを権利の主体として位置づけたことが特徴である。「児童の権利に関する宣言」は、「児童の権利に関するジュネーブ宣言」や「世界人権宣言」を引き継ぎながら、児童の権利をより具体的に述べている。そして、1966 年に国際連合は、「国際人権規約」を採択した。同規約は、1976 年に発効した。日本は 1979（昭和 54）年に批准している。

　1989 年に国際連合は「児童の権利に関する条約」（子どもの権利条約）を採

択した。「児童の権利に関する条約」は、「児童の権利に関する宣言」を条約として具体化したものとして位置づけられる。1990（平成2）年に発効し、日本は1994（平成6）年に批准した。

「生存」生きる権利：住む場所や食べ物があり、医療を受けられるなど、命が守られること

「発達」育つ権利：勉強したり遊んだりして、もって生まれた能力を十分に伸ばしながら成長できること

「保護」守られる権利：紛争に巻き込まれず、難民になったら保護され、暴力や搾取、有害な労働などから守られること

「参加」参加する権利：自由に意見を表したり、団体を作ったりできること

図5-2　子どもの権利条約が掲げる子どもの権利
（出典）日本ユニセフ協会公式ウェブサイト

こうした子どもの権利擁護に関する国際的な動向を受けて、我が国においても2016（平成28）年に児童福祉法が改正され、同法の理念がより明確なものとなった。改正児童福祉法は、子どもを権利の主体として位置づけるとともに、権利の内容を明記した（第一条）。さらに、子どもの権利を保障するために、保護者や国・地方公共団体の役割・責任を明記したものとなっている（第二条）。

　子どもの権利を参照することで現実の社会には様々な課題があることが見えてくる。子どもの福祉にかかわる課題は、歴史のなかの出来事や開発途上国の出来事にとどまらない。次節以降では、我が国における子どもの貧困、ヤングケアラー、児童虐待に光を当て、問題圏に迫っていく。

3. 子どもの貧困

　まず、貧困が問題となるのは、先進国と開発途上国との間の経済格差を背景とした、開発途上国における貧困である。生命を維持するのに必要な最低限の衣食住さえ満たすことが難しい人々が世界には多くいる。こうした絶対的な貧困の問題は、一刻も早く解決される必要がある。

　だが、貧困問題は、開発途上国のものばかりではない。先進国でもまた、社会のなかで一般的に営まれる生活水準を維持することが難しい人々がいる場合がある。OECD の定義によると、世帯の所得が、等価可処分所得の中央値の半分に満たない場合、相対的貧困に該当する。2018（平成 30）年に厚生労働省が実施した国民生活基礎調査によれば、一年間の可処分所得が 127 万円に満たない場合、相対的貧困に該当する。17 歳以下の子どもの貧困率は、13.5%であった[9]。

　では、相対的貧困状態にある世帯の子どもはどのような生活を送っているのだろうか。以下に引用するのは、あるドキュメンタリー番組が伝えた相対的貧困状態にある中学三年生の子どもの語りである。

　　〔スニーカーが、〕サッカーしよったらビリって。お姉ちゃんが中学校のときに使ってたやつ〔（ブラウス）〕で。女子のなんでボタンの方向が違う。みんな気づきませんし、全然大丈夫なんですけど。
　　〔この図鑑は、〕ぼくのお母さんのお兄ちゃんが子どもの時に使いやったやつで。動物とか好きやったんで、それでもらって。おじさんが子どもの時だから 40 年とかそれぐらい前なんで[10][11]。

　この中学生は、破れたスニーカーを買い替えることが難しいこと、通学用のワイシャツを購入することが難しく、姉が使っていたブラウスをお下がりで着ていることを告白している。さらには、書籍の購入が難しく、伯父が子ども

①	海水浴に行く	⑧	学習塾に通わせる
②	博物館・科学館・美術館などに行く	⑨	1 年に 1 回程度家族旅行に行く
③	キャンプやバーベキューに行く	⑩	クリスマスのプレゼントをあげる
④	スポーツ観戦や劇場に行く	⑪	正月のお年玉をあげる
⑤	毎月おこづかいを渡す	⑫	子どもの年齢に合った本がある
⑥	毎年新しい洋服・靴を買う	⑬	子ども用のスポーツ用品・おもちゃがある
⑦	習い事（音楽・スポーツ・習字など）に通わせる	⑭	子どもが自宅で宿題をすることができる場所がある

図 5-3　東京都大田区が掲げるはく奪指標
（出典）大田区「おおた子どもの生活応援プラン」2022 年

のときに読んでいた図鑑を譲ってもらったこともまた伝えている。

　スニーカー、ワイシャツ、図鑑は、いずれも平均的な収入の世帯であれば、必要な分を購入できるだろう。相対的貧困状態にある世帯では、生活に必要な物品の購入さえ難しい場合がある。図5-3は、東京都大田区が作成したはく奪指標である。はく奪指標は、子どもの経験、消費、所有物をリストアップしたものである。経済的な理由から与えられていない項目が3つ以上ある場合、生活が困難とされる。はく奪指標は、相対的貧困状態を発見したり、より具体的に理解するのに役立つものとなっている。

　相対的貧困が奪うのは、そのときどきの子どもの生活だけではない。様々な機会がはく奪されることで、子どもは成長の機会や可能性さえも減じられてしまう。そのため、相対的貧困状態にある世帯の子どもの問題は、子どもの貧

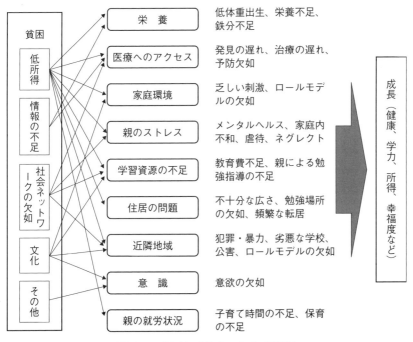

図 5-4　貧困と成長をつなぐ「経路」

（出典）阿部彩『子どもの貧困——日本の不公平を考える』岩波書店　2008 年　30 頁

困として焦点化されてきた。図5-4は、子どもの貧困と成長がどのように関係しているのかを示した経路図である。この経路図は、貧困を構成する様々な要因が家庭内の問題へとつながり、子どもの成長へ影響を及ぼしうることを説明している。

　では、子どもの貧困に対して、どのような対応がありうるのだろうか。2013（平成25）年に「子どもの貧困対策の推進に関する法律」が成立し、翌年の2014（平成26）年に「子供の貧困対策に関する大綱」が打ち出された。2019（令和元）年に、同法律は改正され、同大綱もまた改訂されている。法律や大綱に基づき、「おおた子どもの生活応援プラン」（大田区子どもの貧困対策に関する計画）など、地方自治体でも子どもの貧困問題を解決するための具体的方策が打ち出されている。

4. ヤングケアラー

　高齢の祖父母の介護、障害や重い病気のある家族の看護、幼少期の子どもの世話は、世帯のなかでは一般に大人が担うものと考えられている。だが、近年、こうした介護、看護、世話を大人に代わって担う子どもの存在、いわばヤングケアラーに光が当てられるようになった。ヤングケアラーは、一般に「本来大人が担うと想定されている家事や家族の世話などを日常的に行っている子ども」[12]とされている。

　ヤングケアラーの実態を把握することは難しい。それでも、ヤングケアラーの実態に関する調査研究が行われたり[13]、ヤングケアラーとしての経験の語りが出版されるようになってきた。以下に引用するのは、進行性の難病となった母親の介護を中学三年生の時から担った男性の回想である。

　　　母の病気は日に日に進行していく。それまでは基本的な家事は母がどうにかこなしていたけれど、それが難しくなってしまって、料理も洗濯も食器洗いも子どもたちが担うようになった。僕には二歳上の姉と、四歳下の弟がいる。弟はまだ中学生だったので、姉と僕とで家事を分担していた。自分の洗濯物はそれぞれ自分でやり、姉が料理を作り、僕が食器洗いをするといったかたちの分担だったと

思う[14]。

　一般の家庭でも、中学生や高校生であれば、家事を分担することはそう珍しいことではないだろう。だが、家事のできなくなった母親に代わり、家事の責任を負うことは、未成年の子どもにとって、精神的・身体的な負担となっていたことだろう。この男性の母親の病気は進行してゆき、男性は、高校三年生のとき、部活動に満足に取り組めなくなっていた。

　　高校三年生になり部活の引退も視野に入ってきたころから、部活を休まなければならない日が出てくる。僕が母の隣に寝ていたので、特に泊まりの合宿などは控えたかった。休む際には部活の顧問の先生に「母の体調が悪くて」と相談していた。それに対し、先生は冷静に「大丈夫か？」というような反応だった。その先生の反応については思うところは何もなかったけれど、ほかの部員がどう思うかという部分を僕は心配していた[15]。

　この男性は、高校卒業後に大学への進学を希望していた。しかし、母親の介護のために進学はあきらめ、高校卒業後、2年間の介護生活を送った。その後、ようやく進学の機会に恵まれた。以下の引用は、進学直後の回想である。

　　大学の初回のオリエンテーション等の機会に何人もの友達を作ることができた。ゆえに大学に行くと「最近何してんの？」「なんで大学来ないの？」「飲みに行こうよ！」「サークルに遊びにおいでよ！」などと友達から声を掛けてもらえる。僕はそれに対し「ごめん、バイトで忙しくて……」と答えていた。つまり本当は介護をしているのに、バイトをしていると嘘をついていた。なぜかといえば、「介護」という言葉を口にした瞬間、その場の空気が暗くなってしまうのではないか、介護をしているなんて言ったらもう誘われなくなってしまうのではないか、という不安があったからだ[16]。

　男性は、進学した先で、ヤングケアラーではない友人との違いを受け止めざるを得なかった。また、自分自身がヤングケアラーであることを公表することもはばかられる雰囲気があったことを告白している。

　すでに言及したように、ヤングケアラーが担うケアは介護、看護、世話等、多岐に渡る。また、ケアの対象も祖父母、両親、きょうだいとその状況は

様々である。表5-1は、日本ケアラー連盟が示すヤングケアラーが担うケアの具体例である。ヤングケアラーが担うケアは、程度の差こそあれ、少なくない世帯で子どもが担うことかもしれない。だが、ヤングケアラーの子どもらは、子どもにとってはあまりに負担の大きなケアを原因とする過剰なストレスにさらされたり、睡眠時間や学習時間が削られる場合がある。さらには学習活動や文化・スポーツ活動が制限される場合がある。なかには、進学や就職といった人生における重要な機会さえ、制限されたり、奪われてしまうこともある。ヤングケアラーという言葉が光を当てようとしているのは、こうした問題状況といえるだろう。

　ヤングケアラーの支援に力を入れる地方自治体として埼玉県が注目される。埼玉県は、2020（令和2）年に「ケアラー支援条例」を制定し、2021（令和3）年に、「埼玉県ケアラー支援計画」を立てた。同計画では、行政における相談支援体制の整備、地域における支援体制の構築等、ケアラー一般の支援方策を打ち出すとともに、教育機関や地域における、ヤングケアラーに特化した支援体制の構築を目標に掲げている。

表 5-1　ヤングケアラーの具体例

障がいや病気のある家族に代わり、買い物・料理・掃除・洗濯などの家事をしている	家計を支えるために労働をして、障がいや病気のある家族を助けている
家族に代わり、幼いきょうだいの世話をしている	アルコール・薬物・ギャンブル問題を抱える家族に対応している
障がいや病気のあるきょうだいの世話や見守りをしている	がん・難病・精神疾患など慢性的な病気の家族の看病をしている
目が離せない家族の見守りや声かけなどの気づかいをしている	障がいや病気のある家族の身の回りの世話をしている
日本語が第一言語でない家族や障がいのある家族のために通訳をしている	障がいや病気のある家族の入浴やトイレの介助をしている

（出典）日本ケアラー連盟ウェブサイト

5. 児童虐待

　子どもが保護者とともに日々の生活を安心して送ることは、心身の育ちに
欠かすことができない条件である。しかしときに子どもを養育すべき保護者
が、子どもに危害を及ぼしたり、育児を放棄することで子どもの成長を阻害し
たり、心理的に圧迫したりすることがある。これらの行為は一般に児童虐待と
呼ばれる。「児童虐待の防止等に関する法律」は、第二条で児童虐待を、身体
的虐待、性的虐待、ネグレクト（育児放棄等）、心理的虐待と定義する（図 5-
5）。

　児童虐待は、子どもに対する人権侵害であるばかりか、心身の成長や人格
に対して重大な影響を及ぼしかねない行為である。さらに社会全体でみても、
将来世代の育成に対する懸念を生じさせる。こうしたことから、児童虐待は、
未然防止が欠かせず、早期発見や適切な支援が必要となる。

　では、児童虐待はどれくらいの数があるのだろうか。厚生労働省は、児童
相談所と市町村における児童虐待の相談対応件数を公表している（表 5-2）。

第二条　この法律において、「児童虐待」とは、保護者（親権を行う者、未成年後見人
その他の者で、児童を現に監護するものをいう。以下同じ。）がその監護する児童（十八
歳に満たない者をいう。以下同じ。）について行う次に掲げる行為をいう。

一　児童の身体に外傷が生じ、又は生じるおそれのある暴行を加えること。
二　児童にわいせつな行為をすること又は児童をしてわいせつな行為をさせること。
三　児童の心身の正常な発達を妨げるような著しい減食又は長時間の放置、保護者以
　　外の同居人による前二号又は次号に掲げる行為と同様の行為の放置その他の保護者
　　としての監護を著しく怠ること。
四　児童に対する著しい暴言又は著しく拒絶的な対応、児童が同居する家庭における
　　配偶者に対する暴力（配偶者（婚姻の届出をしていないが、事実上婚姻関係と同様
　　の事情にある者を含む。）の身体に対する不法な攻撃であって生命又は身体に危害を
　　及ぼすもの及びこれに準ずる心身に有害な影響を及ぼす言動をいう。）その他の児童
　　に著しい心理的外傷を与える言動を行うこと。

図 5-5　児童虐待の定義
（出典）児童虐待の防止等に関する法律

表 5-2　児童虐待の相談対応件数

	2012 （平成 24）	2013 （平成 25）	2014 （平成 26）	2015 （平成 27）	2016 （平成 28）	2017 （平成 29）	2018 （平成 30）	2019 （令和元）	2020 （令和 2）
児童相談所	66,701	73,802	88,931	103,286	122,575	133,778	159,838	193,780	205,044
市町村	73,200	79,186	87,694	93,458	100,147	106,615	126,246	148,406	155,598

※調査対象期間は年度
（出典）厚生労働省「福祉行政報告例」（平成 24 年度 – 令和 2 年度）

2020（令和 2）年度の児童相談所における相談対応件数は、205,044 件、市町村における相談対応件数は、155,598 件であった。また、児童虐待の相談対応件数は、一貫して増加傾向にあることがわかる。表 5-2 から、発生する児童虐待の件数自体が増えているといえよう。他方で、オレンジリボン運動に象徴されるように、児童虐待に関する啓発活動が行われることで、児童虐待の早期発見に努める社会の機運が高まっていると読み取ることもできるだろう。

　では、児童虐待への対応はどのように行われているのだろうか。図 5-6 が

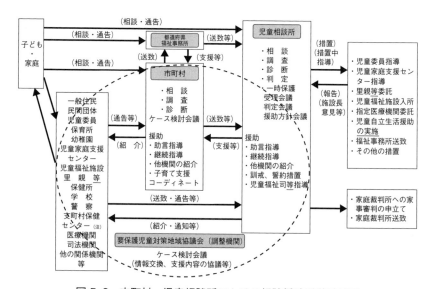

図 5-6　市町村・児童相談所における相談援助活動系統図
（出典）厚生労働省「児童相談所運営指針について」（令和 4 年通知版）2022 年

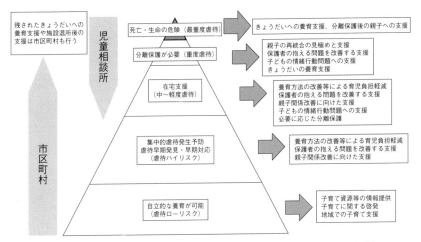

図 5-7　虐待の重症度等と対応内容及び児童相談所と市町村の役割
（出典）厚生労働省「子ども虐待対応の手引き」2013 年

示すように、児童虐待に関する相談や通告があったとき、市町村、福祉事務
所、児童相談所が相談窓口となる。必要に応じて、個別ケースの検討会議が行
われ、より踏み込んだ調査等が行われる。虐待の程度が重い場合、児童相談所
が主たる対応部門になることもある（図5-7）。調査・診断の結果により、重
度の虐待の場合には、保護者から子どもを分離保護することもある。要保護児
童対策地域協議会により、学校を含む関係機関や専門職が情報共有し、連携し
て児童虐待に対応することもある。

6. 教師の役割と関係機関との連携

　本章はここまで、子どもの貧困、ヤングケアラー、児童虐待の問題に光を
当ててきた。これらは、学校で教育にあたる教師にとって、うけもつ子ども
が、いつ直面していてもおかしくない問題である。しかし、そうした状況に教
師が気づくことは、ときに難しいことかもしれない。周りの教師からの情報提
供や家庭訪問を通して、家庭の状況を把握することはできるだろう。だが、本
章で取り上げた問題はどれも、外からは気づきにくいものである。問題を早期

に発見し、深刻化を防ぎ、解決するためには、日々の子どもの観察や関わりが重要になるだろう。子どもの言動の変化、髪型や服装の変化が、問題に気づく手がかりになるかもしれない。あるいは、子どもの言葉に耳を傾けることで、問題の早期発見につなげることができるだろう。このとき、「先生、あのね…」という言葉を子どもが発せられるほどに、教室が安心できる場であるかどうか、教師が信頼されているかどうかが鍵となるだろう。ときに、たどたどしく、限られた語彙による訴えだったとしても、子どもの言葉をすくいとることが大切となる。

　だが、その一方で、子どもの貧困、ヤングケアラー、児童虐待の問題に教師が一人で対応することは困難である。周りの教師との連携はもちろんのこと、スクールカウンセラー、スクールソーシャルワーカー、学童保育の指導員、医師や看護師といった子どもに関わる仕事の人々 [17] と連携することで、子どもに寄り添いつつ、効果的な対応ができるだろう。あるいは、地方自治体の子ども家庭福祉関係の相談部門、児童相談所、学習支援活動を行う NPO 等の関係機関と連携することもできるかもしれない。

　朝食を摂ってから登校すること、家庭で宿題に取り組むだけの時間と場所があること、恐怖におびえずに安心して日々を過ごすこと、これらは、どの子どもも等しく享受すべき生活上の前提である。子どもの生活上の問題に注意を払い、問題の解決に努めることは、子どもの学習の基盤を整え、子どもの学習権を保障することにもつながる [18]。子どもの福祉を考えることは、すなわち、子どもの教育と学習を考えることである。

注

1) 村井実　1986. pp.134-136.

2) ペスタロッチー（長田新訳）　1960. p9.

3) 矢野智司　2019. p32.

4) 同上

5) 同上

6) 新村出編　2018. pp.25-41.

7) 本節は、内田宏明「権利行使の主体である子ども」木村容子・有村大士編著『子ども家庭

福祉』（第3版）ミネルヴァ書房　2021. pp.26-31. を参照して記述する。

8)　本章では、児童・子どもの用語を相互互換的に用いる。

9)　厚生労働省「2019 年国民生活基礎調査の概況」

10)　〔〕内の文言は、筆者による補足である。

11)　日本放送協会　2017.

12)　厚生労働省「ヤングケアラーについて」

13)　三菱 UFJ リサーチ＆コンサルティング　2021.

14)　澁谷智子編　2020. p24.

15)　前掲書　p25.

16)　前掲書　pp.31-32.

17)　汐見稔幸編　2011.

18)　深澤広明「「学びに向かう」態度の評価と学習集団の課題」深澤広明・吉田成章編　2020.
　　pp.11-12.

引用・参考文献及び資料

阿部彩『子どもの貧困 —— 日本の不公平を考える』岩波書店　2008.

大田区「おおた子どもの生活応援プラン」（大田区子どもの貧困対策に関する計画 令和4年度 − 令和8年度）2022.
　（https://www.city.ota.tokyo.jp/kuseijoho/ota_plan/kobetsu_plan/fukushi/kodomo_ seikatsu_plan/column.html）最終閲覧日：2022 年 8 月 21 日

木村容子・有村大士編著『子ども家庭福祉』（第3版）ミネルヴァ書房　2021.

厚生労働省「2019 年国民生活基礎調査の概況」2020.

厚生労働省「子ども虐待対応の手引き」2013.

厚生労働省「児童相談所運営指針について」（令和4年通知版）2022.

厚生労働省「福祉行政報告例」（平成 24 年度−令和2年度）

厚生労働省「ヤングケアラーについて」（https://www.mhlw.go.jp/stf/young-carer.html）
　最終閲覧日：2022 年 8 月 21 日

汐見稔幸編『子どもにかかわる仕事』岩波書店　2011.

澁谷智子編『ヤングケアラーわたしの語り —— 子どもや若者が経験した家族のケア・介護』生活書院　2020.

新村出編『広辞苑』（第7版）岩波書店　2018.

日本ケアラー連盟「ヤングケアラープロジェクト」（https://youngcarerpj.jimdofree.com/）
　最終閲覧日：2022 年 8 月 21 日

日本放送協会「NHK スペシャル　見えない"貧困" —— 未来を奪われる子どもたち」（2017 年 2 月 12 日放送）2017.

日本ユニセフ協会公式ウェブサイト（https://www.unicef.or.jp/）　最終閲覧日：2022 年 8 月 21 日

深澤広明・吉田成章編『学習集団づくりが育てる「学びに向かう力」――授業づくりと学級づくりの一体的改革』（学習集団研究の現在　Vol.3）渓水社　2020.

ペスタロッチー（長田新訳）「シュタンツだより」長田新編『ペスタロッチー全集』（第 7 巻）平凡社　1960.

丸山恭司「グローブ画「ペスタロッチーとシュタンツの孤児」の複製と伝播について――あるいは、教育運動における視覚メディアの役割」『広島大学大学院教育学研究科紀要』（第三部）第 54 号　2005. pp.51-59.

三菱 UFJ リサーチ＆コンサルティング「ヤングケアラーの実態に関する調査研究報告書」2021 年　（https://www.murc.jp/wp-content/uploads/2021/04/koukai_210412_7.pdf）最終閲覧日：2022 年 8 月 21 日

村井実『ペスタロッチーとその時代』玉川大学出版部　1986.

矢野智司『歓待と戦争の教育学――国民教育と世界市民の形成』東京大学出版会　2019.

●●● コラム⑤　体育・スポーツにおける体罰問題 ●●●

　2013（平成25）年、ある高校の男子生徒が運動部顧問によって継続的に体罰を受けたことで自殺するという衝撃的なニュースが報じられました。それを受けて、スポーツ指導者の暴力は大きな社会問題となり、文部科学省（2013）のガイドラインが示されるなど様々な場所で暴力行為根絶に取り組んでいますが、まだ抜本的な解決には至っていません。

　体育・スポーツにおいて体罰・暴力行為はなぜなくならないのでしょうか。その背景には体罰を容認する意識の存在が考えられます。阿江（2015）は、体育系女子大学生を対象に行った調査の中で体罰を否定する回答は多い一方、競技の好成績に必要と考えている者が多数いることを明らかにしています。筆者は体育系の大学に所属していることから、運動部学生の相談を受ける機会が多いのですが、相談の内容を聞いていると、「その（体罰）おかげで強くなり、全国大会に行けた」というように、自ら受けた行為を体罰と認識した上で、結果的に強くなったことで肯定的に受け止めている者が多いことに驚きます。彼らのほとんどは、自分一人では頑張り切れなかったが、指導者からの体罰のおかげで、自分の限界を乗り越え成長できたという実感を持っています。さらに、体罰を指導者による熱心な指導として受け取り、指導者に対する同調として体罰を容認するような傾向が見受けられます。

　勝利を追求する過程で発生する体罰は許されることではありません。人は、自律的に取り組む時に創造性（その人らしさ）が生まれます。体罰は言われたことを忠実にこなす時には一定の効果があるかもしれませんが、選手が自ら考えて行動できる機会を奪ってしまうので結果的に選手の成長を妨げることになります。体罰問題の大半が学校の部活動中に発生し、そこには過度な勝利志向という日本独自の競技スポーツ文化が影響しています。それゆえ、暴力指導の根絶には、指導者への厳格な倫理教育やスポーツ指導環境の改善に取り組むとともに、選手は行動の主体は自分自身であることを意識し、自ら律し奮い立たせる自己管理能力を高めていく必要があります。

【引用文献】

阿江美恵子（2015）日本体育学会体罰・暴力根絶特別委員会の取り組み。日本体育学会第66回大会本部企画Ⅱシンポジウム。「体育・スポーツにおける暴力指導の抑止と指導者教育」。

文部科学省（2013）運動部活動の在り方に関する調査研究報告書 ──一人一人の生徒が輝く運動部活動を目指して──

第 6 章

多様化する家族のあり方

1. 家庭の教育力の低下

　近年、都市化や核家族化、情報化、人間関係の希薄化などの社会の変化により、私たちの暮らしや家庭のあり方は多様化している、加えて、2020 年から世界を席巻している新型コロナウイルス感染症（Covid-19）の感染拡大に伴い、子どもが育つ環境が大きく変化し、より子育てが難しくなり、家庭教育の課題は増している。

　さて、家庭教育とは、新社会学辞典によると、「狭義には、親による子女に対する意図的なしつけ、訓練。広義には、家族の年長者による意図的教育を含み、また生活様式、文化等を子女が自然に身につける場合のように無意図的な人間形成作用も含む」と定義している。また、1996（平成 8）年の中央教育審議会答申によると「家庭教育は、乳幼児期の親子のきずなの形成に始まる家族との触れ合いを通じ、生きる力の基礎的な資質や能力を養成するものであり、すべての教育の出発点である」と捉え、家庭の教育力の低下状況を踏まえた上で、「家庭の教育力の充実・回復」に向けての指針が示されている。

　上記の文部科学省の定義を踏まえ、本章における家庭教育とは、「親やこれに準ずる保護者が子どもに対して行う教育のことであり、子どもの生きる力の基礎的な資質や能力を育てること」と定義する。以下、家庭教育をめぐる現状と課題を外観し、家庭教育の力を高め、課題解決を図るための具体的な取組を紹介する。

（1）　家庭教育をめぐる現状と課題

　2020（令和2）年度の文部科学省委託調査「家庭教育の総合的推進に関する調査研究～家庭教育支援の充実に向けた保護者の意識に関する実態把握調査」は、0～18歳の子どもを持つ20～54歳の父母3,421人を対象に子育ての悩みや子育てを通じた地域のつながり、家庭教育に関する保護者の意識について調査している。これまでに本調査は、平成20年度、平成28年度に実施しており、我が国の家庭教育に関する大規模なスクリーニング調査といえる。以下に、本調査の結果の概略を通して、家庭教育の現状と課題を記述することとする。はじめに、図6-1は、子育てについての悩みや不安の程度に関する性差を示している。子育てに関して不安を感じる女性は8割近くと高く、男性よりも14.6ポイント高くなっている。不安や悩みの具体的内容は、「しつけの仕方が分からない」（男性44.6%、女性37.9%）、「子どもの健康や発達について」（男性38.1%、女性38.6%）、「子どもの生活習慣の乱れについて」（男性40.2%、女性44.7%）、「子育てをする上で経済的に厳しい」（男性34.7%、女性31.4%）と半数近くの保護者が子どものしつけに悩んでおり、加えて、健康面や経済面に関する悩みや不安を抱えている。

　本報告書によると、子育ての悩みや不安をいつも感じる人の特徴として、①男性よりも女性が多く、特に、ひとり親と子どもから成る世帯（配偶者なし）や「専業主婦（夫）・無職・その他」の人が多い、②平日の子育ての分担をほとんど自分で対応している場合や、平日子どもとふれ合う時間も4時間以上の割合が高く、精神的な負担を感じやすい、③家族の手助けが少ないことから、家庭教育の充実のためには、親以外の家族が協力すること、親子のふれ合

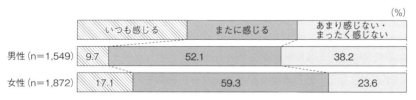

図 6-1　子育てについての悩みや不安の程度

（出典）文部科学省委託調査「家庭教育の総合的推進に関する調査研究報告書、2020」

いの場を持つことが必要と考えていること、などを抽出している。また、家庭教育を充実させていくための家庭教育支援として、家庭教育についての講座・研修会が考えられるが、「子どもと一緒に参加できる研修」を希望する声が多く、「子どものほめ方・叱り方」や「子どもとのコミュニケーションの仕方」「子どもの健康・発達に関すること」などハウツウ的な学習内容のニーズが高い。ただし、シングルマザーなどひとり親世帯の場合、保護者がそうした講座・研修会へ参加する時間的余裕がないことが、自由記述から読み取れることから、困っている人に適切な情報や支援が届くことが大切になってくると思われる。

（2） 家庭の教育力を高めるための学校・家庭・地域との連携

　現在、ひとり親世帯や経済的な問題等により家庭生活に困難さが生じている家庭が増加傾向にある。また、核家族世帯が増え、地域とのつながりが希薄化し、保護者が子育ての悩みを打ち明けられる相手や相談機関等につながることが難しい状況にある。加えて、児童虐待相談件数は増加の一途を辿り、2018（平成30）年度に児童相談所が対応した養護相談のうち児童虐待相談の対応件数は 159,838 件で、前年度に比べ 26,060 件（19.5％）増加しており、支援が届きにくい家庭への対応の充実、虐待の未然防止・早期発見はまったなしの状況といえる。

　そうした中、地方公共団体（都道府県、市町村）は、家庭教育に関する支援事業を予算化し、多様な取組を行っている。ここでは、各自治体による学校と地域、家庭と連携しながら、家庭教育を地域全体で応援する社会的機運を醸成するアウトリーチ型の家庭教育支援の取組に注目する。アウトリーチ型の支援とは、「家庭教育の自主性を尊重視しつつ、地域の実情に応じた多様な手法により、保護者に寄り添い届ける家庭教育支援」（文部科学省、2021）であり、社会情勢や個々の家庭の事情と相まって、自ら相談の場にアクセスすることが困難な家庭など、家庭教育に関する支援が届きにくい家庭への対応の必要性に応じた取組である。

　図 6-2 は、文部科学省の地域における家庭教育支援基盤構築事業（令和 2

地域人材の養成	家庭教育支援体制の構築	家庭教育を支援する取組

家庭教育支援員等の養成
- ●家庭教育に関する情報提供や相談対応等を行う人材を養成
- ●支援活動の企画・運営、関係機関・団体との連携担う中核的人材を養成

地域の多様な人材による参画

家庭教育支援員等の配置
- ●小学校等に家庭教育支援員を配置し身近な地域における家庭教育支援の体制を強化

家庭教育支援チームの組織化
- ●家庭教育支援員などの地域人材を中心としたチームの組織化

【チーム員構成例】
家庭教育支援員、元教員、民生・児童委員、保健師 等

学習機会の効果的な提供
- ●就学時健診や保護者会、参観日など、多くの親が集まる機会を活用した学習機会の提供

親子参加型行事の実施
- ●親子の自己肯定感、自立心などの社会を生き抜く力を養成するため、親子での参加型行事やボランティア活動、地域活動等のプログラムを展開

相談対応や情報提供
- ●悩みを抱える家庭や、仕事で忙しい保護者など、様々な家庭の状況に応じて、家庭教育支援チームによる情報提供や対応を実施

図 6-2　地域における家庭教育支援基盤構築事業
（出典）文部科学省、2020、一部抜粋

年度）の概略図の一部抜粋である。本事業は、①地域人材の養成、②家庭教育支援体制の構築、③家庭教育を支援する取組の3本柱であり、すべての保護者が安心して家庭教育を行うことができるような支援体制の整備が眼目にある。

（3）　アウトリーチ型の取組事例

　1）新潟県糸魚川市では、「親子で生活リズムを見直すきっかけに」という夏休み特別講座（2020年）として、市民図書館を利用し、土曜日の午前中に「親子で簡単な朝ごはん作り」を企画し、夏休みの子どもの生活リズムの見直しと父子での親子活動を通した親子の絆作りを実施している。そのほか、「子ども達と一緒に考える地域防災」など、小学校と地域のボランティア、そして家庭との連携を踏まえた協働活動を紹介している。

　2）和歌山県は、訪問型家庭教育支援を推進しており、アウトリーチ型の支援の取組みを①ユニバーサル型（すべての家庭を訪問）、②ベルト型（小1保護者、中1保護者など、対象年齢を限ってすべての家庭を訪問）、③ターゲット型（不登校や非行、ネグレクト、育児不安など課題のある家庭や希望のある家庭を訪問）、④エリア型（地域ごとの特徴に応じた訪問支援のメニューを設定）と4つの類型に分けて実施しているのが特徴である。この取組は、課題のある家庭や保護者の早期発見・早期対応や問題行動の未然防止につながるとともに、リーダーであるスクールソーシャルワーカーに情報を集約し、チーム（スクールソーシャルワーカー、元教員、保育士、民生・児童委員、栄養士、

その他）間で定期的な支援会議を開き、情報共有を行っており、適宜学校など
の関係機関とも共通理解を図りながら対応している。

3）神奈川県相模原市は、日本シングルマザー支援協会との連携により、「ひ
とり親家庭等訪問相談事業」の取組を行っている。主には、ひとり親家庭のお
子さんに対する学習支援事業に併せて、利用されている各家庭へ訪問を行い、
1人90分の相談を支援している。利用者からは「今まで就職や生活の向上に
ついて考えたことがなかったけれども、そういうきっかけができた」「他の人
には言えないようなことを話すことができてよかった」との報告がある。

　上記のアウトリーチ型による家庭教育支援は、文部科学省の「地域における
家庭教育支援基盤構築事業」に基づき、地方自治体の地域の実情を踏まえ、多
様な支援が展開されている。ひとり親世帯に限らず、子育て中の世帯は就労や
家事などで日々の生活に追われる中、子どもへのしつけや進路、そして家計管
理など様々な面において苦労が多い。核家族化された現代において、行政や地
域の資源との連携は、各家庭を支えるセーフティネットといえる。こうした家
庭教育支援は、未来を支える子どもたちの教育の出発であることは言うまでも
ない。息の長い継続的な取組が大切になると思われる。

2.　近代家族の様相

　家族の定義は論者によって多少の違いが見られるが、ここでは「夫婦・親
子・きょうだいなど少数の近親者を主要な構成員とし、成員相互の深い感情的
かかわりあいで結ばれた、幸福追求の集団」（森岡・望月、1997）の定義を参
照枠とする。

　さて、現在の近代家族の成立は、前近代社会といわれる農業で生計を立て
ていた時代の後であると考えられており、西欧では、産業革命や市民革命に
よって、夫が稼ぎ手になり、妻は専業主婦になるという性別役割分業が行われ
る特徴を有する。我が国では、戦後復興から高度経済成長期に入り、農業人口
が減少し、雇用労働者が大量になる時代である。千田（2011）は、「近代家族

とは、政治的・経済的単位である私的領域であり、夫が稼ぎ手であり妻が家事に責任を持つという性別役割分業が成立している。（略）母親は子どもを無条件に本能的に愛しているはずという母性、貧しくてもなんでも親密な自分の家族が一番であるという家庭などの神話に彩られた家族の形態を指す」とラディカルに指摘する。日本型近代家族は、父親が終身雇用で年功序列、離婚しないことを前提に成り立っており、昨今の不安定な雇用や低賃金の仕事の増加などを考えると、すでに男性稼ぎ中心モデルは崩壊しており、共働きが主流となっている。このように性別役割分業による近代家族という形態は実現が困難になっているにもかかわらず、未だに私たちは偶像として理想化し追い求めているが、それは幻想にすぎない。この時代に相応しい多様な家族のあり方、その可能性を模索する時代に入っているといえる。

（1）　共働き世帯の推移

　図6-3のとおり、夫婦ともに雇用者の共働き世帯は年々増加し、1997年以降は共働き世帯数が男性雇用者と無業の妻からなる世帯数を上回っている。これは夫である男性雇用者の可処分所得の減少を妻がパートで補う、あるいは妻

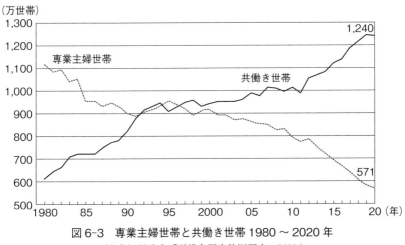

図6-3　専業主婦世帯と共働き世帯 1980 ～ 2020 年
（出典）総務省「労働力調査特別調査、2020」

が働きやすい非正規雇用の仕組みが整備されつつあることなどが起因する。また、働く子持ち女性（ワーキングマザー）の割合も増加している。国立社会保障・人口問題研究所「第15回出生動向基本調査（独身者調査ならびに夫婦調査）」によると、第一子出産前の有職者の割合は年々増加しており、2010〜2014（平成22〜26）年には72%に達している。さらに、出産後も就業継続した割合は2010〜2014（平成22〜26）年は全体の38%で、その10年前である2000〜2004（平成12〜16）年の28%から10ポイント増加しており、出産退職する割合を逆転している。

　このように共働き傾向が高まるなかで、子育て共働きの男性の家事・育児参加への課題の指摘がある。中山・松下（2019）（図6-4参照）によると、我が国の6歳未満の子どもを持つ夫婦の男性の家事・育児関連時間は、1日あたりの時間は1時間23分で、米国の3時間10分などに比べて低水準であり、我が国は、先進国と比較して共働き男性の家事・育児分担意識の低さが明らかである。

　「現在、少子化に伴い、子育て世帯は年々減少傾向にあるが、従来の『夫が働き、妻が家庭を守る』といった形態から、『夫婦ともに働き、家事・育児を協力しながら行い、それぞれの余暇・趣味を楽しむ』といった形態に、意識・行動面ともにシフトしてきている」（中山・松下、2019）との指摘のように、現代の夫婦間の子育てに対する価値観は多様化しており、従来の価値観からの

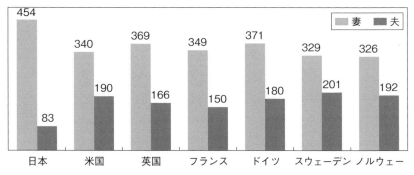

図6-4　6歳未満の子どもを持つ夫婦の家事・育児関連時間（1日当たり、分）
　　（出典）野村総合研究所「生活者一万人アンケート調査」より作成

開放がどの世代にも求められる。

（2）　結婚、離婚、再婚と子育て

1）　結婚をめぐる意識

　「少子化社会白書（平成 30 年版）」（図 6-5 参照）によると、「いずれ結婚するつもり」と答えた未婚者（18-34 歳）の割合は、2015 年（平成 27 年）調査で男性85.7%、女性83.9%となっており、男女ともに高い水準にある。また、未婚者に独身でいる理由を尋ねると、男女ともに「適当な相手にめぐり会わない」（男性：45%、女性：51.2%）が最も多く、次に多いのが、男性では「まだ必要性を感じない」（29.5%）や「結婚資金が足りない」（29.1%）であり、女性では「自由や気楽さを失いたくない」（31.2%）や「まだ必要性を感じない」（23.9%）となっている。多くの若者が「いずれは結婚しよう」とする前提を持っており、「一生結婚しない」は少数派であるという傾向は、少なくとも 1980 年代から確認できている。

　厚生労働省「21 世紀青年者縦断調査」（2013）は、2002（平成 14）年時点で 20 ～ 34 歳であった者が 10 年後の彼らの結婚や仕事、出産などの意識に関する追跡調査を行っている。それによると、男女ともに収入が高くなるほど結

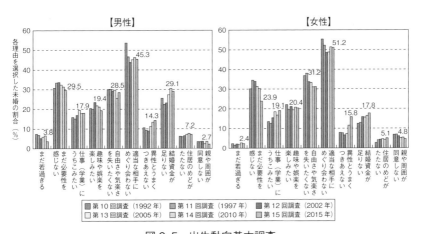

図 6-5　出生動向基本調査
（出典）国立社会保障・人口問題研究所、2015

婚しやすい傾向にあり、就業形態が無職、パート、アルバイト、派遣社員、契約社員・嘱託の者は、正規雇用の者に比べ、男女ともに結婚を「絶対したい」という割合が減少することを指摘している（厚生労働省、2013）。こうした現状を踏まえ、「正社員でない者は結婚のスタートラインに立っておらず、初めから人生の選択肢の一つを諦めているという状況がある」（永田、2017）と指摘する。また、「夫は外で働き妻は家庭を守るべきだ」という性別役割分業のスティグマは、妊娠・出産した後の女性の働きにくさといった女性の社会進出の足枷にもなり、真の意味で女性が活躍する時代の到来を遅滞させることになることから、自身の性別役割に関するスティグマに気づいておきたい。

2）近年の離婚の特徴

結婚や離婚は個人的な問題である一方で、少子高齢化の見通しや社会における格差問題、雇用システムや社会保障等の制度設計と極めて関連の深い側面を有している。近年の離婚の特徴は、神原（2010）によると、相対的に立場の弱い妻からの離婚の申し立てが大半であること、母親が親権者となる件数が8割になっていること、離婚する世帯の多くが核家族であり、ひとり親と子どものみで暮らす家庭が増える状況にあることなどを指摘している。図6-6は、婚姻・離婚・再婚の動向を示したものであるが、「婚姻に対する離婚率を見る

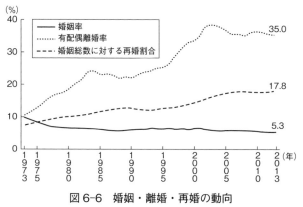

図6-6　婚姻・離婚・再婚の動向
（出典）「国立社会保障・人口問題研究所、2015」の資料をもとに
藤間、2017が再集計

と、ピーク時よりは落ちたものの 35.0% となっている。今や結婚したカップルのうち3組に1組以上が離婚を経験するといえる」（藤間、2017）。

（3）　少子化と子育て環境

「少子化社会白書（平成 30 年版）」によると、少子化の人口学的要因として、「未婚化・晩婚化」と「夫婦の出生力の低下」を指摘している。また、新型コロナウイルス感染症の拡大状況も相まって、子育て・家庭教育に関わる環境が大きく変化してきており、子どもを育てる家族の形態や親の就労形態が多様化してきている。以下に、少子化の要因とその背景について触れる。

1）　子育てにおける負担感

近年、わが国では少子化が急速に進んでいる。少子化の進行度を測る一つの目安となる合計特殊出生率は、2020（令和2）年時点で 1.34 となっており、過去最低を記録した 2005（平成 17）年の 1.26 を上回り、若干回復の兆しが見られるものの、近年横ばいを推移している。将来的には、子どもを産む女性の人口も減少すると予想されており、このようなわずかな出生率の回復では、出生数の増加につながる可能性は低く、今後も少子化の傾向は続いていくものと考えられている。

さて、現在の子育ては、核家族化や離婚の増大によるひとり親世帯の増加、地域社会における希薄な人間関係等によって、地域において孤立したり、母親ひとりだけの「孤」育てとなったりしている問題を抱えがちである。国立社会保障・人口問題研究所の「第 15 回出生動向基本調査」（2015 年）（図 6-7 参照）では、理想の子ども数（2.32）と予定子ども数（2.01）に差が生じ、過去最低であった。「子育てや教育にお金がかかりすぎる」（56.3%）が最も多く、経済的な理由は、34 歳〜 30 歳未満（81.1%）の世代に増加する傾向にある。一方、40 歳〜 49 歳の世代では、「高齢で産むのがいや」（47.2%）、「欲しいけれどできない」（28.4%）、「健康上の理由から」（17.5%）の順となっている。また、「高齢」・「欲しいけれどもできない」などの年齢および身体的理由の回答率は、30 歳以上に多く、晩婚化に伴う晩産化が進んでいることが明らかになっている。このように、子育てにおける母親の負担感は、30 歳未満、

（複数回答）

妻の年齢	（客体数）	経済的理由			年齢・身体的理由			育児負担	夫に関する理由			その他	
		子育てや教育にお金がかりすぎるから	に自分の仕事（勤めや家業）に差し支えるから	家が挟いから	から高年齢で生むのはいやだ	から欲しいけれどもできない	健康上の理由から	いこれ以上、育児の心理的、肉体的負担に耐えられないから	から夫の家事・育児への協力が得られないから	職一番末の子が夫の定年までに成人してほしいから	夫が望まないから	会子どもがのびのび育つ社会環境ではないから	に自分や夫婦の生活をしたいから大切
30 歳未満	（ 51）	76.5%	17.6	17.6	5.9	5.9	5.9	15.7	11.8	2.0	7.8	3.9	9.8
30 ～ 34 歳	（ 132）	81.1	24.2	18.2	18.2	10.6	15.2	22.7	12.1	7.6	9.1	9.1	12.1
35 ～ 39 歳	（ 282）	64.9	20.2	15.2	35.5	19.1	16.0	24.5	8.5	6.0	9.9	7.4	8.9
40 ～ 49 歳	（ 788）	47.7	11.8	8.2	47.2	28.4	17.5	14.3	10.0	8.0	7.4	5.1	3.6
総　数	（1,253）	56.3	15.2	11.3	39.8	23.5	16.4	17.6	10.0	7.3	8.1	6.0	5.9
第 14 回（総数）	（1,835）	60.4%	16.8	13.2	35.1	19.3	18.6	17.4	10.9	8.3	7.4	7.2	5.6
第 14 回（総数）	（1,825）	65.9%	17.5	15.0	38.0	16.3	16.9	21.6	13.8	8.5	8.3	13.6	8.1

（注）対象は予定子ども数が理想子ども数を下回る初婚どうしの夫婦。理想・予定子ども数の差の理由不詳を含まない選択率。複数回答のため合計値は 100% を超える。予定子ども数が理想子ども数を下回る夫婦の割合は、それらの不詳を除く 30.3% である。

図 6-7　妻の年齢別にみた、理想の子ども数を持たない理由

（出典）国立社会保障・人口問題研究所、2015

34 ～ 30 歳未満、35 歳以上の 3 層によって、その様相は異なり、とりわけ、34 ～ 30 歳未満の中間層世代は、経済的および年齢・身体的負担感の両方を感じやすく、30 歳未満の若い世代は、経済的負担感があり、35 歳以上は年齢・身体的負担感を得やすい特徴にあると考えられる。

2）　女性の仕事と子育てを両立できる環境整備の遅れ

現在、育児・介護期は特に仕事と家庭の両立が困難であることから、労働者の継続就業を図るため、仕事と家庭の両立支援策の充実が求められる。2013（平成 25）年 12 月に改正男女雇用機会均等法施行規則等を公布し、2014（平成 26）年 7 月から施行された。改正の概要は、性差別禁止の範囲の拡大として、男女双方に対する差別の禁止及び差別禁止の対象の明確化・追加である。特に、配置に係る業務の配分及び権限の付与、職種の変更、退職の勧奨、降格、雇用形態の変更、労働契約の変更などが明確化、追加された。そのほか、妊娠・出産等を理由とする不利益取扱いの禁止やセクシャルハラスメント対策、母性健康管理措置などである。しかし、実質的な男女労働者間の均等を確保するためには、男女労働者間に事実上生じている格差の解消を目指すため

の企業の自主的かつ積極的な取組（ポジティブ・アクション）が不可欠である。

　世界に目を向けると日本における女性の社会進出状況は、先進国の中でも非常に芳しくない状況にある。女性の社会進出がどれほど進んでいるのかについて、世界経済フォーラム（WFA）の「世界ジェンダー・ギャップ報告書（Global Gender Gap Report）」（図6-8参照）の公表によると、2021年の日本の順位は156か国中120位であり、教育や健康の分野では高スコアとなっているものの、経済と政治で課題が見られる結果であった。

　2021（令和3）年版「男女共同参画白書」においても、2020（令和2）年からの新型コロナウイルス感染症拡大状況下の雇用の男女格差が浮き彫りになっており、雇用情勢の悪化により、女性の非正規雇用労働者の失業者数が増加している。図6-9のとおり、2020年4月からの1回目の非常事態宣言下の感染状況拡大時には、男性の就業者数が1か月あたり最大で39万人減少したのに対し、同時期の女性の就業者数は70万人減少する状況があり、コロナ禍で女性の雇用状況の課題が浮き彫りになったと考えられる。とりわけ、外出制限等

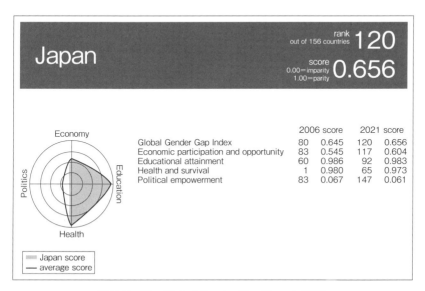

図 6-8　The Global Gender Gap Report 2021

（出典）World Economic Forum, 2021

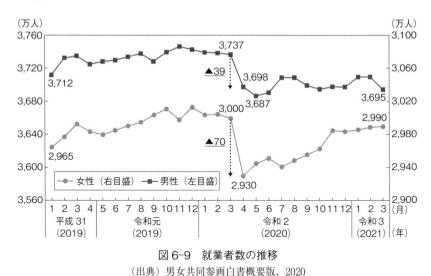

図 6-9　就業者数の推移
（出典）男女共同参画白書概要版、2020

　の感染対策によりこれまでの日常生活が一変し、政府によるステイホーム、在宅ワークの推進に伴い、中でも飲食・宿泊業等などのサービス業を直撃し、非正規雇用労働者を中心に雇用情勢が急速に悪化している。同時にこれまで見過ごされてきた経済的・精神的DV（配偶者暴力）、ひとり親世帯、女性の貧困等がコロナ禍で可視化されたといえる。改めて我が国における女性の仕事と子育てを両立できるための構造的な問題を明らかにし、今後、男女共同参画を強力に推進していく必要があろう。

3）　コロナ禍で明らかになった子育て支援の課題

　新型コロナウイルス感染症により、子どもや子育て家庭に様々な問題が生じている。ここでは、乳幼児のいる家庭に焦点を当て、コロナ禍における子育て支援の課題について触れる。

　新型コロナウイルス感染症が広がるなか、我が国では2020（令和2）年3月2日から春季休業の開始日まで、全国の小学校、中学校、高等学校および特別支援学校に対しては臨時休業が要請された。一方、保育所、幼稚園といった乳幼児が利用する施設、放課後児童クラブは原則開所が要請され、これらの施設では、学校以上に密閉・密集・密接の「三密」の状況も見られ、感染の不安

を抱えながらの保育であったと想像される。その後、2020（令和 2）年 4 月 7 日に 8 都道府県に対する緊急事態宣言が発令され、4 月 16 日からはその宣言は全国に拡大されたことに伴い、乳幼児の各施設等の利用の自粛が求められた。宣言解除後しばらくは保育所等の利用自粛が続いたことから、育児相談や親子の交流が行われる子育て支援施設や児童館、図書館が閉館となり、加え、公園の遊具が使用禁止となるなど、保護者の子育て環境に大きな影響を与えることとなった。池本（2020）は、「コロナ禍によって、在宅勤務が拡大したことなどから、乳幼児を持つ保護者にとって、時間的なゆとりの発生や、子どもと一緒に過ごす時間の増加などのプラス面があった一方、こうした国や自治体の対応の結果、様々なマイナスの影響が報告されている」と指摘する。特定非営利活動法人全国認定こども園協会の乳幼児のいる家庭を対象に実施したアンケート（2020）によると、登園自粛が求められた緊急事態宣言下に、4 人に 3 人が「困りごとがあった」と回答し、その内容としては「子どもとの過ごし方に悩む」が 7 割、「親の心身の疲弊」が 5 割、「減収や失職となり、生活や育児の費用が心配」が 2 割で、そのほか「在宅で仕事に集中できない」「家事・育児などをめぐり夫婦間のトラブルが増えた」も 1 割強であった。さらに、子どもの様子の変化（図 6-10 参照）について、「メディアの利用が増えた」や「生活が不規則になった」「きょうだい喧嘩が増えた」「大人から離れたがらない」「いきなり大きな声を出したりすることがある」「突然泣き始めたりすることがある」など、子ども自身がストレスや不安を抱えることが少なくなかったことがうかがえる。こうした新型コロナウイルス感染症によって、これまでの生活様式の変化やウイルスに対する不確かさから生じる不安が相まって、保護者と子ども双方に多大な心身の負担を与えていることは明らかである。

　特定非営利活動法人全国認定こども園協会は、先のアンケート結果を踏まえ、コロナ禍における育児支援に関する課題の分析を行っている。一つ目の課題は、保護者は、家庭内では子どもとの過ごし方、在宅勤務との両立、減収や失職による生活不安、夫婦間の軋轢など、様々な悩みに直面し、心身の疲労と葛藤を抱えている。そのため、非常事態時の「保育の必要性」および相談や支援の提供が必要であることを指摘する。次に二つ目の課題として、長い自粛生

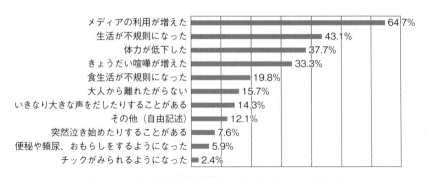

図6-10　特定非営利活動法人全国認定こども園協会
（出典）新型コロナウイルス感染症対策に係るアンケート調査報告書、2020

活が乳幼児への長引く「密室育児」によるネガティブな影響（体重増加、メディア漬け、体力低下、情緒不安定、チック、かんしゃくなど）が見られることから、同年代との遊びの機会の保証が必要であることを述べている。未だ猛威を振るう新型コロナウイルス感染症との共存した実社会のなかでは、これまでの慣例にとらわれることなく、一層のきめ細やかな子育て支援策が国や行政などに求められる。

3. おわりに

　本章は、多様化する家族のあり方について、家庭の教育力の現状および課題に触れ、子育て世代に対するアウトリーチ型の家庭教育支援の実際を紹介した。また、近代家族の様相として、従来の「性別役割分業」による近代家族という形態の解体から、性別にとらわれない多様な価値観の醸成が重要となることを論じてきた。令和時代を迎え、少子化、核家族化、グローバル化のスピードは増し、明らかに社会の変動は大きく不安定な時代といえる。さらには、2020（令和2）年からのコロナ禍に伴う未来への悲観は高まる一方である。いま一度この時代を生きる私たち一人ひとりが未来を想像し、今できる最善の営みに心を配り誠実に生きることが大切なのであろう。

参考文献

池本美香「コロナ禍で明らかになった子ども・子育て支援の課題 — ニュージーランドとの比較を踏まえて」『リサーチ・フォーカス』日本総合研究所 16、(2020)

神原文子『子づれシングル — ひとり親家族の自立と社会的支援』明石書店 (2010)

国立社会保障・人口問題研究所「現代日本の結婚と出産 — 第 15 回出生動向基本調査（独身者調査ならびに夫婦調査）報告書」(2015)・(2022 年 2 月 7 日取得：https://ipss.go.jp/ps-doukou/j/doukou15/NFS15_reportALL.pdf)

厚生労働省『21 世紀出生児縦断調査及び 21 世紀成年者縦断調査特別報告書』(2013)(2021 年 8 月 9 日取得：https://www.mhlw.go.jp/toukei/list/162-1.html)

中山太一郎・松下束子「増加する子育て共働き男性の特徴と課題 — ライフステージ別マーケティングの試み」『知的資産創造 10 月号』(2019)、pp.26-45.

森岡清美・望月嵩『新しい家族社会学（四訂版）』培風館、(1997)

森岡清美・塩原勉・本間康平編集『新社会学辞典』有斐閣、(1993)

文部科学省「令和 2 年家庭教育の総合的推進に関する調査研究　家庭教育支援の充実に向けた保護者の意識に関する実態把握調査報告書」文部科学省委託調査、(2020)。(2021 年 8 月 9 日取得：https://www.mext.go.jp/content/20210301-mex_chisui02000098302_1.pdf)

文部科学省「地域における家庭教育支援基盤構築事業」(2020)(2021 年 8 月 9 日取得：https://www.mext.go.jp/component/a_menu/education/detail/_icsFiles/afieldfile/2020/06/08/1315161_009.pdf)

内閣府男女共同参画局「令和 3 年版男女共同参画白書（概要版）」(2021)(2021 年 8 月 9 日取得：http://www.gender.go.jp/about_danjo/whitepaper/r03/gaiyou//pdf/r03_gaiyou.pdf)

永田夏来「恋愛と結婚」永田夏来・松木洋人編『入門家族社会学』新泉社、(2017)、pp.30-45.

新潟県「令和 2 年度学校・家庭・地域の連携促進」(2020)(2021 年 8 月 9 日取得：https://www.pref.niigata.lg.jp/uploaded/attachment/257044.pdf)

日本シングルマザー支援協会「自治体通信 vol13」(2021)(2021 年 8 月 9 日取得：https://xn--qckmb1noc2bzdv147ah7h.com/wp-content/uploads/2021/05/cf5126ffdd7e66481541b023342ef58b.pdf)

千田有紀『日本型近代家族 — どこから来てどこへ行くのか』(2011) 勁草書房

総務省「労働力調査特別調査」(2020)(2021 年 8 月 9 日取得：https://www.jil.Go.jp/kokunai/statistics/timeseries/pdf/g0212.pdf)

藤間公太「離婚、再婚と子育て」永田夏来・松木洋人編『入門家族社会学』新泉社、(2017)、pp.101-117.

特定非営利活動法人全国認定こども園協会「新型コロナウイルス感染症対策に係るアンケート調査報告書」(2020)(2021 年 8 月 9 日取得：https://drive.google.com/file/d/1oMebfo_y

sub7JaBQcrfhPc8jNfBjITMH/view)

和歌山県「令和2年度訪問型家庭教育支援体制の構築に向けて」(2020)(2021年8月9日取得：
https://www.pref.wakayama.lg.jp/prefg/500600/d00156991_d/fil/200831sinpo-gyousei.pdf)

World Economic Forum「The Global Gender Gap Report 2021: Insight Report March
2021」(2021)(2021年8月9日取得：http://www3.weforum.org/docs/WEF_GGGR_2021.
pdf)

●●● コラム⑥　環境教育の今 ●●●

　今から 40 ～ 60 年前の日本は、高度経済成長による大量生産・大量消費・大量廃棄の時代でした。当時はゴミの分別やリサイクルの仕組みがほぼ無く、生ごみも空き缶もペットボトルも同じ袋に入れて捨てていました。また、工業の急激な発展により、人体がむしばまれる公害病（水俣病やイタイイタイ病など）も発生していました。生活の豊かさのみを追求すると、環境破壊が進み、それが巡って人間自身の生活を危うくすることがわかりました。

　そこで、我が国は学校の総合的な学習の時間などで環境教育を進めました。2002（平成 14）年には、環境保護に主体的に参加する子どもを育てようと、ESD（持続可能な開発のための教育）という教育理念を国際社会に提唱しました。その後、2015（平成 27）年には国連で SDGs（持続可能な開発目標）という共通目標が決められました。SDGs に取り組む人の育成には、ESD が不可欠です。

　環境問題に取り組むには、幅広い知識を組み合わせて考える力が求められます。例えば、森林保護は大切ですが、貧困層の雇用創出のために木材伐採を進めたり、少子高齢化や戦争などで山を手入れする人が減ったりすると森林破壊が進みます。環境問題は、公害や自然保護だけでなく、貧困や人口や平和など幅広い分野にわたって考える必要があります。

　さらに、情報が氾濫し、環境や社会が急激に変化している今、玉石混交の情報から必要な情報を選んで判断する力が求められています。福岡県では、大雨特別警報（数十年に一度の大雨）が、2017（平成 29）年から 5 年連続で出ています。これが地球温暖化と関係しているという人もいますし、関係ないという人もいます。情報は氾濫するほどあるのに、信頼できる科学的データや前例が少ない状況です。このような状況でも早期の問題解決のために、自分で情報の信頼度を決めて、それをもとに判断しなければいけません。

　現在の環境教育では、幅広い知識を組み合わせて考える力や、玉石混交の情報から必要な情報を選んで判断する力の養成が求められています。これらの力は、学習指導要領で重視されている、子どもたちの生きる力を育むことにもつながります。

第7章
いじめ問題への対応

1. いじめ問題への対応

（1） はじめに

「いじめ」問題は、教育現場は元より、教育社会学の視点からも大きな課題の一つである。子どもにとって安心安全の場であるべき学校において、子どもの心身を追い込むいじめが現存すること。しかも、コロナ禍において件数は減少したというものの、依然高い件数が公表されている。今やSNS（SNSは、Social Networking Service の略で、登録された利用者同士が交流できるWeb サイトの会員制サービスのこと）の発達によって、子どもたちの隠れ場所も無くなったと言っても過言ではない。文部科学省が2021（令和3）年10月13日に発表した2020（令和2）年度の問題行動・不登校調査では、パソコンやスマートフォンなどを通した誹謗中傷といった「ネットいじめ」の認知件数が、1万8,870件と過去最多を更新した。東京都町田市立小学校に通っていた6年生女児が2020（令和2）年11月に自殺した問題をめぐっては、国が進める「GIGA スクール構想」で、児童に一人一台配備されたタブレット端末のチャット機能を悪用したいじめが行われた可能性も指摘されている。

　2011（平成23）年10月に、大津市いじめ自殺事件が起こり、教育再生実行会議が「いじめの問題等への対応について（第一次提言）」を出したのが、2013（平成25）年2月26日。その2013（平成25）年に「いじめ防止対策推進法」が制定・施行された。「いじめ」の定義については、この『いじめ防止

対策推進法』〈2013〉にあるように、「『いじめ』とは、児童等に対して、当該
児童等が在籍する学校に在籍している等当該児童等と一定の人的関係にある他
の児童等が行う心理的又は物理的な影響を与える行為〈インターネットを通じ
て行われるものを含む。〉であって、当該行為の対象となった児童等が心身の
苦痛を感じているもの」とした。

　これをもって、各学校において「学校いじめ防止基本方針」を制定すること
が義務付けられた。当該法は、施行後 10 年近く経過したことになるが、今な
お、いじめ問題は教育現場において喫緊の課題となっている。

　本稿においては、「命の教育」の一環としての「いじめ防止教育プログラム」
開発こそ、いじめ防止対策の中核に据えることが重要であることの方途を提示
したい。

（2）　文部科学省のいじめ防止対策の現状

1）　いじめの第 4 次社会問題化への対策として

　2011（平成 23）年 10 月に大津市において、いじめを受けた市立中学 2 年の
男子生徒が自らの「命」を絶つという痛ましい出来事が起き、2013（平成 25）
年 7 月以降、いじめ問題が社会的に大きく注目を浴びた。いじめの第 4 次社会
問題化が起こったのである（いじめ問題の社会問題化は 1986 年以降、4 次に
わたっている）。

　この大津市いじめ自殺事件が大きな社会問題として取り上げられたことに
よって、教育再生実行会議による「いじめの問題等への対応について（第一次
提言）」（2013）、文部科学省による「いじめ防止対策推進法の公布について（通
知）」（2013）につながっていく。当該法によって、学校には「学校いじめ防
止基本方針」の策定や、いじめ防止対策組織を設置することが求められた。

　また、児童生徒の生命等が脅かされる「重大事態」（『いじめ防止等のため
の基本的な方針』〈文部科学大臣決定、2013.10.11〉にあるように、「重大事態」
とは、いじめにより児童等の生命、心身又は財産に重大な被害が生じた疑いが
あると認める時又は学校を相当の期間欠席〈年間 30 日を目安〉することを余
儀なくされている疑いがあると認める時で、「重大事態の範囲」とは、いじめ

を受ける児童等の状況に着眼し判断する。自殺を企図した場合、身体に重大な障害を負った場合、金品等に重大な被害を被った場合、精神性の疾患を発症した場合を指すものとする）における対処についても規定された。

2015（平成27）年7月には矢巾町中学2年男子生徒いじめ自殺事件が起こり、「いじめ防止対策推進法」の趣旨が教職員に理解され、いじめ防止対策組織が機能していたかなど、「いじめ防止対策推進法」施行後の課題が注目された。

その後、文部科学省は「いじめ防止対策推進法」に基づく組織的な対応及び児童生徒の自殺予防について（通知）」（2015）によって、学校において「いじめ防止対策推進法」に基づいた組織体制ができているか、「学校いじめ防止基本方針」が法の基本方針に沿っているか、それに沿った取組がなされているかなど、改めて確認することが求められた。

2016（平成28）年には、原発避難児童生徒（福島県から横浜市に自主避難した中学1年の男子生徒）へのいじめ問題が表面化し、文部科学省は、「東日本大震災により被災した児童生徒を受け入れる学校の対応について（通知）」（2016）、いじめ防止対策協議会による「いじめ防止対策推進法の施行状況に関する議論のとりまとめ」（2016.11.2）を策定し、ここでは、いじめの認知に関する考え方などが示された。

これを受け、「いじめの防止等のための基本的な方針（最終改定）」（2017.3.14）によって、学校はいじめに対する基本方針を保護者に説明することや、教職員がいじめの情報を抱え込むことは法に違反し得ることなどが定められ、これからのいじめ対応の基本的あり方や基準が示されたのである。また、「いじめの重大事態の調査に関するガイドライン」が定められ、「重大事態」が発生した場合のガイドラインが示された（文部科学省、2017.3.16）。ここでは、児童生徒や保護者からいじめの申立てがあった場合、「重大事態」が発生したものとして調査に当たらなければならないことなどが示されたのである。

2） 基本方針としての「改定等について」

前述した「いじめの防止等のための基本的な方針（最終改定）」（2017.3.14）によって、①けんかやふざけ合いもいじめに該当するか否かを判断すること

（いじめの認知）②「いじめが解消している」状態として 2 要件が示されたこと（いじめの解消に係る判断）③教職員の責任が一層問われるようになったこと（いじめに係る情報の共有）が示された。以下、順次詳しくみていこう。

① 「けんかやふざけ合いもいじめに該当するか否かを判断すること（いじめの認知）」においては、これまでの「けんかは除く」から、「けんかやふざけ合い」も背景にある事情などを丁寧に把握していくことが求められるようになったのである。

② 「『いじめが解消している』状態として 2 要件が示されたこと（いじめの解消に係る判断）」においては、「いじめが解消したと判断できる要件」として、（ア）被害者に対する心理的または物理的な影響を与える行為が止んでいる状態が相当の期間（目安は少なくとも 3 か月）継続していること（止んでいない場合は、改めて、相当の期間を設定して状況を注視）、（イ）いじめによる影響で被害者が心身の苦痛を感じていないと認められること（本人やその保護者に対し、面談等で確認）、これらの 2 要件が示された。

③ 「教職員の責任が一層問われるようになったこと（いじめに係る情報の共有）」においては、いじめが解消されたと確認できた場合でも、当該いじめの被害者、加害者の関係を日常的に注意深く観察することなどが求められた。

3）「重大事態」の調査に関するガイドラインの明示

「いじめの重大事態の調査に関するガイドライン」（文部科学省、2017.3.16）によって、①いじめへの説明責任を果たすことが示されたこと、②いじめの申立てがあった場合は「重大事態」として扱うこと、③調査実施前に児童生徒・保護者に説明すべき事項が示されたこと、④加害児童生徒には、被害児童生徒への謝罪の気持ちを醸成させること、⑤教職員に重大な過失等が指摘される場合、客観的に事実関係を把握し、懲戒処分等も検討されること、以上のようなガイドラインが示された。以下、詳細にみていこう。

① 「いじめへの説明責任を果たすことが示されたこと」においては、学校の対応に支障がありそうなことがあっても、すべてを明らかにして真摯

に体制の課題などを見つめなおすことなど、被害児童生徒・保護者に対して調査結果を説明する責任が求められるようになったのである（被害児童生徒・保護者に寄り添いながらの対応）。

② 「児童生徒や保護者から、『いじめにより重大な被害が生じた』という申立てがあった場合は重大事態として扱うこと」においては、いじめの申立てがあった場合は、たとえ「重大事態」ではないと学校が考えても、「重大事態」が発生したものとして、報告・調査などに当たらなければならないことが求められるようになったのである。

③ 「調査実施前に児童生徒・保護者に説明すべき事項が示されたこと」では、調査実施前に児童生徒・保護者に説明すべき事項として、①調査目的・目標、②調査主体（組織の構成人選）、③調査時期・期間（スケジュール、定期報告）、④調査事項（いじめの事実関係、学校の設置者および学校の対応など）・調査対象（聴き取りなどをする児童生徒・教職員の範囲）、⑤調査方法（アンケート調査の様式、聴き取りの方法、手順）、⑥調査結果の提供（被害者側、加害者側に対する提供など）、以上のような事項が示されたのである。

④ 「加害児童生徒には、被害児童生徒への謝罪の気持ちを醸成させること」においては、加害児童生徒には、抱えている問題とその心に寄り添いながら、個別に指導して、いじめの非に気付かせ、被害児童生徒への謝罪の気持ちを醸成させることが求められるようになったのである。

⑤ 「教職員に重大な過失等が指摘される場合は、客観的に事実関係を把握し、懲戒処分も検討されること」においては、学校や設置者に、いじめ事案への対処において、法律や基本方針などに照らして、重大過失などが指摘されている場合、教職員に対する聴き取りを行った上で、客観的に事実関係を把握し、教職員の懲戒処分などの要否を検討することが示されたのである。

2. 「いじめ防止教育プログラム」の開発に向けて

（1）「開発的教育相談」[1] 推進の重要性

　以上のように、学校におけるいじめ問題は、児童生徒の人権を侵害する重大な課題であり、被害を受けた児童生徒が自殺に至ることもあり、非常に深刻な問題である。つまり、いじめは「命」にかかわる重大な問題行動であり、「命の教育」の一環としてもいじめを主因とした自殺の連鎖は何としても断ち切らねばならない。「命」はかけがえのないものであり、それは奪われると決して蘇ることはない。しかし、児童生徒の身近にいじめや暴力、虐待、ドメスティック・バイオレンス（Domestic Violence）等の「命」を脅かす行為が存在している。これらに対して、未然防止法を考えたり、対策（早期発見・早期対応）を講じたりする必要がある。

　また、「いじめ防止対策推進法」では、「早期発見」のための調査などについて明記しているが、いじめの兆候に気づく教職員の「感性」なり、その「専門性」なりが問われるところでもある。「いじめ防止対策推進法」の第 16 条（早期発見のための措置）にある「相談体制の整備」は、この点からも最も重要な項目の一つである。すなわち、教職員研修によるその専門性の向上の重要性はもとより、その中で、開発的教育相談の展開（特に、教職員の開発的カウンセリング技法の習得など）によっていじめの未然防止などを進めることが大切である。

　したがって、教育現場にあっては、これらを踏まえた「いじめ防止教育プログラム」の開発が急務であるといえる（図 7-1 参照）。

　いじめ対処については、この「いじめ防止対策推進法」第 8 条で、「学校及び学校の教職員の責務」を明示し、さらに、同法第 15 条で、「学校におけるいじめの防止」を挙げ、「しない・されない・許さない」などの開発的機能を充実させることを強調している。この点は、「生徒指導提要」（2010）でも取り上げており［「いじめ対策としての開発的・予防的生徒指導の充実」（p.174）］、本稿では、いじめ問題への対処として、開発的カウンセリング技法の活用を提

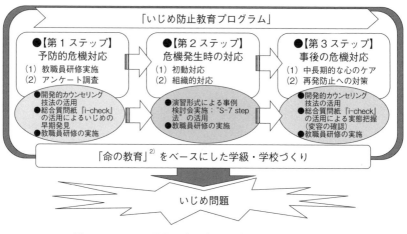

図7-1　いじめ問題に立ち向かう実践モデル開発構想
(住本、2018)

案したい。また、学校や設置者に「ネットいじめ」が重大な人権侵害にあたること、そして、被害者に深刻な傷を与えかねない行為であることを児童生徒に理解させる取組を行うことが求められている。「ネットいじめ」は、刑法上の名誉毀損罪、侮辱罪、民事上の損害賠償請求の対象となり得ることを、いじめの未然防止教育として、児童生徒その保護者に十分理解させ、学校の危機発生時の対処法や協力体制を事前にシミュレーションしておくことも大切なのである。そのポイントとしては以下の5点となる。①相手の気持ちを考えさせる指導をする、②インターネットの特性を理解させる、③悪質な誹謗中傷やいじめは犯罪となる可能性があることを理解させる、④保護者や教師は、SNSやプロフ（プロフィールの略で、モバイルサイト上に自己紹介ページを作成できるサービスのこと）などの使用状況や内容等について日常的に確認する、⑤誰かに相談することが大切だと実感させる（援助要請行動〈helping seeking behavior〉力を高める工夫を重ねる）。

　そして、危機発生時の早期対応、被害者への中長期にわたる心のケアなどのプログラム、つまりは、「予防的危機対応」「危機発生時の対応」「事後の危機対応」の3段階での危機対応が重要になる。各段階において、学校、家庭、

地域社会、関係機関などとの連携が大切なのは言うまでもない。

（2）　いじめ問題に立ち向かう学級づくり・学校づくりのポイント

　以下に、いじめ問題に立ち向かう学級・学校づくりのポイントを挙げる（表7-1 参照）。

　表7-1 のような「命の教育」をベースにした学級・学校の取組によってこそ、すべての教師が「いじめは絶対許されない行為である」の認識を持ち、組織一丸となっていじめに立ち向かうチームが形成されるのである。

表7-1　いじめ問題に立ち向かう学級・学校づくりのポイント

	ポイント	内　容
1	教師と児童生徒の信頼関係づくり	日頃からのふれあいのあるかかわりとリレーションの形成。
2	予防教育の重要性の認識とその実践	開発的カウンセリング技法の活用によるいじめ予防教育の実践。
3	「命の教育」をベースにしたいじめ根絶の校風づくり	教師がいじめの特徴を理解し、「いじめは絶対許されない行為である」の認識を持つこと。「命の教育」を中核に据えた、人権教育を徹底した学級・学校づくり。
4	居場所づくり、自己有用感の育成	児童生徒一人ひとりが心の居場所や出番を実感できること。
5	「共感性」や「正義感」の育成	相手の立場に立てる共感性やいじめを制止することができる正義感の強い集団づくり。
6	教師の感性・専門性・指導力の高さ	児童生徒が発するサイン（または違和感）に気づける教師の感性・専門性・指導力の高さ（早期発見のポイントとして）。
7	教師が持つべきカウンセリング・マインド	児童生徒を丸ごと受け入れる教師の「受容力」「傾聴力」「共感力」の高さ。
8	被害者へも加害者へも早期に適切な対応ができる力を有すること	被害者を徹底して守り抜き、加害者への慎重で毅然とした対応。
9	専門家との連携により中長期の「心のケア」ができる力を有すること	被害者の精神的安定の回復を最優先しながら、スクールカウンセラーやスクールソーシャルワーカー等の専門家、専門機関等との連携推進。
10	いじめを許さない大人サイドのネットワークの構築	大人サイドのネットワークの構築として、学校・家庭・地域・専門機関等の連携強化。

特に、表7-1の「5」項目の、「相手の立場に立てる共感性やいじめを制止することができる正義感の強い集団づくり」こそが、森田・清永（1994）のいじめ集団における「四層構造モデル」（加害者・被害者・観衆・傍観者）に基づいた、いじめを阻止するポイントであると考える。

（3）「いじめ防止教育プログラム」実践時の留意点

以下に、「いじめ防止教育プログラム」実践時の留意点を、「予防的危機対応」「危機発生時の対応」「事後の危機対応」の時系列に沿って挙げる。

【第1ステップ】：予防的危機対応

まず、「予防的危機対応」として、以下がポイントとなる（表7-2参照）。

特に、表7-2の「2」項目の、「いじめ問題に取り組むことの重要性をすべての教師が認識し、日常での児童生徒とのふれあいの中で、いじめの早期発見に努める」の教職員研修例としては、「『いじめの特徴』の理解（被害は特定の児童生徒に集中する・加害者は複数であることが多い・長期間に及ぶ場合が多い・人のいないところで起こりやすい・陰湿でしつこい・自殺に及ぶこともあり深刻である・加害者は被害者の立場に立てず、ゲーム感覚で行う場合が多い

表7-2　いじめ対応、予防的危機対応のポイント

	ポイント	内　容
1	アンケート実施・いじめ防止授業の実施	「いじめアンケート」の実施。「いじめとは何か」「いじめが心身に及ぼす影響」などについて、学級活動や道徳の時間に行う。
2	いじめ問題対応の重要性の認識	いじめ問題に取り組むことの重要性をすべての教師が認識し、日常での児童生徒とのふれあいの中で、いじめの早期発見に努める。
3	児童生徒との信頼関係の構築	すべての教師は、児童生徒とは、困ったことがあればどんなことでも教師に相談できる関係性を作っておくこと。
4	いじめの傍観者をなくす指導	児童生徒へは、「いじめを見て見ぬふりをするのは、いじめを助長していることと同じである」ことを認識させる。
5	情報共有システムの構築	全教職員、保護者などからの情報が得られ、それらが共有できる関係性やシステムを作っておく。

など）」「児童生徒の援助要請行動の高め方」「ストレスマネジメント教育の実際」「エンカウンターでいじめ対応が変わる」などがテーマとして考えられる。参考にしてほしい。

【第2ステップ】：危機発生時の対応

次に、「危機発生時の対応」として、以下の対処が重要である。

1）初動対応

危機発生時の初動対応のポイントとして、表7-3に挙げているので参照してほしい。

表7-3　いじめ危機発生時、初動対応のポイント

	ポイント	内　容
1	被害者を守り抜くⅠ	被害児童生徒の安全と保護を最優先する。いじめの事実確認への取組を開始。
2	被害者の立場での毅然とした指導	「児童生徒自身がいじめられたと感じたらいじめである」と認識し、いじめられた側に立った上で、毅然とした態度で対処。
3	被害者に非はない	「被害児童生徒に問題はない」という指導観に立って、加害児童生徒への再発防止のための指導を重視する。
4	被害者を守り抜くⅡ	学級会やホームルームを開くことで被害児童生徒を孤立させることがある。加害児童生徒から被害児童生徒への報復に対する被害児童生徒の不安に対しても慎重に対処する。
5	少年犯罪への対応	恐喝や暴行など、少年犯罪になっている場合は、すぐに警察に被害状況などを届ける。

2）組織的対応

危機発生時の組織的対応のポイントを表7-4に挙げる。

【第3ステップ】：事後の危機対応

いじめが解消したとの判断は、次の2つの要件の確認が必要であるとされている（文部科学省、2017）。

①　被害者に対する心理的または物理的な影響を与える行為が止んでいる

表 7-4　いじめ危機発生時、組織的対応のポイント

	ポイント	内　容
1	被害者を守り抜くこと	被害児童生徒を、組織をあげて守り抜く。
2	危機発生時に不可欠な組織的対応	情報の収集、対応策の検討などは、教師、保護者、地域の協力による組織対応が不可欠である。
3	「チーム学校」での対応	具体的指導は、担任一人に任せるのではなく、管理職の支援も必ず得た上で、チームであたる。
4	被害者・加害者双方への指導を並行	同時に加害児童生徒、その保護者に対してもその指導や話し合いを並行して進める。
5	心のケアの実践 I	被害児童生徒の心の痛みを受け止めようとする教師や級友の共感的態度が不可欠である。
6	心のケアの実践 II	被害児童生徒の精神的混乱を鎮めるため、保護者と連携し、スクールカウンセラーやスクールソーシャルワーカーなど、関係機関の協力も得る。

　　状態が相当の期間（目安は少なくとも 3 カ月）継続していること。

②　いじめによる影響で被害者が心身の苦痛を感じていないと認められること。

　この 2 要件であるが、被害の重大性からは、さらなる長期の注視が必要と考えられる場合は、注意深く観察を継続していくことが求められている。

　ここで言う「相談」、とりわけ開発的教育相談が「いじめ防止対策推進法」という法律によって、その重要性が認められたということでもある。この「事後の危機対応」でのポイントとしては以下の 3 点である（表 7-5 参照）。

　3）開発的カウンセリング技法の活用による「いじめ防止教育プログラム」の実際

　最後に、文部科学省のいじめ防止対策の現況を踏まえ、「命の教育」の一環としての「いじめ防止教育プログラム」（住本、2014）を提案する。

①　いじめ防止教育：第 1 段階（予防的危機対応時・事後の危機発生対応時に実施）

　　総合質問紙『i-check』の活用による児童生徒の実態把握・複数回実施による実態変容の確認（散布図で「いじめ」や「疎外感」の現状が把握できる）

表7-5　いじめ対応、事後の危機対応のポイント

	ポイント	内　容
1	いじめ解消まで指導を継続	加害児童生徒、被害児童生徒の事後の様子を継続的に注意深く見守り、いじめの完全解消を慎重に見極める。
2	中・長期的心のケアの継続	被害児童生徒の精神的安定の回復のため、専門家と連携した中・長期的な心のケアを検討し、実施する。
3	いじめの再発防止への対策	児童生徒同士、教師と児童生徒との人間関係づくりのワーク（開発的カウンセリング技法の活用）やそのための研修会を開き、いじめの再発防止への対策を講じる。

②　いじめ防止教育：第2段階（予防的危機対応時・事後の危機発生対応時に実施）

　児童生徒の人間関係づくりを意識した教育実践。以下の開発的カウンセリング技法の活用により、児童生徒の人間関係づくりを促進し、いじめ防止教育を進める（表7-6参照）。

表7-6　いじめ防止教育のための開発的カウンセリング技法の活用

	開発的カウンセリング技法	内　容
1	「構成的グループエンカウンター」による人間関係づくり	エクササイズとシェアリングによって、ふれ合いのある人間関係づくりを展開する。
2	「ピアサポート」による人間関係づくり	児童生徒が互いに思いやり、助け合い、支え合う人間関係をつくる教育活動を進める。
3	「アサーション・トレーニング」による自己表現力の向上と人間関係づくり	自他を大切にしたコミュニケーションの交流による人間関係を構築する。
4	「ソーシャルスキルトレーニング」による人間関係づくり	集団生活のルールやスキルを学ぶことにより社会性を向上させる。

　各技法について教職員研修などで教職員自身が体験し、教育現場で実践することが、児童生徒のふれ合いのある人間関係づくりを促進し、いじめ防止教育を進めることにつながるのである。

③　いじめ防止教育：第３段階（予防的危機対応時・危機発生対応時・事後の危機
　　発生対応時に実施）

　体験型の演習形式による事例検討会：「S-7step法」〈「インシデント・プロ
セス法」〔事例演習の一つで、あるできごとに対し、背景や原因を分析し、対
処法を考える技法〕、「ブレーンストーミング法」〔集団でアイデアを出し合う
ことで相互の連鎖反応や発想の誘発等を期待する技法〕、「KJ法」〔データを
カードに記述し、カードをグループごとにまとめて図解し、整理していく技
法〕等を活用したグループワーク。参加者の基本姿勢としては、参加者間の
チームワークを重視することや、参加者の力量を互いに高め合うことをねらい
とする。住本、2018〉の活用、①、②の併用による研修。

3.　おわりに

　いじめのない学校は、児童生徒、その保護者、教職員は元より社会全体の
願いであり、たとえいじめが起きた場合でも、学校、保護者、専門家等の協力
体制があることは、いじめ対応の基盤となる。このことは、教職員も十分に理
解し、担任だけでなく組織でいじめ防止対策を進める意義を理解していく必要
がある。ここでは、上述の通り「命の教育」の一環としての「いじめ防止教育
プログラム」の開発・推進こそ、いじめ防止対策の中核に据えることが重要
であるとの方途を示した。「いじめ防止教育プログラム」では、「予防的危機対
応」「危機発生時の対応」「事後の危機対応」の三段階を設定し、総合質問紙調
査を実施して学級の実態を把握し、「命の教育」を踏まえた開発的教育相談体
制を「チーム学校」で取り組むことで、いじめの「未然防止」「早期発見」、そ
して「事案への適切な対処」へとつながるのである。

┌─ 考えてみよう・話し合ってみよう ──────────────
│・いじめが起こらない学級づくりのポイントを挙げなさい。
└────────────────────────────────

注

1)　学校における教育相談には、「開発的教育相談」「予防的教育相談」「問題解決的教育相談」の三つがある。どれも児童生徒を援助していく際には重要だが、問題行動が起こる前に援助していく開発的、予防的側面が特に重要である。すべての児童生徒を対象として、児童生徒が自分の能力を最大限に発揮し、各発達段階に応じた課題を達成しながら自己実現を図ることができるよう、援助していくことがその実践活動の核となる。

2)　筆者もその作成に携わった「『命の大切さ』を実感させる教育への提言」(兵庫県教育委員会、「命の大切さ」を実感させる教育プログラム構想委員会梶田叡一委員会、2007)においては、当該教育プログラムへの視点として、①自尊感情を育む、②体験活動を充実させる、③情報社会の影の部分に対応する、④命を守るための知恵と態度を育成する、⑤教員自身が命の意味を問いかけるの5つを挙げている。

引用・参考文献

兵庫県教育委員会心の教育総合センター「学校における心の危機対応実践ハンドブック」2002.

兵庫県教育委員会心の教育総合センター「『命の大切さ』を実感させる教育への提言」2007.

梶田叡一『自己を生きるという意識』金子書房　2008.

梶田叡一『人生や社会をよりよく生きる力の涵養を』金子書房　2018.

梶田叡一監修・住本克彦編著「総合質問紙調査『i-check』」東京書籍　2020.

国立教育政策研究所生徒指導・進路指導研究センター「いじめ追跡調査 2010-2012」2013.

教育再生実行会議「いじめの問題等への対応について（第一次提言）」2013.

文部科学省「いじめ防止対策推進法」2013.

文部科学省「いじめ防止対策推進法の公布について」(通知) 2013.

文部科学省「いじめ問題への取組の徹底について」(通知) 2006.

文部科学省『生徒指導提要』教育図書　2010.

文部科学省「平成 23 年度児童生徒の問題行動等生徒指導上の諸問題に関する調査」2012.

文部科学省「いじめ、学校安全等に関する総合的な取組方針 ― 児童生徒の『命』を守るために ― 」2012.

文部科学省「『いじめ防止対策推進法』の成立を受けたいじめの問題への取組の徹底について」『月刊生徒指導』第 43 巻第 11 号　学事出版　2013.

文部科学省「いじめの防止等のための基本的な方針」(文部科学大臣決定) 2013.

文部科学省「いじめ防止対策推進法に基づく組織的な対応及び児童生徒の自殺予防について」(通知) 2015.

文部科学省「いじめの防止等のための基本的な方針」(文部科学大臣決定)（最終改定）2017.

文部科学省「いじめの重大事態の調査に関するガイドライン」2017.

森田洋司・清永賢二『いじめ ― 教室の病い』金子書房　1994.

坂田仰『補訂版いじめ防止対策推進法全条文と解説』学事出版　2018.

住本克彦「いじめ防止教育プログラム」の開発研究 ― 総合質問紙『i-check』を活用した「いじめ防止教育プログラム ―」『環太平洋大学研究紀要』第8号　2014、pp.100-113.

住本克彦編『エンカウンターでいじめ対応が変わる ― 生徒指導・教育相談のさらなる充実のために ―』図書文化社　2019.

住本克彦「『生徒指導』『教育相談』における "S-7step 法" 活用の有効性の検討」『新見公立大学紀要』第38巻第1号　2018、pp.65-70.

住本克彦「『命の教育』の一環としての『いじめ防止教育プログラム』開発に関する一考察」『新見公立大学紀要』第39巻　2018、pp.79-84.

住本克彦「『いじめ防止・対応教職員研修プログラム』の開発に関する一考察」『2020年度奈良学園大学研究紀要』　2020、pp.157-175.

山本　奬・大谷哲弘・小関俊祐『いじめ問題解決ハンドブック』金子書房　2018.

● ● ● コラム⑦　道徳教育といじめ防止 ● ● ●

　いじめは子どもたちの心身の健全な発達に重大な影響を及ぼし、ともすると不登校や自殺などを引き起こす背景ともなる深刻な問題です。いじめ防止のために道徳教育の果たす役割はとても大きいものです。平成 29 年告示の学習指導要領において、これまでの道徳の時間が「特別の教科　道徳（道徳科）」として位置づけられ、自分のこととして考える道徳教育が重視されるのも、いじめ問題の深刻化がひとつの大きな要因です。

　道徳教育において、いじめ防止を推進する学習は、これまで「善悪の判断、自律、自由と責任」「友情、信頼」「公正、公平、社会正義」などの視点のもとに展開されることが多かったです。しかし、これらの学習を積み重ね、さらに発展させる視点として、学習指導要領に「よりよく生きる喜び」（高学年）が新たに加わりました。このことは、道徳教育がより深くより広く展開されることを意味しており、いじめ防止のための学習が一層充実発展するものと期待しています。

　いじめは明らかに「よくないこと」であり「してはいけないこと」です。ただ、いじめられることによる被害者の辛さや悲しみを推し量ることに加え、人をいじめることの愚かさ、情けなさ等に注目し、人をいじめるという行為が加害者自らの「よりよく生きる喜び」を全否定する極めて愚かな行為であるという視点も必要です。

　人には誰しも誘惑に負けたり、安きに流されたりする心の弱さがあり、醜悪善美あわせ持つのが人間の本質です。いじめという行為も、人の弱さや醜さ等に起因し、誰もが加害者になり得るという特質を持っています。ただ人間には、それをよしとせず「よりよく生きる喜び」を味わいたいという強い本能があります。人間としての本質を、いじめ防止教育の原点とするのです。

　道徳教育では、いじめという行為を子どもたち自らが嫌悪するような心情や態度、「よりよく生きる」ことを自らの「喜び」と受け止めることのできる感性を育てていきます。さらに、いじめは人として許されない行為だから「しない」「させない」、人として愚かで情けない行為だから「しない」「させない」いう毅然とした態度を子どもたちに身につけさせたいものです。

第**8**章
不登校児童生徒支援のあり方

1. はじめに

　不登校児童生徒支援についても、教育現場はもとより、教育社会学の視点からも大きな課題の一つである。

　文部科学省が2021（令和3）年10月13日に発表した2020（令和2）年度の問題行動・不登校調査によると、2020（令和2）年度の小中学校の不登校児童生徒数は、19万6,127人と、前年度から1万4,855人増えて、過去最多を更新している。2020年度はコロナ禍もあり、一斉休校などで、子どもたちの生活リズムも乱れたことが影響したり、学校行事などの子どもたちが楽しみにしているものが減少したりしたことなども不登校児童生徒数の増加につながったのではないかとされている。

　学年別の不登校児童生徒の人数は、中3が最多で、小1から学年が上がるたびに増加し、中1で急激に増える傾向にある。これは「中1ギャップ」（中学校入学後に、学習や生活面での大きな環境変化に適応できず、不登校やいじめが増加する現象のこと。中1ギャップの多くは、中学生になって友人関係が築けなかったり、学習・部活動についていけなかったりすることで、本人が自信を失い、不安をためることが原因ではないかとされている）の影響とされている。

　また、その要因としては、「無気力・不安」が多く、このことも「不登校は誰にでも起こりうる」ことを表しているともいえる。「学校に係る状況」では、

「いじめを除く友人関係をめぐる問題」が多く、学級経営の重要性、中でも、友人関係づくりに有効だとされる開発的カウンセリング技法の構成的グループエンカウンター（Structured Group Encounter：以下 SGE）などの活用が期待されている（住本ら『エンカウンターで不登校対応が変わる』、2010）

　文部科学省は、不登校の定義として、「年度間に連続又は断続して 30 日以上欠席した児童生徒」のうち「何らかの心理的、情緒的、身体的、あるいは社会的要因・背景により、児童生徒が登校しないあるいはしたくともできない状況にある者（ただし、「病気」や「経済的理由」による者を除く。）」を指すとしている。

　「問題行動・不登校調査」の表記より、不登校は問題行動ではないとする点も重要である。つまり、不登校は児童生徒本人に原因があるのではなく、環境によっては誰でも不登校になりうるとの認識がポイントとなる。また、不登校の支援については、苦しむ児童生徒と家族に、共感的理解と受容の姿勢で接することが大切である（文部科学省「不登校児童生徒への支援に関する最終報告」2016.7）。

2.　不登校支援のポイント

　「不登校児童生徒への支援の在り方について（通知）」（文部科学省 2019.10）では、不登校児童生徒への支援は、「学校に登校する」という結果のみを目標にするのではなく、社会的自立を目指して行うことであると明記されている。この点では、「義務教育の段階における普通教育に相当する教育の機会の確保等に関する基本方針」（文部科学省 2017.3）においても、不登校の背景などは多様なため、ここの状況に応じた支援を行うことが重要であることとともに、不登校の支援には「社会的自立」を目指して行うと表記されている。

　さらに、前述の「不登校児童生徒への支援の在り方について」の中で、学校と家庭、関係機関が情報を共有して、「社会的自立へ向けて進路の選択肢を広げる支援」を行うことの重要性を述べている。また、「教育支援センターや不登校特例校、ICT を活用した学習支援、フリースクール、中学校夜間学級」

での受け入れなど、様々な関係機関等を活用し、社会的自立への支援を行うことを示している。

　また、同通知の「家庭への支援」では、要因や背景によっては、福祉や医療機関等と連携して適切な支援や働きかけを行うことや、家庭と課題意識を共有して一緒に取り組むという「信頼関係」を築くことが重要としている。

　さらに、同通知において「児童生徒理解・支援シート」を作成し、その情報については関係者で共有することが望ましいとしている。このシートの作成は「年度間に連続又は継続して30日以上欠席した児童生徒のうち、何らかの心理的、情緒的、身体的、あるいは社会的要因・背景により、登校しないあるいはしたくともできない状況にある者」を対象とし、予兆を含めた初期段階からの情報を支援につなげるようにする必要があることから、30日という期間にとらわれることなく、前年度の欠席状況や遅刻、早退、保健室登校、別室登校等の状況に鑑みて早期の段階から作成することが望まれる。また、記録に当たっては、複数の関係者が正確な情報を共有できるようにするため、客観的な事実を記載するとともに、記載内容が連動する仕様とすることで、作成や情報共有に係る業務を効率化することも重要である。引継ぎに当たっては、児童生徒や保護者に対して、このシートが評価に利用されるものでないことや学校における守秘義務等について十分に説明し、不安感を取り除く必要がある。

　ここでは加えて、不登校予防として、以下の5点を挙げている。

① 　魅力あるよりよい学校づくり
② 　いじめ、暴力行為等問題行動を許さない学校づくり
③ 　児童生徒の学習状況等に応じた指導・配慮の実施
④ 　保護者・地域住民等の連携・協働体制の構築
⑤ 　将来の社会的自立に向けた生活習慣づくり

　その他、専門家を交えて組織対応すること、スクールカウンセラーやスクールソーシャルワーカーによるアセスメント（見立て）にのっとった支援を行うことなどの重要性についても述べている。

　学校による不登校支援では、プライバシーに配慮しつつ定期的な家庭訪問による支援によって、児童生徒理解を深めることも必要であるとしている。

　また、「新型コロナウイルス感染症に対応した小学校、中学校、高等学校及び特別支援学校における教育活動の再開後の児童生徒に対する生徒指導上の留意事項について」（文部科学省、2020.5）では、「児童生徒の不登校について」の項立てをし、当該感染症に伴う学校の休業により、学校再開後においても、児童生徒が様々な不安やストレスを抱えたり家庭環境が変化したりして、不登校児童生徒が増加する可能性があること、心のケアは、学級担任や養護教諭などを中心にして、児童生徒の状況を的確に把握し、健康相談の実施やスクールカウンセラーやスクールソーシャルワーカーによる心理面・福祉面からの支援など、様々な専門スタッフと連携し、不登校や不登校長期化の要因となり得る児童生徒の不安への適切な取組を求めている。

3. 開発的カウンセリング技法を使って豊かな友人関係を育む
―SGEによる教育効果―

　現況として、不登校の要因として、「無気力・不安」が多く、「学校に係る状況」では、「いじめを除く友人関係をめぐる問題」が多く、学級経営の重要性、中でも、友人関係づくりに有効だとされる開発的カウンセリング技法の構成的グループエンカウンターの活用が期待されている。

（1）　構成的グループエンカウンターとは
　SGEは、その構成要素として、心の成長を支援する課題（エクササイズ）や感想・気持ちのわかち合い（シェアリング）を2本の柱とし、グループ（学級等）内において、メンバー（子ども）の自己理解や他者理解、自己受容、信頼体験、感受性、自己主張などの能力を促進し、豊かな人間性を培い、人間関係を深めようとするものである。「構成的」とは、人数や時間などの条件を付けることで、「エンカウンター」とは、ホンネでの感情の交流ができる人間関係のこと、つまり出会いとかふれ合いともいう。
　基本的な流れとしては、以下のようになる。
①　ねらいと内容の説明

② ウォーミングアップ（心身の準備運動）

③ インストラクション（エクササイズの内容等の説明）

④ エクササイズの実施

⑤ シェアリング（気づきや感情のわかち合い）

⑥ まとめ（教師からのフィードバック）

これは総じて教科指導などにおける「導入」「展開」「まとめ」の流れと同じであるが、SGEの特徴としては、自己理解や他者理解等を深める手段として、エクササイズやシェアリングを通して、一人ひとりの子どもが主体的に学べることが挙げられる。

したがって、一定の流れはあるが、エクササイズやシェアリングが展開の中にあればSGEと捉えることができる。子どもの発達段階、実態に応じて、教師が自由にプログラムをアレンジできるのもSGEの特徴の一つである。

（2）　自尊感情を高め、対人関係能力を高めることで不登校の予防や支援を

表8-1は、筆者が実践し、実施前後の比較で参加者の自尊感情が高くなることを確認し、友人関係の広がりや深まりも報告したプログラムである。

つまり、SGEのように、まずその前提として子どもたちに「安心感」を保障すること。例えば「相手の言動を否定しないこと」などを集団生活における基本的なマナーとして事前に徹底することが大切である。

次に「他者理解」をねらいとするエクササイズを中心にして、子どもたち同士の交流を進める。もちろん折にふれ、相手の人権を尊重した話し方や聞き方の指導を入れていく（教師は基本的にはIメッセージ〔わたしメッセージ〕を使ってかかわる。例えば「先生は、あなたの今言ったことは、Aさんの心を傷つけているように思うよ。Aさんの立場で言い直してほしいと思うんだけど、どうかな？」などのように）。

次に「自己受容」をねらいとするエクササイズへと深めていく。

（3）　自分のよさや友だちのよさに気づく体験

　人は誰しも認められたいという欲求を持っており、この欲求が満たされない子どもは、友だちのよさを認めるゆとりはない。

　この後、いわゆる「いいとこ探し」のエクササイズを通して、子どもたち自身の自尊感情を高めたい。そしてまず個の自尊感情を実感させ、次に友だちの「いいとこ探し」へと発展させていくのである。

　表8-1で説明すると、「私は私が大好き！」のエクササイズ（4〜5人組で、自分のよさを宣言し合う。「リフレーミング」の技法も活用し、短所も長所に読み替える。例：頑固 → 意志が強い）で、「私にもこんなよさがある！」「今のままの私もいいよね！」というように、まず子ども自身が自らの肯定的な面に目を向ける場を設定する。

　次に、「私だってなっかなか！」のエクササイズ（4〜5人組で、自分の長所や努力している所を自分へのメッセージカードに書き、それを発表し合う）で、自分のよさを見つめ直させる。

　そして最後に「あなたって最高！」のエクササイズ（4〜5人組。グループで各成員の素敵だと思う所をメッセージカードに書き手渡す）で他者からの「いいとこ探し」のフィードバックを受けるのである。

（4）　シェアリングによる体験の共有化を図る

　既述のSGEのエクササイズ実施後に、シェアリングという、学級活動でいうならば話し合い活動にあたる活動を必ず実施する。つまり「私は今のエクササイズを通してこんなことを感じたよ」「私はこんな発見をしたよ」というように、各自の思いをしっかり表現しながらも、他者の考えや思いを傾聴する習慣もついてくるのである。

　SGEのリーダーである教師が、エクササイズをリードして子どもたちの豊かな友人関係を育むことは重要であるが、このシェアリングにおいても教師のリードによって、子どもたちが「Cさんは私と同じ感想を持ったんだ」「なるほど、Dさんのような見方をした人もいたんだ」のように他者とのつながりを実感していく。

表 8-1　ふれあいのある友人関係を育み、自尊感情を育てる SGE プログラム

流れ	エクササイズ	ねらい	実施内容	準備物等
Ⅰ	ニックネームを考えよう！	雰囲気作りと参加者への意欲づけ。	自分のニックネームを考え名札に書き込む。	タックシール（人数分）、マジック（多色）
Ⅱ	歩行者天国を一人で歩けば…	Ⅲとの比較	無言で各自がイメージした歩行者天国を歩く。その後、感想を出し合う。	室内自由歩行
Ⅲ	みんなでイェイ！	他者理解。Ⅱとの比較。友だち（参加者）のことを知る。	室内を自由歩行し、出会った人とハイタッチし、「イェイ！」とかけ声をかけ合う。その後、感想を出し合う。	室内自由歩行
Ⅳ	みんなで握手！	他者理解。友だち（参加者）のことを知る。	室内を自由歩行し、出会った人と握手し、「○○が好きな△△です。よろしく！」と挨拶し合い、少し質問し合う。その後、感想を出し合う。	室内自由歩行
Ⅴ	ニックネームの意味をおしえて！	他者理解。友だち（参加者）のことを知る。	2 人組。「ニックネームの由来」を紹介し合う。その後、感想を出し合う。	いす
Ⅵ	私は私が大好き！	参加者が自分の肯定的な側面に目が向けられるようにし、自尊感情を高める。	4 ～ 5 人組。グループで「私は私が好き！わけは○○だから」と自分のよさを発表し合う。グループ成員は拍手を送る。その後、感想を出し合う。	いす
Ⅶ	私だってなっかなか！	自己受容。自分のよさを見つめ直すことで、自尊感情を高める。	4 ～ 5 人組。「私へのメッセージカード」を配り、自分へのプラスメッセージ、エールを書き、それを発表し合うことで自分のよさについて振り返る。グループ成員は拍手を送る。その後、感想を出し合う。	メッセージカード（人数分）、いす・机
Ⅷ	あなたって最高！	自己受容。他者より肯定的なメッセージを受け取ることで、自尊感情を高める。	4 ～ 5 人組。一人 1 枚のカードを配り、まず自分の名前を書き、それを交換して名前の書いてある人へ、「その人のよさや努力点」を書き合う。班ごとに号令をかけ自分の右隣の人にカードをまわす。カードを本人へ返し、それを読んだ感想を話し合う。BGM があればさらに効果が上がる。	メッセージカード（人数分）、いす・机

（出典）「構成的グループエンカウンターを活用した教職員研修」（住本、2004）

　つまり、シェアリングのなかでも、教師が、リーダーとして、子どもたちの自尊感情を高めたり、友人関係を広げたり、深めるような言葉かけをフィードバックしていくことが大切である。

　例えば「Eさんは皆あまり気づかなかった○○という意見を出してくれたけれど、そのおかげでいろいろな見方ができるということがわかったよね」のように進めていくのである。こういった教師自身による子どもたちへの「いいとこ探し」のフィードバックが、子どもたちにとって「先生のようにすればいいのか」とモデルを示すことにもなるのである。

　不登校の児童生徒は、自尊感情も低い場合が多く、人間関係力も弱いことが多い。このSGEプログラムで、ふれあいのある友人関係を育み、自尊感情を育てたい。

4. 三段階での不登校支援

　未然防止、危機発生時の早期対応、被害者への中・長期にわたる心のケア等のプログラム、つまりは、「予防的危機対応」「危機発生時の対応」「事後の危機対応」の三段階での危機対応が重要になる。以下に挙げる。

（1）　予防的対応
　①　早期発見・早期対応ができる校内システム
　ア）事前研修によって、共通理解を深め、心の危機対応能力の向上を図る。
　イ）ストレス調査や教育相談などを活用して、子どものサインを共感的に受けとめる予防的な取組や、ストレスとうまくつき合う方法の学習などを行う。
　ウ）欠席調べの結果や保健室への来室状況などについて、養護教諭と定期的に情報交換する。
　エ）担任、不登校担当や養護教諭、スクールカウンセラー、スクールソーシャルワーカーなど、各々の役割を明確にして、仕事を分担しつつ協働するチームとして機能し得る校内システムを築く。

② 保護者との関係づくり

ア）事前に電話連絡や家庭訪問等を通して、保護者との関係づくりを進める。

イ）これまでに登校しぶりがあれば、その時期と前後の様子について保護者から情報を得ておく。

（2）　危機発生時緊急対応

① 状況把握とアセスメント

ア）連続欠席開始前後における本人や家庭の状況を正確に把握し、専門家との連携の必要性・緊急性をアセスメント（見立て）する（不登校に至る経緯が理解できると、見通しをもった対応ができる）。

イ）必要に応じて、スクールカウンセラー、スクールソーシャルワーカー等や関係機関等と当面の方針について協議する。

② 本人や保護者の気持ちを共感的に受けとめる

ア）本人や保護者の気持ちを共感的に聴きながら、正確な情報を得る。

イ）学校と保護者、それぞれが「できること」「してほしいこと」について話し合い、それぞれの役割を確認して分担する。

（3）　不登校における事後対応のポイント

① 本人・保護者を支える定期的家庭訪問の実施

ア）保護者と定期的・継続的に関わり、本人の生活の変化や保護者の訴えを聴く。

イ）保護者に来校してもらう方が、本人に気兼ねなく話せてよいこともある。

ウ）毎月の行事予定表や案内など、学校からの配布物や教材プリントをきちんと届ける。このことは、本人や親が抱きがちである学校からの脱落感を和らげる。

エ）欠席が長期に及ぶ時は、不登校担当や教育相談担当などが訪問を代行するのもよい。

② 登校刺激は適切な時期に（心身症があれば控える）

ア）回復の経過を見極めながら、「登校しぶり期」には教師の支持的な関わり、「閉じこもり期」には侵入的でない手紙やメモ、「回復期」には遊びを中心とした教師の関わりや級友の訪問など、登校刺激は適切な時期に適切な方法で行う。

イ）級友の訪問や手紙は、あくまでも自発的なものにとどめるよう配慮する（強制された場合、逆効果も）。

③ 校内および専門家や関係機関との連携

ア）スクールカウンセラーやスクールソーシャルワーカー等の専門家との話し合いや学年会を定期的に行い、現状や支援方針の検討をして、短期的・中長期的目標をもって継続的に支援する態勢を維持する。

イ）情報交換や協議を定期的に行い、それぞれの役割を明確にして分担をすることによって、担任・学校の抱え過ぎや関係機関への任せきりを避ける。

5. おわりに

家庭で多くの時間を過ごす不登校児童生徒に対して、ICT などを通じた支援や家庭等への訪問による支援を充実することも大切であり、そのための教育機器の整備も重要である。この度のコロナ禍により、学校はもちろん社会全体で、オンラインの機会も増えた。不登校児童生徒支援にもこういったオンラインによる支援など、様々な工夫がなされるべきである。

さらに、児童生徒の状況によっては、休養が必要な場合もあることを関係者が十分理解する必要があり、特にいじめられている児童生徒の緊急避難としては欠席が弾力的に認められた上で、その後の学習支援を個別に行うことなどについて、関係者の間で共有しておくことが児童生徒や保護者の安心につながり、好転に結びつくことを認識しておきたい。

また、いじめ対応と同様、不登校支援においても、「予防的危機対応」「危機発生時の対応」「事後の危機対応」の三段階を設定し、総合質問紙調査を実施

して学級の実態を把握し、開発的教育相談体制を「チーム学校」で取り組むことで、不登校の「未然防止」や「早期発見」、そして不登校児童生徒当事者の心に寄り添った支援につながり、一層教育効果は上がるのである。

考えてみよう・話し合ってみよう

・不登校児童生徒支援のポイントを挙げなさい。

引用・参考文献

兵庫県教育委員会心の教育総合センター「学校における心の危機対応実践ハンドブック」2002.

兵庫県教育委員会心の教育総合センター「命の大切さを実感させる教育への提言」2007.

梶田叡一『自己を生きるという意識』金子書房　2008.

梶田叡一『人生や社会をよりよく生きる力の涵養を』金子書房　2018.

梶田叡一監修・住本克彦編著「総合質問紙調査『i-check』」東京書籍　2020.

國分康孝・國分久子編著『自分と向き合う究極のエンカウンター』図書文化社　2004.

文部科学省『生徒指導提要』教育図書　2010.

文部科学省「いじめ防止対策推進法の公布について（通知）」2013.

文部科学省「不登校児童生徒への支援に関する最終報告」2016.

文部科学省「義務教育の段階における普通教育に相当する教育の機会の確保等に関する基本方針」2017.

文部科学省「不登校児童生徒への支援の在り方について」2019.

文部科学省「新型コロナウイルス感染症に対応した小学校、中学校、高等学校及び特別支援学校における教育活動の再開後の児童生徒に対する生徒指導上の留意事項について」2020. 文部科学省「2020年度問題行動・不登校調査」2021.

住本克彦「人間関係のもつれから不登校になった子ども達の事例を通しての一考察」平成9年度兵庫県立但馬やまびこの郷研究紀要　1998、pp.17-24.

住本克彦・冨永良喜「親子宿泊体験活動が不登校の子どもに与える影響に関する一考察」『兵庫教育大学発達心理臨床研究』第7巻　2000、pp.21-32.

住本克彦「登校拒否・不登校」内藤勇次編著『小学校生徒指導の実際』学事出版　2000、pp.187-203.

住本克彦「構成的グループエンカウンターを活用した教職員研修」國分康孝監修『構成的グループエンカウンター事典』図書文化社　2004、pp.238-239.

住本克彦「開発的カウンセリングとしての構成的グループエンカウンター」上地安昭編『教師カウンセラー』金子書房　2005、pp.83-91.

住本克彦「不登校 ― 学校復帰、教室復帰の時に気をつけたいこと ―」『児童心理』第 59 巻第 4 号　金子書房　2005、pp.86-89.

住本克彦「親の会からみた不登校対策支援に関する一考察」『兵庫教育大学発達心理臨床研究』第 11 巻　2005、pp.41-50.

住本克彦「子どもたち一人一人が自己有用感を実感できる学級づくりをめざして」『兵庫教育』第 60 巻第 10 号　2008、pp.56-57.

住本克彦編『エンカウンターで不登校対応が変わる』図書文化社　2010.

住本克彦「いじめ防止教育プログラム」の開発研究 ― 総合質問紙『i-check』を活用した「いじめ防止教育プログラム ―」『環太平洋大学研究紀要』第 8 号　2014、pp.100-113.

住本克彦編『エンカウンターでいじめ対応が変わる ― 生徒指導・教育相談のさらなる充実のために ―』図書文化社　2018.

住本克彦「『生徒指導』『教育相談』における"S-7step 法"活用の有効性の検討」『新見公立大学紀要』第 38 巻第 1 号　2018、pp.65-70.

住本克彦「『命の教育』の一環としての『いじめ防止教育プログラム』開発に関する一考察」『新見公立大学紀要』第 39 巻　2019、pp.79-84.

住本克彦「『いじめ防止・対応教職員研修プログラム』の開発に関する一考察」『2020 年度奈良学園大学研究紀要』2020、pp.157-175.

●●● コラム⑧　不登校児童生徒支援のために ― 適応指導教室の活動から ●●●

　令和3年度に文部科学省が行った調査によると、全国の小学校・中学校における不登校児童・生徒数は19万人を超えており、その件数は最多となった。文部科学省は、コロナ禍が影響し児童生徒の生活リズムが乱れやすくなったことを増加の要因の一つとしている。そんな中、不登校児童生徒の学校復帰を支援する取組を重ねている機関が、適応指導教室（教育支援センター）である。ここでは、その活動の一端を紹介する。

1　「適応指導教室」（教育支援センター）とは

　適応指導教室とは、不登校児童・生徒への指導・支援や学校生活へ復帰を支援することを目的に、教育委員会等が、学校以外の場所等に設置した施設である。これは「教育支援センター」とも呼ばれ、児童生徒が在籍する学校と常に連携を取り、カウンセリングや、学習指導、集団での様々な活動などを、計画的かつ組織的に実施している。図1は、筆者が勤務している「小野市適応教室みらい」（設置者は小野市教育委員会学校教育課。子ども目線から教室名称も様

図1　「小野市適応教室みらい」の活動
（「小野市適応教室みらい」HP より／最終閲覧日：2020年3月1日）

々な工夫が見られる）の活動の様子である。

　適応指導教室で実施される主な活動は、カウンセリングやグループ面接などの教育相談活動、自然での宿泊キャンプやボランティア活動などの体験活動、手芸や調理実習、ゲームなどのグループ活動である。

2　支援目標と今後の課題

　学校復帰率については、小学校が約 42%、中学校では約 35%、高等学校では約 43%となっており、いずれの校種においても、子どもたちの半数以上が 6 カ月以上適応指導教室に在籍している。中学校においては、在籍期間が半年を超える生徒は全体の約 7 割で、不登校児童生徒にとって、「心の居場所」となっているといえる（文部科学省 2017）。筆者が勤務する小野市教育委員会適応指導教室「みらい」もそうであるが、その目標は、学校復帰を支援しつつ、子どもたちの社会的自立や居場所の提供を重要と考えている。またスタッフは、教育職系の職員（学校を退職した教職員）、社会福祉系の職員やボランティア（学生など）等、様々であるが、臨時職員の数が多い。全体の約 8 割は教員免許を有しているが、臨床心理士等の心理に関する資格や社会福祉士、精神保健福祉士など、専門的な資格を保有する職員もいる。

　冒頭に述べたが、不登校児童生徒数は増加傾向にあることから適応指導教室による不登校児童生徒支援は、その実績などから、子どもたちの社会的自立をサポートする重要な教育施策の一つである。文部科学省の調査（2020）でも、学校外の支援機関の利用は不登校児童生徒の 4 割以下で、まだまだ利用は進んでいない〔当該調査では、学校外の支援機関で最も利用されていたのは適応指導教室（教育支援センター）で、小学生は 40%、中学生は 36%。オンラインによる自宅学習と答えた家庭も一定数おり、小学校 18%、中学校 12%だった。不登校になった要因については多岐にわたっており、小学生は「先生のこと」（30%）、「身体の不調」（27%）、「生活のリズムの乱れ」（26%）の順で高かった。中学生は「身体の不調」（33%）、「勉強が分からない」（28%）、「先生のこと」（28%）などだった〕。今後、適応指導教室の目標が達成され、不登校児童生徒支援に有効な様々な活動（カウンセリング、体験活動等）が充実するよう、カウンセラーの常駐や、学校との一層の連携の推進充実、行政によるさらなるサポートが求められる。

第**9**章
子どもとメディア利用

　新しいメディアが登場すると、人間関係や社会に大きな影響を与え、ライフスタイルが変わります。今後、仮想空間の中で社会生活を送ったり、人工知能搭載のロボットやキャラクターが友人になったりする時代が来るかもしれません。新しいメディアが登場したとき、どう対応したらいいのでしょうか。

1. メディア

（1）　第4の空間
　昔、子どもは主に、家庭、学校、地域社会の3つの空間で社会に適応すること（社会化）を学んでいました。それが、半世紀前から第4の空間であるメディアの存在が高まり、子どもの成長や社会適応に大きな影響を与えるようになりました。情報（音声、文字、画像、動画）を伝えたり保存したりする媒体であるメディアは、変化する速度が速く、子どものライフスタイルに次々と大きな影響を与えています。第9章では子どもの第4の空間であるメディアとその影響について学んでいきます。

（2）　メディアの変遷
　1980（昭和55）年ごろは家庭に1台のカラーテレビが置かれ、それを家族全員が見ていました。また、固定電話も家庭に1台置かれ、それを家族全員が共有していました。そのため、子どもがどんなテレビ番組を見て、誰と電話をしているか、家族全員がなんとなくわかる時代でした。子どもが長時間テレビ

を見たり、長電話をしたりすると、家族みんなが困るため、家庭の問題となったりしていました。

　2000（平成 12）年ごろになると携帯電話が普及し、中学生でも携帯電話を持つ時代になりました。電話機能にメール機能や写真撮影機能も加わり、便利になりました。また、家の外や移動中でも電話できる状態になったことにより、いつでもどこでも相手とつながることができるようになりました。その反面、子どもが誰とどのくらいの時間、話をしているのか把握しづらくなりました。

　2015（平成 27）年ごろになるとスマートフォンが普及し、中学生の半数、高校生の 9 割が自分専用の機器を持つようになりました（内閣府 2016）。携帯電話の機能にパーソナルコンピューターの機能が加わったスマートフォンの登場で、生活がより便利になりました。また、通信できるデータの量や速度も飛躍的に上がり、インターネットにアクセスしやすい環境が整ったことにより、いつでもどこでも情報を探し、入手することが容易になりました。さらに、YouTube をはじめとした動画サイトで動画のやり取りをすることや、オンラインで他者とゲームをすることもできるようになりました。LINE や Twitterなどの SNS が普及したのもスマートフォンの普及によるものです。

（3）　メディアの変化がもたらすもの

　携帯電話やスマートフォンが普及するまで、子どもは主に家族や学校や地域から社会に適応することを教わっていました。家族や教師は、子どもが何をしているか把握しやすかったため、子どもの行動や考え方に関与しやすい環境でした。

　しかし、スマートフォンとインターネットの普及により、「個対個」のコミュニケーションが容易になり、インターネット空間だけで完結できることも増えました。子どもは、家族や学校や地域に頼らず、インターネット上の自分の望むところから情報を得て、自分と考えの近い人とコミュニケーションをとることが可能になりました。

　半世紀前と現在の人を比べると、メディアの変化の影響によりライフスタ

イルが大きく違っています。メディアは人間の身体や精神の「拡張」であると論じたマクルーハンは、新しいメディアの登場により新しい人間関係や社会が構築され、それにより、我々の未知の感覚が刺激されて、新しい人間が生まれると述べています（McLuhan 1994）。

　今後、AI（人工知能）、VR（仮想現実）、AR（拡張現実）、MR（複合現実）など、新しい技術を使ったメディアの登場が予想されます。それに伴い、さらに新しい人間関係や社会が生まれ、ライフスタイルが変化することでしょう。

2. メディアリテラシー

（1）　メディア情報との向き合い方

　総務省が 2020（令和 2）年 5 月に実施した「新型コロナウイルス感染症に関する情報流通調査」によると、新型コロナウイルス感染症に関する間違った情報や誤解を招く情報（いわゆるフェイクニュースやデマ）を見聞きした人のうち、28.8％が情報を信じ、47.9％が情報の真偽を判断できなかったと回答しました（総務省 2020）。

　人間は、メディアに掲載された情報を見聞きすると、情報を素直に信じたり、真偽を判断できずにいたりする性質を持っているようです。フェイクニュースやデマによる被害を防ぐため、メディアの情報をそのまま受け入れるのではなく、自分で情報の真偽を判断することが求められます。つまり、メディアリテラシーの養成が求められているのです。

（2）　メディア情報は誰かが作っている

　メディアの情報は、誰かが意図をもって作っています。新聞の場合、より多くの人に購読してもらうために、注目を集める単語を選んで見出しを作っています。また、新聞記事は、事実と新聞記者の心情が合わさって書かれています。例えば、A と B の喧嘩を取材して、「A が悪い」と思う記者もいますし、「B が悪い」と思う記者もいます。そのため、同じニュースを取り上げていても、新聞記者や新聞社により異なる表現で書かれていたり、中には正反対の表

現で書かれていたりするものもあります。

　メディア情報すべてが、正確で偏りが無いわけではありません。一つひと
つ誰かが意図をもって作っていることを考慮して読むことが大切です。

（3）　情報の読み取り方

　情報を丁寧に判断するために、いくつかの注意点があります。

　はじめに、情報を入手する場合は、複数の情報源から情報を得て判断しま
しょう。入手した情報は、一人の偏った意見かもしれません。そのまま受け入
れることは危険です。複数の情報源から入手することを心がけましょう。

　また、情報を読む時も注意が必要です。事実の中に個人の感想や意見が混
ざっていることがあります。例えば、「母親が面倒くさそうな顔をして子ども
と話をした」という文章は、「面倒くさそうな顔」という情報作成者の印象が
入っています。本当は、機嫌がよい時もそういう顔に見える母親なのかもしれ
ません。意図的に印象操作を行う情報作成者もいますが、思い込みや先入観で
意図せず個人の意思が混ざった文章を書く情報作成者もいます。情報を読むと
きは、事実と感想や意見を区別しながら読みましょう。

　さらに、一方からの見方だけでなく、別の立場にも立って情報を読む習慣
をつけましょう。例えば、A国からB国に難民が押し寄せているというニュー
スは、A国の人とB国の人で見方が違うかもしれません。

　最後に、情報作成者が注目させたい情報の影で、隠れている情報がないか
探してみましょう。一方を注目させるために、もう一方の不都合な情報をあえ
て隠して書いているかもしれません。

（4）　人を対象とした研究結果の解釈

　世の中にはデジタルメディアの○○は、子どもの発達によいという研究結
果と、悪いという研究結果の両方が出回っています。同じテーマを扱っても研
究者により様々な研究結果の解釈が出ているのが現状です。相反する解釈が出
ているものも多いです。これは、研究対象が人であることが主な原因です。

　例えば、テレビ視聴時間と子どもの言語発達を研究するため、子どもの年

齢とテレビ視聴時間と表出語を調査したとします。しかし、これで「〇歳までのテレビ視聴は、子どもの言語発達に悪影響が出る」と結論付けるのは難しいです。なぜなら、子どもの言語発達には、年齢、視聴時間、表出語の他に、家族構成、保護者の養育態度、価値観、ライフスタイル、テレビ視聴以外の活動内容など、様々な要因がかかわっているからです。これらの要因を考慮せずに結論を出すことは難しいです。

　人を対象とした研究、特に意思表示のあいまいな子どもの行動を対象とした研究は、様々な要因の客観的なデータを集めることが難しいです。そのため、子どもとメディア利用に関する情報については、人を対象とした研究の困難さが含まれていることを考慮して取り扱う必要があります。

（5）　新しいメディアを対象とした研究結果の解釈

　新しいメディアが登場すると、新しい人間関係や社会が生まれます。これが良いのか悪いのか判断しないといけないのですが、そのためには物差しとなる客観的なデータが必要です。ところが新しく出てきたメディアについては、それを裏付ける客観的なデータが少ない状況にあります。客観的なデータが少ないため、研究者により様々な研究結果の解釈が生まれます。相反する解釈も多く生まれます。

　特に、新しいメディアの登場初期は、警戒心から悪い情報ばかり目立ったり、インパクトの強い情報だけクローズアップされたりします。例として、マンガ雑誌の発行部数が急増した 1990 年代当初の「有害コミック問題」が挙げられます。これは、PTA や都道府県がマンガに描かれた性描写を問題視し、排除しようとしたものでした。研究者により有害コミックの有害性が検証されましたが、結局、有害であるとの結論は得られませんでした（福島 1992、高橋 1993）。

　新しいメディアの登場初期は、客観的なデータが少ないため、様々な研究結果の解釈が生まれやすいことを考慮して読む必要があります。

3.　子どもとメディア利用に関する調査・提言

（1）　青少年のインターネット利用環境実態調査

　内閣府は、2020（令和 2）年 11 月から 12 月に全国の青少年（0 歳から 9 歳までは子どもの保護者、10 歳から 17 歳までは本人）を対象に「青少年のインターネット利用環境実態調査」を行いました（内閣府 2021）。有効回答数は 5,852 名（0 歳から 9 歳までは 2,247 名、10 歳から 17 歳までは 3,605 名）でした。

　スマートフォンは、小学生の 41.0％、中学生の 84.3％、高校生の 99.1％が自分専用のものを持っていました。

　携帯ゲーム機は、小学生の 55.8％、中学生の 61.7％、高校生の 66.2％が自分専用のものを持っていました。据置型ゲーム機も、小学生の 36.6％、中学生の 42.9％、高校生の 47.0％が持っていました。携帯ゲーム機も据置型ゲーム機も、学校種が上がるほど多く持っており、性別で見ると、女子より男子の方が多く持っていました。

　タブレット端末は、小学生の 23.2％、中学生の 37.9％、高校生の 55.0％が自分専用のものを持っており、中学生以上では女子よりも男子の方が多く持っていました。

　ノートパソコンは、小学生の 7.8％、中学生の 19.5％、高校生の 36.4％が自分専用のものを持っていました。

　この調査から、小学生、中学生、高校生にデジタルメディア（スマートフォン、タブレット端末、ゲーム機など）が深く浸透し、生活の一部になっていることがわかります。

（2）　幼児期から小学校低学年の親子の実態調査

　ベネッセ教育総合研究所は、2021（令和 3）年 1 月に全国の年少児（3 歳児）から小学校 3 年生の第一子を持つ母親を対象に「幼児期から小学校低学年の親子の実態調査」を行いました（ベネッセ教育総合研究所 2021）。有効回答数は

3,096名（各516名×6学年）でした。

　メディアの利用率（1週間のうち1日程度以上の利用）は次のような結果となりました。テレビ番組（録画を除く）の視聴はどの学年も9割を超えていました。タブレット端末は学年が上がるほど利用率が上がりました（年少：34.5％、小3：46.7％）。ゲーム機も学年が上がるほど利用率が上がりました（年少：12.2％、小3：64.7％）。しかし、スマートフォンの利用率は上がりませんでした（年少：49.8％、小3：49.0％）。なお、従来型の子ども向けメディアである紙の絵本や本は高い利用率でした（幼児：90.2％、小学生：81.3％）。

　メディアを使った活動については次のような結果となりました。母親の8割が、デジタルメディア（タブレット端末、スマートフォン、パソコンなど）を使って子どもに動画を視聴させていました（幼児：83.8％、小学生：80.2％）。その次に多かった活動は、デジタルメディアを使った写真撮影（幼児：48.1％、小学生：44.2％）とゲーム（幼児：40.0％、小学生：50.4％）でした。全体的に娯楽や遊びの要素が強い活動の比率が高く出ていました。しかし、小学生になると情報を検索したり（幼児：4.4％、小学生：19.8％）、通話やSNSをしたりする（幼児：12.5％、小学生：19.7％）といった学習やコミュニケーションの活動が高くなっていました。

　デジタルメディア利用に対する意識については次のような結果となりました。母親がメリットと感じていることとして多い順に、繰り返し利用できること（幼児：85.2％、小学生：84.3％）、子どもの都合に合わせられること（幼児：84.4％、小学生：85.3％）、好きな場所で勉強できること（幼児：83.5％、小学生：84.1％）、将来に役に立つから（幼児：78.3％、小学生：83.2％）、知識が豊かになる（幼児：77.8％、小学生：75.7％）など、デジタルの特性を活かした学びへの好影響が挙げられました。一方、友達と遊べる（幼児：34.9％、小学生：43.6％）、集中力がつく（幼児：48.4％、小学生：41.3％）など、コミュニケーションや非認知的スキルの育成に関する項目は低い値になりました。

　デジタルメディア利用に対して母親がデメリットと感じていることとして多い順に、眼や健康に悪い（幼児：90.9％、小学生：91.1％）、夢中になりす

ぎる（幼児：91.0％、小学生：89.1％）、長時間利用する（幼児：87.6％、小学生：85.4％）、依存しないか心配（幼児：79.1％、小学生：77.4％）、危ないサイトに行かないか心配（幼児：79.5％、小学生：84.5％）が挙げられました。

　子どものデジタルメディア利用に対する母親の抵抗感については、次のような結果となりました。母親の 6 割が、子どもがスマートフォンを利用することに抵抗感があると回答しました（幼児：64.9％、小学生：65.2％）。タブレット端末への抵抗感は、幼児の母親の方が小学生の母親より強いことがわかりました（幼児：50.6％、小学生：44.1％）。2017（平成 29）年の幼児を対象とした調査結果（スマートフォン 75.3％、タブレット端末 67.6％）と比較すると、スマートフォンとタブレット端末利用に対する母親の抵抗感が下がっていました（ベネッセ教育総合研究所 2018）。

　ベネッセ教育総合研究所が 2021（令和 3）年に行った調査の項目は、上記以外にもあります。この調査の前に行われた 2017（平成 29）年の調査（ベネッセ教育総合研究所 2018）と合わせて、実態調査報告書全体をまとめると、次のようなことが読み取れます。

　乳幼児のデジタルメディア利用に関しては、低年齢化や頻度・時間の増大はみられますが、生活時間全体の中でのメディアへの接触時間と外遊びやおもちゃ遊びなどメディア以外の活動時間とのバランスは崩れていませんでした。

　また、子育て中の親のスマートフォン使用についても、親子の共有場面で使用されている（動画をみせる、写真をみせる、一緒に歌などの画像をみる）ことが多く、乳幼児が一人でスマートフォンやタブレット端末に向かっているという場面は少ないということがわかりました。

　さらに、乳幼児のデジタルメディア利用に関して、利用内容やルールについて気にかけている家庭がほとんどで、1 日の生活の中にバランスよくメディアを取り入れようと親が配慮している様子がうかがえる結果でした。

（3）　子どものメディア利用に関する提言

　アメリカ小児科学会は 1999（平成 11）年に乳幼児のテレビ視聴に関して、「2 歳以下の子どもにテレビを見せることは推奨できない」「年長児でも 1 日 1

〜2時間以内の教育的番組の視聴にとどめるのが望ましい」とする提言をしました（American Academy of Pediatrics 1999）。

　その後、日本でも2004（平成16）年2月に日本小児科医会が、「2歳までのテレビやビデオ視聴は控えること」「メディア接触時間を1日2時間までを目安にすること」などの提言をしました（日本小児科医会2004）。その2か月後の2004（平成16）年4月には日本小児科学会が、「2歳以下の子どもには、テレビやビデオの内容や見せ方によらず長時間視聴を避けるべき」「子ども部屋にテレビ・ビデオを置かないように」などの提言をしました（日本小児科学会こどもの生活環境改善委員会2004）。

　しかし、これらの提言については科学的根拠がはっきりしないことが多く、2004（平成16）年7月に日本小児神経学会が「言葉の遅れや自閉症があたかもすべてメディアのせいのようにとらえている論評があるが、いまのところ十分な科学的根拠はない」「テレビ、ビデオなどの視聴は子どもの『脳とこころ』および体の成長に影響を与える可能性があるが、その時期あるいは視聴時間と方法、番組の内容などについてはさらなる科学的検討が必要である」と提言しています（日本小児神経学会2004）。

　アメリカ小児科学会が1999（平成11）年に出した提言の影響は強く、マスコミによって広められる際に「2歳以下のメディア使用を禁止する」と誤った表現で伝えられたりしたため、アメリカ小児科学会は1999（平成11）年の声明を再確認した新たな提言を2011（平成23）年にしています（American Academy of Pediatrics 2011）。その提言では、子どもを取り巻くデジタルメディアの急速な変化が子どもに及ぼす影響は、「科学的根拠がありわかっていること、科学的根拠は揃っていないが判断したこと、そしてまだわからないこと」の3つに分かれるとして、今後継続的に調査と研究を進めていくべきであると述べています。

4. 子どもとメディア利用に関する問題

　急速なスピードで発展してゆくデジタルメディアが、子どもの身体的、心理的、社会的な発達に及ぼす影響は、まだわからないことが多いのが現状です。しかし、結論が出るまで子どもの生活からデジタルメディアを切り離すことはもはや不可能です。一人ひとりが子どもとメディア利用に関する問題に関心を持ち、情報を集めて分析し、判断することが問題の改善につながります。

　以下に子どもとメディア利用に関するいくつかの問題を挙げています。

（1）　ネット上のいじめ・誹謗中傷

　子どものスマートフォン所有率の増加に伴い、インターネット上のいじめや誹謗中傷が増えています。通話アプリのグループトークを使ったいじめや仲間外れは、メンバーでなければ会話の内容を読むことができないため、トラブルの発見が難しい状況です。特定の子に対し、その子の発言だけ無視する、その子にとって不快な動画や写真をグループで共有する、その子以外とグループを作り悪口を言う、その子をグループから突然外すなどがあり、何気ない出来事からいじめに発展することも少なくありません。対面ではないメディア空間ということもあり、いじめをしている認識や罪悪感が低くなり、簡単にいじめを行うことができる状況です。

　文部科学省は2009（平成21）年に、小学校および中学校への携帯電話の持ち込みを原則禁止し、高等学校では校内での使用制限等を行う方針を示しました（文部科学省2009）。しかし、学校への携帯電話の持込みを禁止しても、ネット上のいじめから子どもを守ることはできません。家庭や学校で、スマートフォン利用時のマナーや情報モラルを教えることや、家庭での子どもの携帯電話の利用実態を把握することや、フィルタリングの利用や、家庭でのルールづくりを行うことなどで対応することが大切です。

（2） スマホ依存・ゲーム依存

　食事や勉強をしていてもスマートフォンが気になる、移動中もスマートフォンから目が離せない、スマートフォンを持っていないと不安になる、そんな依存傾向のある子どもが増えています。スマートフォンの長時間利用は、勉強時間や読書時間の減少、家族間のコミュニケーションの減少につながります。また、睡眠時間の減少による健康への影響も心配されています。

　ゲーム依存についても、様々な研究が行われています。暴力的なゲームを使用した時間が長い子どもほど、攻撃的な行動や思考を行いやすいという研究結果が出ています（井堀ら2003、松崎ら2004）。しかし、暴力的なゲームで遊んだことで暴力的な性格になったのか、もともと暴力的な性質が強い子どもが暴力的なゲームを好んでいるのか因果関係を明らかにすることは難しく、現時点ではどちらとも言い切れない状況です。さらなる研究の積み重ねが必要です。

　スマホ依存およびゲーム依存の防止については、親子でよく話し合って適切な使い方ができるよう、利用のルールを決め、保護者が利用状況を把握できるようにしましょう。

（3） 性犯罪被害

　スマートフォンからコミュニティサイトを利用して、性犯罪被害にあう子どもが増えています。彼氏や彼女にあこがれる思春期の複雑な気持ちを利用され、裸や下着姿の写真を送ってしまい、その写真を元に恐喝に合う子どももいます。被害の半数は中学生です（総務省2017）。また、お金欲しさに自ら写真をアップしたり、直接会った結果性被害に遭ったりする中高生もいます。

　インターネットの世界に一度アップしてしまった情報は、たとえその投稿を削除したとしても、完全に消し去ることは難しいものです。親や教師が普段から子どもとコミュニケーションをとりながら、異変を察知し、怪しいサイトに近づけないことが大切です。

　それでもトラブルが発生した場合は、できる限り早く警察や弁護士などの専門家に相談することが重要です。トラブル発生時は専門家に相談することを親子で共有していれば、トラブルに巻き込まれて悩んでいる子どもも親に勇気

を振り絞って相談しやすくなります。

（4）　課金トラブル

　オンラインゲームには、ガチャ、レアアイテム、キャンペーン、ランキングなど、競争心や射幸心をあおる演出を含むものがあります。子どもがよくわからないまま課金を繰り返し、高額請求が届いてから判明するトラブルも見受けられます。

　2020（令和2）年度に国民生活センターに寄せられた子どものオンラインゲームの課金をめぐる相談件数は3,723件でした（国民生活センター 2021）。そのうち、49.9%が小学生で、中学生が36.9%、高校生が13.2%でした。

　クレジットカードなどのお金の管理責任は保護者にあります。ゲームアプリを入れる際にはパスワードの扱いや課金設定にも気を配り、無断で使わせないように工夫する必要があります。

（5）　情報漏えい

　子どもがスマートフォンを利用する際に、個人情報が流出してトラブルになっています。アプリやWebサービスの利用時に個人情報の入力を求められ、その情報が不正に業者に売られて、ゲームのポイントやアイテムを奪われたり、動画や写真を見られたりしています。

　また、アカウントを乗っ取られたり、ゲームやSNSなどのIDやパスワードを他人に利用されたりする子どもも増えています。子ども同士でIDやパスワードを教え合う事例も見られます。現物がないため、他人のIDとパスワードを使うことに抵抗が少ない子どももいます。

　本名、住所、家族の動画や画像などは不用意に投稿しないように、家庭や学校で教える必要があります。

（6）　著作権侵害

　子どもたちがアニメや映画などを無許可でアップロードし、著作権侵害となるケースが起きています。2010（平成22）年には、愛知県の中学生が漫画

作品を YouTube に無断でアップロードして逮捕されています。また、個人で楽しむ範囲であっても違法になることを知りながら、音楽ファイルなどをダウンロードする事例も見られます。さらに、SNS で自分のプロフィール欄に有名人の写真を使ったり、友人の写真や動画を許可なく掲載したり、肖像権の侵害をしたりしている事例も見られます。

インターネット上のコンテンツにも著作権や肖像権というものがあることを、家庭や学校で伝える必要があります。

5. ま と め

新しいメディアの登場は、新しい人間関係や社会を生み出し、ライフスタイルを変えます。特に、テレビ、携帯電話、スマートフォンの登場と普及は、変化のスピードを格段に速くしています。

子どもとメディア利用の問題を考えるには、メディア情報を読み解く力、つまりメディアリテラシーが必要です。また、子どもとメディア利用に関する研究結果を読み解く際は、人を対象とした研究、特に意思表示のあいまいな子どもの行動を対象とした研究であるため、様々な要因の客観的なデータを集めることが難しい研究であることを考慮して取り扱う必要があります。さらに、新しく出てきたメディアについては、それを裏付ける客観的なデータが少ない状況にあるため、様々な研究結果と解釈が出やすくなるということも考慮する必要があります。

今後は、子どものメディア利用に関して様々な学問分野からの研究が進むことが予想されます。それらを融合させ、学際的な研究として積極的に取り組むことが、子どものメディア利用の課題解決につながると考えます。

参考文献

American Academy of Pediatrics, Committee on Public Education. Media education. Pediatrics. 1999; 104 (2 pt 1): 341-343.

American Academy of Pediatrics, Media use by children younger than 2 years. Pediatrics.

2011; 128（5）: 1040-1045.

Marshall McLuhan, Understanding Media: The Extensions of Man, The MIT Press, 1994.

国民生活センター「『スマホを渡しただけなのに…』『家庭用ゲーム機でいつの間に…』子どものオンラインゲーム課金のトラブルを防ぐには？」（2021 年 8 月 12 日）　http：//www. kokusen.go.jp/pdf/n-20210812_2.pdf

井堀宣子、坂元章、小林久美子、木村文香「小学生のテレビゲーム使用と攻撃性の因果関係に関するパネル研究 — 身体的暴力に対する影響 —」『シミュレーション＆ゲーミング』13（2）2003、pp.139-148.

総務省「平成 29 年度総務省調査研究『インターネット利用におけるトラブル事例等に関する調査研究』」（2017 年）　https://www.soumu.go.jp/main_content/000506392.pdf

総務省「新型コロナウイルス感染症に関する情報流通調査 報告書」（2020 年 6 月 19 日）　https://www.soumu.go.jp/menu_news/s-news/01kiban18_01000082.html

髙橋一郎「青少年のセクシャリティと教育」『教育社会学研究』53、1993、pp.31-46.

内閣府「平成 27 年度 青少年のインターネット利用環境実態調査」（2016 年 3 月）　https://www8.cao.go.jp/youth/youth-harm/chousa/h27/net-jittai/pdf/0.pdf

内閣府「令和 2 年度 青少年のインターネット利用環境実態調査」（2021 年 3 月）　https://www8.cao.go.jp/youth/youth-harm/chousa/r02/net-jittai/pdf-index.html

日本小児科医会「『子どもとメディア』の問題に対する提言」（2004 年 2 月 6 日）　https://www.jpa-web.org/dcms_media/other/ktmedia_teigenzenbun.pdf

日本小児科学会こどもの生活環境改善委員会「乳幼児のテレビ・ビデオ長時間視聴は危険です」（2004 年 4 月 1 日）　https://www.jpeds.or.jp/uploads/files/20040401_TV_teigen.pdf

日本小児神経学会「『子どもに及ぼすメディアの影響』について」（2004 年 7 月 16 日）　https://www.childneuro.jp/uploads/files/about/20040716.pdf

福島章「マンガと日本人 — "有害"コミック亡国論を斬る」日本文芸社、1992

ベネッセ教育総合研究所「第 2 回乳幼児の親子のメディア活用調査報告書」（2018 年 3 月）　https://berd.benesse.jp/jisedai/research/detail1.php?id=5268

ベネッセ教育総合研究所「幼児期から小学校低学年の親子の実態調査 — 2021 年 1 月実施 — 速報版」（2021 年 1 月）　https://berd.benesse.jp/jisedai/research/detail1.php?id=5657

松崎展也、渡辺広人、佐藤公代「テレビゲームの攻撃性に関する教育心理学的研究」『愛媛大学教育学部紀要』51（1）、2004、pp.45-52.

文部科学省「学校における携帯電話の取扱い等について（通知）」（2009 年 1 月 30 日）　https://www.mext.go.jp/a_menu/shotou/seitoshidou/1405629.htm

●●● コラム⑨　GIGA スクール構想 ●●●

　「GIGA スクール構想」について知りたいと思ったとき、皆さんはどうしますか。本コラムを読み進めることも一つの方法ですが、スマートフォンや PC で「GIGA スクール」と〈検索〉するのではないでしょうか。多くの検索候補を目に留めつつ、検索結果のリストのなかで、信頼できる情報源のひとつとして文部科学省のホームページにアクセスすると、〈GIGA スクール構想〉について、公式文書や法律のみでなく、視覚的に工夫されたスライドや YouTube を用いた解説など、まさに ICT 活用事例を垣間見ることができます。

　上述の一連の検索行為には、どの情報源が信頼できるか、どのように得たい情報へアクセスするか、文章やプレゼンテーション内容をどのように理解し、既有知識・経験と情報を関連づけるかなどの〈リテラシー〉が求められます。そして、この〈リテラシー〉は、私たちだけでなく、子どもたちが生活や教室で ICT を用いる〈検索〉や〈探究〉活動と関わります。

　GIGA スクール構想の GIGA とは、Global and Innovation Gateway for All の頭文字からなる語であり、〈Society5.0〉を視野に、〈新学習指導要領〉の目標とも関わりながら、〈多様な子供たち〉を〈誰一人取り残すことなく〉、子どもたち一人ひとりに〈公正〉に〈個別最適化〉され、〈資質・能力〉を一層確実に育成できる環境の実現が目指されています。

　〈山括弧〉で記したキーワードは、どのような具体的な教育像として描き出されるでしょうか。この問いは、教育と社会、教育と ICT のつながりだけでなく、一人ひとりの子どもたちがよく学び、よく生きることとはどういうことか、という問いに直結します。こうした問いや議論が多く蓄積されているのが、教育学という学問、すなわち〈情報〉とは異なる〈知識〉へのアクセスです。紙幅の都合上、〈令和の日本型教育〉や〈デジタル教科書〉といった GIGA スクール構想に関わるキーワードをすべて網羅することはできませんが、本コラムが新たな問いや教育についての〈探究〉への入口（Gateway）になれば幸いです。

第 **10** 章
特別支援教育

1. 教育社会学と特別支援教育

　特別支援教育は、2007（平成19）年度から開始された。特別支援教育の制度化は、主に次の会議を経て実現された（金澤［2013］13）。2001（平成13）年「21世紀の特殊教育の在り方について～一人一人のニーズに応じた特別な支援の在り方について（最終報告）」、2003（平成15）年「今後の特別支援教育の在り方について（最終報告）」、2005（平成17）年「特別支援教育を推進するための制度の在り方について（答申）」である。これにより、それまでの障害児のための「特殊教育」は「特別支援教育」に転換することとなる。その後、平成18年に「学校教育法等の一部を改正する法律」が公布され、平成19年度から施行、特別支援教育制度が開始された（金澤［2013］13）。

　特別支援教育は、障害のある子どもを対象としている。前述の「特別支援教育を推進するための制度の在り方について（答申）」（中央教育審議会）の「第2章　特別支援教育の理念と基本的な考え方」によれば、特別支援教育とは「障害のある幼児児童生徒の」「自立や社会参加に向けた主体的な取組を支援するという視点に立ち」「一人一人の教育的ニーズを把握し、その持てる力を高め、生活や学習上の困難を改善又は克服するため、適切な指導及び必要な支援を行うもの」とある。すなわち「障害があるがゆえ」（宮内［2018］3）の困難の改善又は克服のために特別支援教育の対象となる。

　一方、イギリスでは「Special Educational Needs（SEN）」という概念が

導入されている（河合［2009］73）。SEN の基本概念や定義は必ずしも明確ではないが（真城［2003］12）、それまでの障害種別カテゴリーを撤廃し、Special Educatinal Needs という包括的な概念を導入したのである（河合［2007］381）。SEN は日本語では「特別な教育的ニーズ」と訳されている（河合［2007］381；真城［2003］10）。「特別な教育的ニーズ」という用語は、やはり用語の明確な説明は不十分ながら（岡［2009］143）、平成13年「21世紀の特殊教育の在り方について～一人一人のニーズに応じた特別な支援の在り方について～（最終報告）」や、後述の教職課程コアカリキュラムなど日本の教育行政においても使用されている。

　イギリスの SEN は障害だけを意味していない。「貧困、言語の違い、宗教の違いなどによる学習上の困難がある子どもや不登校・非行など学校への適応に問題のある子ども」も含まれている（河合［2009］75-76）。そのため、日本の特別支援教育の対象者が義務教育段階で全児童生徒のうち3.58％（平成27年5月現在）であるのに対し、イギリスは16.30％（2016年1月の公立学校の数値）であり日本に比べ大幅に多い（特別支援教育総合研究所インクルーシブ教育システム推進センター・調査・国際担当・国際調査班［2017］106；文部科学省，2016a)。

　障害のある子どもを対象としている我が国の特別支援教育も変化が見られないわけではない。平成31年度より大学の教職課程において「特別の支援を必要とする幼児、児童及び生徒に対する理解」に関する科目が1単位必修となった。また、平成29年には文部科学省教職課程コアカリキュラムの在り方に関する検討会で教職課程コアカリキュラムが提示された（南野［2018］338）。これにより、全国の大学の教職課程で共通的に修得すべき資質能力が示された。この中では「特別の支援を必要とする幼児、児童及び生徒に対する理解」の科目が示され、「障害はないが特別の教育的ニーズのある幼児、児童及び生徒」に関しても学ぶこととなり、「母国語や貧困の問題等により特別の教育的ニーズ」のある子どもを理解することが求められることとなった（南野［2018］338）。このことは当該科目の教科書でも「これまでわが国では位置づけられることのなかった」障害以外の特別な教育的ニーズの理解も教職課程で

対象となったことが冒頭で記述され（小林・米田・安藤［2018］ⅱ-ⅲ）、ま
た本文においても母国語や貧困の問題等から生じる困難に対応することは「当
然の流れであるといえる」と説明されている（米田［2018］22）。今後、障害
のある子どもに限らない多様な教育的ニーズに対しても対応が必要であること
が認識されていくのではないかと考えられる。

　このことは、近年わが国でも興隆が見られるようになったインクルーシブ
教育にもいえるであろう。インクルーシブ教育については次項で詳細が論述さ
れるが、ここでは障害以外の特別な教育的ニーズとインクルーシブ教育の関連
について述べたい。

　我が国のインクルーシブ教育への転換が表明されたのは、2012（平成24）
年に中央教育審議会初等中等教育分科会が提出した「共生社会の形成に向けた
インクルーシブ教育システム構築のための特別支援教育の推進（報告）」であ
る（中村編著［2019］874）。本報告は、報告本文の「はじめに」で記載され
ているように、我が国が国連の障害者の権利に関する条約の批准に向けた検討
を進めるなかで審議されたものであり、インクルーシブ教育は「共生社会の形
成に向けて、障害者の権利に関する条約に基づくインクルーシブ教育システム
の理念が重要」であるとされており、本報告では障害および「教育的ニーズ」
への言及は見られるものの、障害以外の教育的ニーズの内容は特に挙げられて
いない（中央教育審議会初等中等教育分科会）（2012）。

　教職課程コアカリキュラムに例として挙げられている母国語や貧困の問題
以外に、特別な教育的ニーズとしては何が考えられるだろうか。河合（2009）
が示したイギリスの例のほか、中村編著（2019）でも示されている、1994年
にUNESCOとスペイン政府教育科学省の共催で開催された「特別な教育的
ニーズの利用と質に関する世界会議」で採択された「特別ニーズ教育に関する
サラマンカ声明と行動のための枠組み」（以下、サラマンカ声明）も検討のた
めに不可欠であろう。サラマンカ声明は、インクルーシブ教育を推進する上で
国際的な影響力を与えた声明であるが（中村編著［2019］847）、そこにはこ
う書いてある。

　　学校というところは、子どもたちの身体的・知的・社会的・情緒的・言語的も
　しくは他の状態と関係なく、「すべての子どもたち」を対象とすべきであるとい
　うことである。これは当然ながら、障害児や英才児、ストリート・チルドレンや
　労働している子どもたち、人里離れた地域の子どもたちや遊牧民の子どもたち、
　言語的・民族的・文化的マイノリティーの子どもたち、他の恵まれていないも
　しくは辺境で生活している子どもたちも含まれることになる。これらの状態は、
　学校システムに多様な挑戦をもたらすことになる。この枠組みの文脈において、
　「特別な教育的ニーズ（Special educational needs）」という用語は、そのニーズ
　が障害もしくは学習上の困難からもたらされるすべてのこうした児童・青年に関
　連している。

　　　　　　　　　　　（和訳出典：国立特別支援教育総合研究所旧 WEB サイト）

　一読して、あらゆる状態の「すべての子どもたち」を学校は対象とすべきで
あることが伝わる説得力のある文章である。彼らに対して学校はどうするべき
であろうか。サラマンカ声明は次のように述べる。

　　多くの子どもたちが学習上の困難さを経験しており、そのため、彼らは学校生
　活の間にある期間にわたって特別な教育的ニーズをもっている。学校は、まった
　く恵まれていない子どもたちや障害をもつ子どもたちを含め、すべての子どもた
　ちを首尾よく教育する方法を見出さなければならない。特別な教育的ニーズをも
　つ児童・青年は、大多数の子どもたちのためになされる教育計画の中に含められ
　るべきである。このことが、インクルーシブ校の概念へと導くことになる。

　　　　　　　　　　　（和訳出典：国立特別支援教育総合研究所旧 WEB サイト）

　すなわち、学校は「学習上の困難さ」を持つ「まったく恵まれていない子ど
もたち」や「障害をもつ子どもたち」を含め、「すべての子どもたち」を教育
する方法を見出さなければならず、このことがインクルーシブ教育の概念に導
くという。

　このように、「学習上の困難さ」を有する子どもの姿は、障害のある子ども
のほかも実に多様である。中村・岡（2007）によれば、インクルーシブ教育は
「社会的・経済的格差、民族・人種・文化・宗教等の差異がもたらす差別の軽
減・解消をめざし、不利な立場にある人々の自立および社会への完全参加を、

教育・学校の改革によって実現しようとする民主的社会改革運動」であり、その実現方法として特別なニーズに対応して教育を提供する対象は、障害のある子どもに限定されないのである（中村・岡［2007］76）。

　また、サラマンカ声明の採択は四半世紀以上前であるが、仮に現代に採択されるとすれば、「言語的・民族的・文化的マイノリティー」の箇所に「性的マイノリティー」も入るかもしれない。性的マイノリティについては、文部科学省が教員向けの周知資料「性同一性障害や性的指向・性自認に係る、児童生徒に対するきめ細かな対応等の実施について（教職員向け）」を出すなど、学校において支援の対象とみなされるようになった（島袋［2020］166・181；文部科学省、2016b）。島袋（2020）はお茶の水女子大学ジェンダー研究所年報に掲載の論文で、性的マイノリティの児童・生徒に対する文部科学省の支援策の論理を明らかにしている。特別支援教育の理解のためには従来から幅広く総合的に学ぶことを必要としてきた。障害以外の学習上の困難について理解を深めるにあたり、こうした多様な専門分野の研究成果からの知見が、特別支援教育やインクルーシブ教育を検討する上でこれまで以上に重要となっていくものと考えられる。現在、教師を目指す学生は誰もが特別支援教育を学ぶようになったが、それぞれが教師として働くことを目指す学校種や教科の専門性から得られる発想を生かして、特別支援教育やインクルーシブ教育に新しい議論を生んでくれることを期待している。

2.　インクルーシブ教育が目指すもの

（1）　「共生社会」の形成に向けたインクルーシブ教育システム構築のための特別支援教育の推進

　「共生社会」とは、これまで必ずしも十分に社会参加できるような環境になかった障害者等が、積極的に参加・貢献していくことができる社会のことである。その共生社会の実現のために必要なこととして、障害者の権利に関する条約に基づくインクルーシブ教育システムの理念が大切であり、その構築のため、特別支援教育の充実が求められているのである。

　現状としては、特別な支援を必要とする幼児・児童・生徒を対象に、すべての学校園で行われる特別支援教育は、今まで、障害者権利条約への署名から様々な法改正などを経ながら充実が図られてきている。

　さらに障害者等が積極的に参加・貢献していくことのできる共生社会の形成を目指すインクルーシブ教育システムの構築も図られてきている。

　「共生社会の形成に向けたインクルーシブ教育システム構築のための特別支援教育の推進」（報告：中央教育審議会、2012.7.23）では、共生社会の形成、障害者の権利に関する条約に基づくインクルーシブ教育システムの理念の重要性、合理的配慮の提供、基礎的環境整備の充実などが示された。

　いわゆる「特殊教育」から「特別支援教育」に転換し15年が経った現在、発達障害に対する正しい認識は広がってきている。高等学校における通級による指導も始まっており、特別支援学級から高等学校に進学する生徒も近年では増加傾向にある。まさに、新しい時代の特別支援教育のビジョンは描かれてきていると言ってもよい。

　新学習指導要領では、小中学校等と特別支援教育の学びの連続性も重視されており、小中学校の学習指導要領解説には、各教科に障害に対する配慮事項が具体的に記されてもいる。インクルーシブ教育システムの外枠は固まりつつあり、後は、これにどう内容を充実させていくかが課題といえる。

　どの学校園においても、子ども一人ひとりに応じた質の高い学びが実現されるよう、特別支援教育の新しいビジョンの完成が期待されているのである。

　また、中央教育審議会による当該報告においては、就学相談・就学先決定の仕組みが改正されている。つまり、「就学基準」と呼ばれてきた学校教育法施行令で定められている障害の状態（中度・重度）にある子どもは、特別支援学校に原則就学するというそれまでの就学先の決定の仕組みが改められたのである。子どもの障害の状態、教育上必要な支援の内容、地域における教育の体制整備状況その他の事情を踏まえた上で、「学びの場」を判断することとなったのである。

　さらには、「合理的配慮」求められている。インクルーシブ教育システムにおける「合理的配慮」とは、障害のある子どもが他の子どもと平等に教育を受

ける権利を享有・行使するにあたって必要とされるものである。

　また、学校の設置者や学校は、必要かつ適当な変更・調整を行う必要があり、障害者権利条約において、合理的配慮の否定は、障害を理由とする差別に含まれると規定されている。

　インクルーシブ教育システムの構築のためには、教員一人ひとりの専門性の向上がポイントとなり、すべての教員は特別支援教育に関する一定の知識・技能を有していなければならないのである。特に、発達障害に関する知識・技能については、発達障害の可能性のある児童生徒の多くが通常の学級に在籍していることから、必要不可欠となる。すべての教職員が特別支援教育の基礎的な知識・技能を有することが重要となるのである。

（2）「多様な学びの場」を整備し、生涯にわたって一人ひとりの教育的ニーズに応えていく

　インクルーシブ教育システム構築には、「多様な学びの場」の整備が何より大切である。「多様な学びの場」とは、通常の学級、通級による指導、特別支援学級、特別支援学校などが挙げられる。

　また、個別の教育的ニーズのある子どもに対して、その時点における最も的確で、教育的ニーズに応じた指導を提供していくことが重要となる。このことは、柔軟でしかも連続性のある学びの場を提供していくことでもある。障害のある子どもに、その時点における教育的ニーズに最も的確に応える指導を提供できる「多様で柔軟な学びの場」を整備していくこと、その「多様な学びの場」として、通常の学級、通級による指導、特別支援学級、特別支援学校があるが、多様な子どものニーズに応えていくためには、校長自らが特別支援教育に対する理解を深め、リーダーシップを発揮し、専門性のある教員や校内委員会の活用等、校内体制を整備し、組織としてシステムで進めていくことが何より肝要といえる。また、特別支援学校は、センター的機能を一層充実させ、各地域、各機能における役割を明確化するとともに、障害の重度・重複化にも対応するため、特別支援学校ネットワーク構築が必要となってくる。以下、「多様な学びの場」の実践例を挙げる。

多様な学び場の実践例

Ⅰ 不登校傾向のある読み書きが苦手な児童に対する相談事例

キーワード　不登校傾向　読み書き困難

1　概要

・小学校の通常の学級に在籍する3年生の不登校傾向の児童について、相談があった。

・対象児童との面談を通じて、学習面で悩んでいることがわかった。

・本人の得意な方策を用いて学習するとよいこと、困難なことは合理的配慮ができることを学校・保護者・本人に紹介して学習保障につなげた。

2　内容

（1）巡回相談による訪問

・小学校からは、年度途中から登校渋りが始まったこと、図画工作の授業では発想力がある表現ができること、国語の授業では読み書きが苦手であることなどの情報が得られた。

・参観した国語の授業では、教科書に掲載されている物語文を一文ずつ交代しながら順番に読む活動が行われていた。対象児童の番では、小さい声で詰まりながら読む姿が見られた。グループによる意見交換では、積極的に対話し、表情も明るかった。

・担任は、生徒指導主事を担い、温かい学級経営を実践していた。管理職からの信頼が厚く、保護者とも良好な関係を築いていた。

（2）対応

・対象児童との面談では、率直に自分のことを話してくれた。「家庭で正確に読む練習をしても、本番（学校の授業）になると文を読み飛ばしたり、漢字を読み間違えたりする」「物語の内容は、素敵だなぁと思う」「あぁ、また間違えてしまったと落ち込む」「声に出すとダメ」「耳から聞くとわかる」などであった。

・保護者の了解を得て、知能検査と読み書きに関する検査を実施した。その結果、知的発達に遅れはなく、読み書きについては、「読むこと」は同年齢に比べて有意差に低かった。「書くこと」については、有意差がなかった。

・児童及び保護者は、医療機関への受診や通級指導教室を利用することを望まなかったので、学校に以下の提案をした。

① 児童が「見て読むとわかる」ということから、学校では、音読の前に黙読の時間を設け、内容理解につなげてはどうか。

② 「耳で聞くとわかる」ということから、音読したもの（音読CD）を用意して、家庭で音読の宿題の代わりに聞く宿題を取り入れたらどうか。

③ 定期的に児童・保護者と取組状況を評価する機会を設け、望ましい方法を探るとよい。

・その結果、児童の得意な方策を利用する方法が効果的であった。その後も担任は音読ＣＤを準備し、事前に家庭で予習に使うよう促した。児童は、事前に聞くことによって学習理解が進むという感想が得られた。

（3）今後に向けて

① 不登校傾向の背景に、発達障害等の特性による困難さが影響する場合があると思われる。何に困っているか児童から丁寧に聞き取ることが必要である。

② 本事例は、合理的配慮の希望があり、手続きに沿って配慮の内容を取り決めた事例ではない。小学校では、児童が学習生活を送る中で困難さが明らかになるケースがあり、具体的な支援を考えるきっかけになるように思う。個別の教育支援計画や個別の指導計画を作成し、情報を適切に引き継ぐことが大切である。

Ⅱ　特別支援学級在籍を経て、本人の願いに基づき高校入学につなげた例

キーワード　障害特性　在籍の変更　自己理解

1　概要

・小学校の通常の学級に在籍する自閉症スペクトラム障害を有する子どもが、集団不適応等の理由から在籍を特別支援学級に変更することとなった。

・その後、適応状況は改善し中学校でも特別支援学級に在籍したが、将来なりたい職業を意識するようになった。

・中学2年生の後半から、交流および共同学習の時間を弾力的に増やし試行を重ね、中学3年生では通常の学級に在籍した上で、特別支援学級を活用しながら全日制高校への進学を果たした。

2　内容

（1）小学校時代

・小学校中学年までは通常の学級に在籍したが、対人関係のトラブルや集団行動の困難さから不適応となり、自閉症・情緒障害特別支援学級へ移ることになった。その後、適応状況も改善し中学へ進学した。

（2）中学校時代

・中学校では、自閉症・情緒障害特別支援学級に在籍し、交流および共同学習で教科を学んだ。特別支援学級では、自立活動の時間で対人関係スキルや自分の気持ちや相手の気持ちに気づく学習に取り組んだ。中学校では、座学が中心となり、他の生徒の成長もあり、対人関係面でのトラブルもなくなり、落ち着いていた。

・中2の時に進路を考える学習があり、これを機に将来について考えるようになった。学校からの依頼で特別支援学校の専門相談員が担任への学習支援の協力と保護者面談に協力することになった。進路学習では、視覚的にわかりやすい進路のロードマップ作りの提案や自立活動で自己理解に関する学習のアイデアを提供し、生徒が将来の自分をイメージできるよう助言した。

・中2の秋、中3から通常の学級に転籍することを視野に、保護者の意向を確認しながら、安心して通常学級に在籍できる取組を3月まで行った。具体的には、交流および共同学習の時間を増やす、時間割を事前に明示する、教科担任から事前に学習内容を聞き取り、予習を行うなどであった。また、交流及び共同学習で感じたことを、生徒との日常会話や保護者からの聞き取りで把握するよう努めた。

・中3では、通常の学級に籍を置き、不安な時の自己調整の場として特別支援学級の利用を認めるなど環境を整えた。1学期は、何度か特別支援学級に来て休息することがあったが、2学期以降はもっぱら通常の学級で過ごすようになった。何より、「こんな時は○○すればよい（心臓がドキドキしたら先生に言って水を飲みに行くなど）」を理解し、自ら行動できることが増えた。

・高校進学に当たっては、個別の教育支援計画を提供するとともに入学式前に高校との面談の場を持ち、安心感と支援をつなげる取組を行った。

（3）今後に向けて（成果）

① 学びの場を固定せず、本人の実情に合わせて選択できる体制を整えることが重要である。

② 本人の自己実現（なりたい自分、自己理解が明確になる）を促す学習を丁寧に実践するとよい。

Ⅲ 衝動性の強い児童が LD 等通級指導教室で自己調整を学んだ事例
キーワード 担任と通級指導教室の連携 自己調整

1　概要

・衝動性が強いことから、小学校では特別支援教育支援員（以下、支援員）が配置されたが、行動を止められることに反発し、支援員を避けるようになった。

・LDなど通級指導教室（以下、通級）では、本人の思いを聞く時間と興味のあること寄り添う時間に位置付け、通級指導教室で得られた情報を所属校に伝えることで、本人理解と支援の方法を考えるきっかけになった。

2　内容

（1）入学前

・幼児期から衝動性が強く集団適応に課題があったため、保育園からの依頼で、特別支援学校の専門相談員が巡回指導を行った。

・小学校入学の際には、家庭や保育園での関わり方のコツを小学校に引き継ぐ取組を行った。

（2）入学後

・小学校では通常の学級に在籍し、学習への参加を促すため支援員が配置されたが、立ち歩く、集中できない、友達からの指摘に感情的になるなどの言動がみられた。担任や支援員が注意を向けるよう声かけをしたり、学習内容に集中できる教材を準備したりしていたが改善されず、本人が徐々に支援員を避けるようになった。

・他校の通級を週1回利用していた。感情をコントロールしたり、集中したりすることを学ぶゲームや、本人との対話を通じてやり取りを広げる取組を行った。その中で、周りの児童の声が気になること、ルールがわからないこと、どうしても体が動いてしまうことなどを担当者が聞き取り、学級担任に伝え指導の参考にしてもらうことができた。

・学校は、保護者から家庭の様子を聞き取りながら、通級からの情報を含めて、本人が集中できる環境を試行錯誤していった。

・支援員は、そばについて注意を促す役を改め、本人が必要とした時にさりげなく関わる（例：消しゴムがなくて探した時）ことにした。

・担任は、授業のユニバーサルデザイン化を意識し、わかりすい授業展開に努めた。

・通級で作成した紙工作の恐竜を学級担任に見せるなど、関係も改善し始めたが、新しい行事への参加は毎年難しかった。

・居場所となっていた通級は6年間通うことができた。最後に通級の担当者

に自作のプレゼントを渡すなど、本人にとっては信頼できる場となっていた。

（3）今後に向けて

① 本人の障害特性を考慮し、様々な環境設定をしても教育効果が表れにくい場合がある。教員のバーンアウトを防ぐためにも学校全体による児童と教員を支える体制の機能化が必要だと思われる。例えば、話し合いにスクールカウンセラーや特別支援学校の専門相談員等、外部関係者の協力を得て多様な視点からの考察が望ましいと考える。

② 通級指導や通級からの情報は、指導の有効性が高いことから、保護者の了解を得て随時情報のやり取りをしていくとよい。

Ⅳ　地域で暮らすことを支える学校間交流・居住地校交流・地域交流の事例

キーワード　地域で暮らす　交流及び共同学習

1　概要

・本県（石川県）の特別支援学校では、近隣の小学校、中学校、高等学校との交流活動を長年行っており、県事業でも位置づけられている。
・居住する校区の小中学校と交流（居住地校交流）は、希望する児童生徒に対し年数回実施している。
・小学部・中学部・高等部の実情に応じて様々な交流が行われている。

2　内容

・学校間交流では、互いの学校で1回ずつ交流を実施する場合がある。日頃の教育活動の延長と捉え、日常行っている体育的活動やゲーム、音楽的活動などを題材に行っている。特別支援学校の児童生徒にとっては、経験している活動であるため、緊張感が緩和され自信を持って取り組みやすい。交流後には、感想文や絵を交換しているが、「楽しかった」「うれしかった」という感想で終わらず、交流の目的にそって評価し、次回につなげる工夫をしている。この他の交流形態としては、オンラインによる交流や間接交流（作品交流）なども実施している。

・居住地校交流は、小学部保護者からの希望が多い。保育所や幼稚園で一緒に過ごした経験を途切れさせず、地域で暮らす上で、地域の子どもとの良好な関係継続を期待する保護者も多い。交流は、特別支援学校から、担任と児童生徒が連携校に出向いて授業に参加している。参加授業は、特別活動に参加したり、体育に参加したりなど、学年、クラスの実態に合わせて

設定しているが、お互いが目的意識を明確に持ち合い、ねらいを定めて評価することを意識している。交流前には、事前にビデオメッセージを送り合い、お互いを知る取組を行う場合もある。なお、児童生徒の連携校への送迎は保護者が行っている。

・地域交流としては、地域の郵便局や公民館の清掃活動、地域フェスティバルへの参加などがある。学校祭や教育ウィークなどには、地域の方々を学校に招いて、授業や表現活動を参観してもらう取組を毎年実施している。

（3）今後に向けて

①　効果的な交流を積み重ねるためにも、目的・ねらいを明確にした交流及び共同学習を継続していく必要がある。

②　お互いの学校が無理なく、対等に実施していく心構えが必要である。

V　インクルーシブ教育システム構築のための教員研修

キーワード　教員研修　教員育成指標　多職種連携

1　概要

・本県では、平成26年度から2年間継続による教員研修（研修名「インクルーシブ教育システム実践研修」）を実施した。その目的は、インクルーシブ教育システムの構築を目指し、総合的な視点で実践する地域のリーダー教員としての資質向上を図ることであった。

・その後、教育公務員特例法の改正により、平成29年度末に、全都道府県・政令指定都市教育委員会は「教員育成指標」を策定し、教員研修の見直しがあった。本県では、インクルーシブ教育システム構築に関する研修が、教員の経験年数に応じて行われている。

2　内容

・「インクルーシブ教育システム実践研修」は、地域のスクールクラスター（域内の教育資源の組み合わせ）の視点から、同一市町小・中学校、高等学校、特別支援学校の教員をグループとして研修を重ねたことが特徴的だった。1年目は、講義（インクルーシブ教育システムの理解、地域のネットワークを活用した支援、障害のある子を育てる保護者の話）、実地研修（関係機関の見学と意見交換）、県外先進校の実践報告、グループ研究（地域ごとの今後の望ましい姿をまとめる）等であった。2年目は各自の課題の実践を中心にした構成であった。成果としては、合理的配慮の考え方や障害のある子を育てる保護者の話、相談機関等の訪問等は、初めての経験であり、共生社会の実現に向けて新たな認識を持つことができたようであった。

また、校種を越えて連携・協力する意義を感じることができたと思われる。
・教員育成指標に基づく研修は、採用前の養成期から後進の育成期までステージが設定され、特別支援教育の内容では、障害特性の理解、障害者差別解消法、基礎的環境整備と合理的配慮、組織的対応等が扱われている。
（3）今後に向けて
① インクルーシブ教育システム構築のための特別支援教育の推進は、すべての学校で必須である。校内外の研修で常に新しい情報を得て、教員の資質向上を図る必要がある。
② 特別支援教育の対象の子は、乳幼児期から医療・保健・福祉・行政等とのつながりが深いため、地域の異なる専門性を持つ職種が協働しながら支える体制が必要だと思われる。

（3） おわりに
―インクルーシブ教育システムの構築のための特別支援教育の推進―

　このように、交流および共同学習は、障害のある児童生徒にとっても、障害のない児童生徒にとっても、共生社会の形成に向けて、多様性を尊重する心を育む大きな意義があり、各学校において、教育課程に位置づけるなどにより、一層の計画的・組織的な推進が必要であるといえよう。また、学校間連携を推進していくとともに、医療、保健、福祉等の関係機関との適切な連携を図り、関係行政機関等の相互連携のもと、卒業後の地域における生活支援を含めた広域的なネットワークが形成されることが何より重要である。

　インクルーシブ教育システムとは、障害のある者が十分な教育を受けられるようにするためのシステムなのである。インクルーシブ教育システムにおいては、同じ場で障害のある者と障害のない者が共に学び、個別の教育的ニーズのある幼児児童生徒に対して、自立と社会参加を見据えて、その時点での教育的ニーズに最も的確に応える指導を提供できる仕組みを整備することが肝要なのである。

　そのためにも特別支援教育は必要不可欠であり、以下の点がポイントとなる。

① 障害のある子どもの自立と社会参加をめざして、子どもの能力や可能

性を最大限に伸ばせるよう十分な教育が受けられるようにする。

②　障害のある子どもが地域社会の一員として豊かに生きることができるように関係機関と連携して生活基盤を形成する。

③　障害者理解を推進し、障害のある人とない人が共に学び合い生きるなかで公平性を確保しつつ、社会の構成員としての基礎を作っていくという考え方に基づき、推進していく。

④　合理的配慮およびそのベースとなる基礎的環境を整える

　特に4点目の「合理的配慮およびそのベースとなる基礎的環境の整備」については、「障害のある子どもが、他の子どもと平等に『教育を受ける権利』を享有・行使することを確保するために、学校の設置者及び学校が必要かつ適当な変更・調整を行うことであり、障害のある子どもに対し、その状況に応じて学校教育を受ける場合に個別に必要とされるもの」とし、「学校の設置者及び学校に対して、体制面、財政面において、均衡を失した又は過度の負担を課さないもの」とされている。この合理的配慮は、子ども一人ひとりの障害の状態や教育的ニーズなどに応じて決定され、学校の設置者や学校、本人・保護者により発達の段階を考慮して、可能な限り合意形成を図った上で決定、提供され、その内容を個別の教育支援計画に明記することとされている。さらに、学校の設置者や学校、本人・保護者の意見が一致しない場合は「教育支援委員会」の助言により解決することが望ましく、決定後も柔軟に見直しを行い、移行時における情報の引継ぎや継続的な支援を提供することも提言されているのである。

　また、「共生社会の形成に向けたインクルーシブ教育システム構築のための特別支援教育の推進」（報告：中央教育審議会、2012.7.23）では、基礎的環境整備について、学校の設置者および学校が合理的配慮の提供を行うための基礎となる環境整備とし、その充実は欠かせないともしている。国・都道府県・市町村は、インクルーシブ教育システムの構築に向けた取組として、必要な財源を確保することはもちろん、「基礎的環境整備」の充実を図っていく必要がある。

引用・参考文献

岡典子「第3章特別支援教育の本質と課題第4節特別支援教育とインクルーシブ教育との関連」（安藤隆男・中村満紀男編著）『特別支援教育を創像するための教育学』明石書店、2009、pp.140-152.

金澤貴之「特別支援教育における「支援」概念の検討」『教育社会学研究』92（0）、2013、pp.7-23.

河合康「イギリスにおけるインテグレーション及びインクルージョンをめぐる施策の展開」『上越教育大学研究紀要』26、2007、pp.381-397.

河合康「第2章特殊教育制度の意義と改革第3節諸外国の特殊教育制度とその改革1. イギリスの特殊教育制度の改革」（安藤隆男・中村満紀男編著）『特別支援教育を創造するための教育学』明石書店、2009、pp.72-78.

小林秀之・米田宏樹・安藤隆男「はじめに」（吉田武男監修、小林秀之：米田宏樹・安藤隆男編著）『特別支援教育 ― 共生社会の実現に向けて ―』ミネルヴァ書房、2018、pp.ii-iii.

国立特別支援教育総合研究所旧WEBサイト：サラマンカ声明　https://www.nise.go.jp/blog/2000/05/b1_h060600_01.html（最終閲覧日：2021年11月8日）

真城知己『図説特別な教育的ニーズ論その基礎と応用』文理閣、2003.

島袋海理「性的マイノリティに対する文部科学省の支援策の論理 ― 性別違和と同性愛の相違点に着目して ―」『ジェンダー研究』23、2020、pp.165-183.

中央教育審議会初等中等教育分科会（2012）共生社会の形成に向けたインクルーシブ教育システム構築のための特別支援教育の推進（報告）　https://www.mext.go.jp/b_menu/shingi/chukyo/chukyo3/044/attach/1321669.htm（最終閲覧日：2021年11月8日）

特別支援教育総合研究所インクルーシブ教育システム推進センター・調査・国際担当・国際調査班「諸外国における障害のある子どもの教育」『国立特別支援教育総合研究所ジャーナル』6、2017、pp.102-118.

南野奈津子「特別な支援を要する幼児・児童の多様性と支援 ― 外国人障害児に関する考察 ―」『ライフデザイン学紀要』13、2018、pp.337-347.

宮内久絵「第1章特別支援教育の理念と制度」（吉田武男監修・小林秀之・米田宏樹・安藤隆男編著）『特別支援教育 ― 共生社会の実現に向けて ―』ミネルヴァ書房、2018、pp.3-15.

中村満紀男編著『日本障害児教育史戦後編』明石書店、2019

中村満紀男・岡典子「インクルーシブ教育の国際的動向と特別支援教育」『教育』国土社、741、2007、pp.75-81.

文部科学省（2016a）特別支援教育資料（平成27年度）第1部集計編　https://www.mext.go.jp/component/a_menu/education/micro_detail/__icsFiles/afieldfile/2016/06/28/1373352_01.pdf（最終閲覧日：2021年11月8日）

文部科学省（2016b）性同一性障害や性的指向・性自認に係る、児童生徒に対するきめ細かな

対応等の実施について（教職員向け）　https://www.mext.go.jp/b_menu/houdou/28/04/
__icsFiles/afieldfile/2016/04/01/1369211_01.pdf（最終閲覧日：2021 年 11 月 8 日）

米田宏樹「第 2 章インクルーシブな学校と特別な支援が必要な障害のない児童生徒」（吉田武男
監修・小林秀之・米田宏樹・安藤隆男編著）『特別支援教育 ― 共生社会の実現に向けて ―』
ミネルヴァ書房、2018、pp.17-31.

中央教育審議会（2005）特別支援教育を推進するための制度の在り方について（答申）
https://www.mext.go.jp/b_menu/shingi/chukyo/chukyo0/toushin/05120801.htm（最終閲
覧日：2021 年 11 月 8 日）

特別支援教育の在り方に関する調査研究協力者会議（2003）今後の特別支援教育の在り方につ
いて（最終報告）
https://www.mext.go.jp/b_menu/shingi/chousa/shotou/054/shiryo/attach/1361204.
htm（最終閲覧日：2021 年 11 月 8 日）

21 世紀の特殊教育の在り方に関する調査研究協力者会議（2001）21 世紀の特殊教育の在り方
について ― 一人一人のニーズに応じた特別な支援の在り方について（最終報告）
https://www.mext.go.jp/b_menu/shingi/chousa/shotou/006/toushin/010102.htm
（最終閲覧日：2021 年 11 月 8 日）

●●● コラム⑩　アクティブ・ラーニングと学習指導要領 ●●●

　現行の学習指導要領の改訂の基本方針の中で「『主体的・対話的で深い学び』の実現に向けた授業改善（アクティブ・ラーニングの視点に立った授業改善）を推進すること」は示された。このことから、学習指導要領ではアクティブ・ラーニングを「主体的・対話的で深い学び」と捉えていることがわかる。

　さて、現在の学校教育の中で行われている授業実践を振り返ってみたい。子どもは「主体的」に学んでいるのだろうか？「対話的」に学ぶ機会は多いのだろうか？　このような学びを通して、子どもの学びは「深い」ものになっているのだろうか。現在の学習指導要領が告示される前から現在に至るまでの間、いくつかの学校で授業実践を参観させていただく機会があった。どの学校においても、子どもの学ぶ姿は「主体的」かつ「対話的」なものであった。しかし、「深い」学びに至ったかというと、そうだとは言い切れないものもあった。言い換えれば、このような授業は「主体的・対話的で深い学び」に見える授業であり、学習指導要領が目指す授業としてはまだまだ改善の余地があるということを意味している。

　では、どのような観点で授業の改善に取り組んでいけばよいのであろうか。それは各教科・領域の目標に設定された「見方・考え方」である。「見方・考え方」は子どもが学びを進めていく際の「物事を捉える視点や考え方」である。これを学びの過程で働かせることで、目標達成に至るとともに「見方・考え方」がより良いものへと磨かれていくのである。授業実践において、どのように「見方・考え方」を働かせるのかということを重視することで、授業実践の質を一層高めるとともに「社会に開かれた教育課程」の実現に向けた6点についての改善につながるのではないだろうか。

　学習指導要領の総説にも示されているとおり、子ども一人ひとりが「持続可能な社会の担い手」の一員になれるようにするのが、現在の教育に背負わされた大きな課題であり責任でもある。子どもの未来がよりよいものになるよう、「『主体的・対話的で深い学び』の実現に向けた授業改善（アクティブ・ラーニングの視点に立った授業改善）を推進」し続けなければならない。

【参考文献】
文部科学省『小学校学習指導要領（平成29年告示）解説総則編』東洋館出版社、2018年

第11章
マイノリティとジェンダー

1. マイノリティとジェンダーを学ぶ意義

　本章は、前章までに学修してきたことと大変深く関連している。

　とりわけ、第5章子どもの福祉と教育、第6章多様化する家族のあり方、第7章いじめ問題への対応、第8章不登校児童生徒支援のあり方、第9章子どもとメディア利用、第10章特別支援教育など、これらの学びをつなぎながら横断的・総合的に学びを深めていくことに期待したい。

　本章では、マイノリティとジェンダーについて、理解したり自分の考えがもてるようになったりできるようになることを目指す。

　わが国においては、世界人権宣言に先立つ昭和22（1947）年に「基本的人権の尊重」を基本理念に掲げた日本国憲法が施行され、それ以降、国際人権規約をはじめ人権関連条約の批准がなされてきた。また、「人権教育及び人権啓発の推進に関する法律」をはじめ、国内で発生する様々な人権課題に対応するための個別の法整備が進められてきている。

　背景となる法整備を根拠として具体事例をもとに関心や理解を深め、マイノリティとジェンダーについて、「人ごとではなく、自分事」として考えたり、理解したりできるように述べていきたい。

　今のあなたは、学校教育の中にあるマイノリティとジェンダーについて、その実態や課題をいくつあげられるだろうか。

　例えば、教員になる志の強さや迷いの有無に関わらず、この視点から社会

を見つめ直すことに価値があったといえることも学修のゴールの一つであろう。

　教育実習の際には、学校現場では「先生」と呼ばれ「みなし教育公務員」として、未来を築く子どもたちの身近にいる限り、知っておくべきこと考えていきたい内容であることが、学ぶ意義の一つである。

（1）　学校教育とマイノリティ

　マジョリティ（majority）は多数派と訳され、その反対であるマイノリティ（minority）は、少数派と訳される。本章では、マイノリティを社会的少数者、または社会的弱者として捉えて論を進めていくこととする。マジョリティ側の人たちにとっては当たり前とされる価値観が、マイノリティにとっては当たり前でないことが多々あり、マリノリティであるがゆえに偏見や差別を経験することもあるのが実態である。

　日本には、国籍、民族、宗教、障がいの有無、出自、性的マイノリティ（LGBTX 性指向・性自認）、ジェンダー等において多様な背景をもつ人びとがいる。

　大阪府人権施策推進基本方針（2021）[1] では、次のように述べられている。

　「社会の人権文化を豊かにするためには、二つのことが必要です。一つは、性別、性的指向・性自認、障害の有無、社会的出身、あるいは人種や民族など、本人が選ぶことのできない事柄によって、生き方の可能性が不当に制約される状況をなくしていくことです。もうひとつは、すべての人が自分らしさを輝かせ、様々な異なりをもった他者との出会いを通じて世界を広げ、社会参加を実現することによって、個の主体性や多様性にもとづく新たな社会的活力を創り出すことです。

　今日まで、さまざまな人権分野で法整備が進められ、人権尊重のための社会の仕組みづくりが進んできました。また、一方では新たな課題も生まれています。」

　とりわけ、学校教育の中での現状の課題、新たに生まれている課題に気付いたり、正しく知ったりしていきたいものである。

　細田（2020）[2] によると、外国人または外国にルーツをもっていること、障害児、病弱であること、新型コロナウィルス感染症感染者であること、または感染者の家族がいること等の災害やパンデミックなどの非常時には、社会的に弱い立場の人たちはさらに困窮することが先行研究から明らかになっている。

（2）外国人とマイノリティ

　外国人に関する課題としては、国際化が急速に進む一方で、言語、習慣、価値観等の相互理解が不十分であることなどから、就労における差別や入居差別などの問題がある。また、歴史的経緯から韓国・朝鮮人が多く居住している地域の在日韓国・朝鮮人の中には、差別を回避するため、その意に反して本名ではなく日本名（通名）で生活せざるを得ないといった問題も存在している。

　近年では、特定の人種や民族の人々を排斥する差別的言動、いわゆるヘイトスピーチが社会的な問題になっている。

　平成28（2016）年6月に「本邦外出身者に対する不当な差別的言動の解消に向けた取組の推進に関する法律」[3] が施行され、大阪府においても、令和元（2019）年11月に「大阪府人種又は民族を理由とする不当な差別的言動の解消の推進に関する条例」[4] が施行された。

　また、平成30（2018）年12月に「出入国管理及び難民認定法」を改正[5] し、外国人材の適正・円滑な受入れの促進に向けた取組とともに、外国人との共生社会の実現に向けた環境整備を進められている。

　今後も外国人の居住の増加が見込まれる中、互いの文化的な違いを認め合い、多様性を受け入れ、ともに生きていく社会を築いていく必要がある。

　現在、日本には223万人を超える外国人が暮らしており、永住者の次に多いのが留学生である。約21万人の留学生が大学や専修学校、日本語学校などで学んでいるとされている。

　留学生は、自らの文化的背景や価値観とまったく異なる社会で生活しているために、様々な課題や困難に直面することがある。まず、第二言語で修学や研究を行う困難がある。その上、家族や友達がそばにいないため、ソーシャルサポートが少なくなったり、異文化に触れることで自分のアイデンティティが

変化したり、また、マイノリティに対する偏見や差別を経験したりすることがあるという。

　期間を問わず、日本に居住する外国人として、留学生がどのような経験をしているか、身近で聴き取る機会はつくれないだろうか。どのような要因が困難な状況を招いているのか、留学生の文化受容に影響を及ぼしているのか、どのようにしたら留学生が心身の健康な学生生活を送っていけるのかなどの個人的要因と社会的要因の双方から探究する機会を模索していくことが期待される。

　また、視点を変えてみれば、同じ日本人であっても日本国内で暮らす日本人はマジョリティであるが、海外で生活すればマイノリティになるのである。

　「マジョリティかマイノリティか」は、環境に大きく依存するということであり、海外旅行したり留学したりした際の日本人自身が現地ではマイノリティであることも決して忘れてはならないのである。

　海外に行く機会や留学する機会が見込めない場合や身近に留学生がいない場合は、ニュースやネットで個々に調べてみることも容易になっている。

　例えば、アスリートについての国際的な活躍は、頻繁に聞かれるようになってきた。プロテニス選手の大坂なおみさんは父親がハイチ系アメリカ人、プロバスケット選手の八村塁さんは父親がベナン人、プロゴルファーの笹生優花さんは母親がフィリピン人などと紹介されている。アスリートの活躍で多文化共生社会が進んでいるともみてとれる一方、幼少期からの戸惑いや辛い経験や理不尽な環境についても知る機会があるのではないだろうか。

考えてみよう・話し合ってみよう

　あなたが小学校、中学校・高等学校の教員になったとして、次のことについて自分の考えもち、話し合ってみよう。

　【明日、外国にルーツをもつ子どもがあなたの担任する学級に転入してくることがわかりました。その児童または生徒は日本語でのコミュニケーションが十分とは言えない実態のようです。あなたは、担任として学級・学年の子どもたちにどのような言葉かけや働きかけをしますか。今日の下校時までに伝えること、長期的な取組の見通しの両方について考えてみよう】

（3）　性的マイノリティ

　性的マイノリティに関する課題としては、「出生時に割り当てられた性」と「自認する性」が一致している人や、「性的指向」が異性に向いている人が多数派とされている。そのような中、そうではない人に対する差別や偏見が存在している。性的マイノリティ（性的少数者）の人権問題に関する社会の理解はまだ十分に進んでいないのが現状であろう。

　性的指向については、性的指向を理由とする差別的な取扱いは不当であるとの認識が広がっているものの、いまだ同性愛等に対して根強い偏見や差別があり、苦しんでいる人びとがいるとされている。性自認については、出生時に割り当てられた性と自認する性との違和感に悩みながら、社会の中で偏見を受け、社会生活上、支障をきたしたり、職場や学校等で嫌がらせやいじめ、差別を受けたりして、苦しんでいる人々がいる。

　令和元（2019）年10月に施行した「大阪府性的指向及び性自認の多様性に関する府民の理解の増進に関する条例」（大阪府性の多様性理解増進条例）[6] の趣旨を踏まえ、性の多様性についての理解を深め、偏見や差別意識がなくなるよう、啓発や当事者が抱える様々な課題に対する取組を進めていくことが求められている。

　性の多様性については、LGBTQ（レズビアン、ゲイ、バイセクシュアル、トランスジェンダー、クエスチョニング／クィア）の人とされており、さまざまなメディアを通しても知る機会が増えていることが進みつつあるといえよう。

　性同一性障害の方の主張の一つの「トイレを自由に使用させないのは違法」という訴えが2021（令和3）年7月12日、裁判所に認められた。一方で、いわゆる性的マイノリティとされる方たちが日常で感じる違和感や不便さは、トイレの問題だけではないとされる。

　木村（2021）の記事[7] に、「私はゲイで、金メダリスト」という英国飛び込み選手が会見で語った半生がある。

　水泳の男子シンクロ高飛び込みで金メダルを手にした英国のトーマス・デーリー（27）は男性のパートナーと3歳の息子と暮らす。会見で言ったの

は、

「私はゲイで、金メダリストです」

7歳で競技を始め、2008年北京五輪に14歳で出場した。地元開催の12年ロンドン五輪は高飛び込みで銅メダルを獲得し、16年リオデジャネイロ五輪はシンクロで銅。そして、この日、4回目の五輪で強豪・中国を破り、金メダルをつかんだ。表彰台の頂上に立ち、涙を流して笑った。

「オリンピックチャンピオンは長年の夢だった。まだ実感がない。信じられない」「若かった頃は孤独だった。何もできないと思っていた。どこでもなじめないのではないか、と。葛藤していた」

13年にゲイを公表し、17年に米国の脚本家の男性と結婚した。

「孤独でも、孤独じゃない。必ず仲間がいる。家族がサポートしてくれる」

18年に家族に迎えた息子は、「最高のサポーター」だという。1カ月前、3歳の誕生日を迎えた。

「オリンピック選手になりたいと言ってくれる。それがうれしい。チャンピオンになって、パートナーも息子も喜んでくれる。本当は東京で見てくれたらよかった。早く帰って、一緒に祝いたい」

今年5月、東京で開かれたW杯。デーリーは競技のない時間に、観客席で1年半前に始めた編み物に打ち込んでいた。競技の価値を「出自も性別も全く関係なくジャッジされること」を語り、こう続けた。

「自分のストーリーを伝えることで、人々の意識を変えることができる」（木村健一）

考えてみよう・話し合ってみよう

① あなたの幼児期（小学校入学までの時期）にマイノリティとして見られた事象について振り返り、互いの考えを交流してみよう。

② これまでの義務教育以降の学校教育の中で、あなたの身近な大人や教員は、どのような働きかけや言葉かけをしていたか振り返り、「学校教育におけるマイノリティ」について、互いの考えを交流してみよう。

2. ジェンダーと教育

ジェンダー（gender）とは、生物学的な性別（sex）に対して、社会的・文化的につくられる性別のことを指し、世の中の男性と女性の役割の違いによって生まれる性別のことと定義されることが多い。

人間は、生物学的性では、男女のふたつに分類される。女性は社会において、およそ半数を占めることから、少数者ではない。しかし、女性がマイノリティであることは、様々な文献や調査において報告されているのが実態である。

女性の人権問題を女性の問題と捉えるのでははく、すべての人間としての問題、自分の問題として捉えて、同時に多面的に進めていかなければ、だれもが豊かに生きることはできないだろう。

ジェンダー理論は、身体との関係を内包しているとされ、バトラー（Butler. J.）「ジェンダー・トラブル」（1990、訳書 1999）[8]では、「本質的な性が人間の内部に内面化されるのではなく、異性愛主義のアトリクスが人間の身体の表面に書き込まれ、あたかもそれが内面的な本質であるかのように見せかけられている。」と論じている。

人々の意識の中に長い時間をかけて形づくられてきた、性別に基づく「固定的性別役割分担意識」は、男女共同参画社会の実現に向けた大きな障害の一つとなっていると考えられている。また、ドメスティック・バイオレンスの被害者は、多くの場合女性であり、その背景には、「固定的性別役割分担意識」や男女間の経済格差など、社会の構造的問題が関与しているともいわれている。

加えて、10代、20代の交際相手同士の間で起こる暴力である「デート DV」も問題となっている。また、「配偶者からの暴力の防止及び被害者の保護等に関する法律」に基づき、配偶者等からの暴力を許さない社会づくりが求められている。一方、これまでは仕事中心だった男性の中にも、家庭や地域で活躍している人が増えており、仕事でも、家庭でも、地域でも、男女ともに自分らしく暮らせる社会を実現していくことが必要となってきた。

「男女共同参画社会基本法」「女性の職業生活における活躍の推進に関する法律」に基づき、男女がともに自分らしくいきいきと暮らせる社会の実現に向けて、男女共同参画の推進が求められている。

（1） 国内における女性の人権の歴史

現代では当たり前になっていることも、先人によって苦難の道を開拓する長い年月をかけて切り開かれた歴史があることは知っておく必要があるだろう。

国内における女性の人権の歴史には、平塚らいてうの存在がある[9]。大正から昭和にかけ、婦人参政権等、女性の権利獲得に奔走した活動家の一人として知られる。1886（明治19）年2月10日東京生まれで、女性が自由に生きられない社会に疑問を抱いたらいてうは、日本女子大学校進学後に、雑誌『青鞜』を発刊して「隠されてしまった我が太陽を取りもどそう」とよびかける。

第一次大戦後、市川房枝らと新婦人協会を結成して女性参政権を要求、また消費組合運動にも参加している。戦後は日本国憲法に共鳴して「世界平和アピール七人委員会」に参加、日本婦人団体連合会、母親運動、新日本婦人の会などに協力した女性解放運動家でもあり、主に反戦・平和運動に参加した。湯川秀樹らとともに「世界平和アピール」を発表し、1955（昭和30）年12月婦団連名誉会長となる。1971（昭和46）年に85歳で逝去するまでの生涯は、恋愛も結婚も出産も自分の意思で決め、「後ろを振り向かない」姿勢であったと伝えられる。1911（明治44）年9月『青鞜』の発刊から、1973（昭和48）年で、自伝『元始、女性は太陽であった』は完結している。

（2） 各国における男女格差

続いて、世界から見た日本のジェンダーについて、確認しておきたい。

2020年12月、世界経済フォーラム（World Economic Forum）が「Global Gender Gap Report 2020」[10]を公表し、その中で、各国における男女格差を測るジェンダー・ギャップ指数（Gender Gap Index：GGI）が発表された（表11-1）。この指数は、経済、政治、教育、健康の4つの分野のデータから

作成され、0が完全不平等、1が完全
平等を示している。

2020（令和2）年の日本の総合ス
コアは0.652、順位は153か国中121
位（前回は149か国中110位）であっ
た。総合点を比較して各国の順位が
決定された（内閣府男女共同参画局
総務課）。

このほか、「各国における男女格差
を測る主な国際的指標」としては、
国連開発計画（UNDP）のジェン
ダー不平等指数（Gender Inequality
Index：GII）がある。GIIは、保健
分野、エンパワーメント、労働市場
の3つの側面から構成されており、
男女の不平等による人間開発の可能
性の損失を示している。

0から1までの値を取り、1に近
いほど不平等の度合いがより高いこ
とを示している。2019年統計更新で
は、日本の値は0.099で、世界162
か国中23位であった。

「政治（125位）、経済（117位）」
の女性参加の圧倒的な低さが目立つ
（表11-2）。

ここでは、スコアはそれほど低く

表11-1　GGI（2020）上位国及び主
な国の順位

順位	国名	スコア
1	アイスランド	0.877
2	ノルウェー	0.842
3	フィンランド	0.832
4	スウェーデン	0.820
5	ニカラグア	0.804
6	ニュージーランド	0.799
7	アイルランド	0.798
8	スペイン	0.795
9	ルワンダ	0.791
10	ドイツ	0.787
15	フランス	0.781
19	カナダ	0.772
21	英　国	0.767
53	米　国	0.724
76	イタリア	0.707
81	ロシア	0.706
106	中　国	0.676
108	韓　国	0.672
121	日　本	0.652

表11-2　各分野におけるスコア順位

分　野	スコア（順位）	昨年の スコア（順位）
経　済	0.598（115位）	0.595（117位）
政　治	0.049（144位）	0.081（125位）
教　育	0.983（ 91位）	0.994（ 65位）
健　康	0.979（ 40位）	0.979（ 41位）

ないとされている教育（65位）に焦点を当ててみることとする。

「男女共同参画社会基本法」制定（1999年）前後に学校教育におけるジェン
ダー学習が広がりを見せ始める。

石倉（1998）[11] は、「ジェンダー・フリーな教育を目指すためには児童・生徒、教師、保護者の考えの中にあるジェンダー・バイアス（偏見）に先ず気づくことから始めなければならない。毎日の生活や人間関係の中に何気なく組み込まれているジェンダーに気づき、見直すためにはジェンダーチェック（ジェンダーバイアス度のチェック）を行うのが良い方法である」と述べている。

　そして、「性別役割とされてきたものの大半は決して生物学的ないし生理学的必然ではなく、社会的・文化的につくられたものである事実を認識すること、現代社会における男女の性役割が平等で相補的なものでなく優劣関係や二重基準があることを明らかにすること、性役割の配分がそれぞれの社会の全体構造と密接に結びつき相互に支え合っているその関係を探り出すこと、社会から期待され要求される性役割を取得していく社会化の過程を明らかにすることなどがある」と論じている。

　ここで、問いをもち、時系列として学習者がこれまで生まれ育ってきた体験から今後の就職や生涯の流れの順に考えられるように進めていくこととしよう。

（3）教員とジェンダー

　これまで出会った教員について、振り返ってみよう。なぜ、小学校の先生は女性が多いのに高校・大学と上級の学校にいくほど少ないのだろうか。

　初等中等教育における管理職に占める女性の割合の現状「学校基本統計」および「公立学校教職員の人事行政状況調査」をもとに（独立行政法人国立女性教育会館）[12] では、「学校教育分野における政策・方針決定過程への女性の参画拡大」として、(1) 施策の基本的方向には以下のことが明文化されている。

　「○教育委員会や学校において、女性の能力発揮が組織の活性化に不可欠であること、また、管理職の性別構成が児童生徒の意識に影響を与えうることを踏まえ、教育長や教育委員、校長、教頭など意思決定過程への女性の登用を推進する。特に、学校においては校長への女性の登用を一層促進する。

　○多様なキャリアの女性教員が将来的に校長や教頭に就任することにつながるよう、多様なモデルを提示し管理職の仕事の意義ややりがいを示すととも

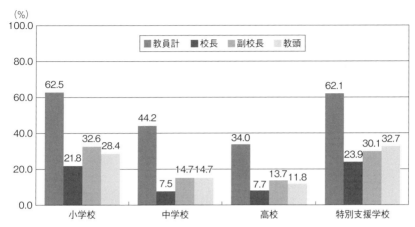

図 11-1　校種・職位別管理職に占める女性の割合（公立小学校・中学校・全日制高校・特別支援学校）
（出典）文部科学省「学校基本統計」（令和2年度）をもとに作成。

に、様々な経験や役割を担う機会を積極的に与えるポジティブ・アクションなどを通じて、女性教員の育成を図る」

　この施策にかかわる成果目標「初等中等教育機関の教頭以上に占める女性の割合」の値は、副校長・教頭 20.5%（2019 年）→ 25%（2025 年）、校長 15.4%（2019 年）→ 20%（2025 年）と定められている。

　管理職を一括りとした第4次の基本計画の目標値の設定とは異なり、第5次の目標値は「副校長・教頭」と「校長」にわかれている。第5次の基本計画の具体的な取組として、「各教育機関や教育関係団体における意思決定層への女性の登用について、具体的な目標設定を行うよう要請する」とされている。

（4）　ヒドゥン・カリキュラムとジェンダー

　次に、自分自身の学校教育を振り返ってみよう。

　カリキュラムには、「ヒドゥン・カリキュラム」といわれる見えない部分や見えにくい部分があり、これらが人間形成に大きな影響を与える。

　「ヒドゥン・カリキュラム」は、主に教師の無意識的、無自覚的な言動により、児童や生徒へ伝わっていく知識、価値観、行動様式などのことである。

1968 年にシカゴ大学の研究者、フィリップ＝ジャクソンによって提唱された「潜在的カリキュラム」または「隠れたカリキュラム」とも呼ばれるものである。そこに、「女らしさ」の押しつけや男子生徒とは別の判断基準はなかっただろうか。一見しては見えにくいが日常的な慣習となっていたり、慣行化していたりして、性差別を生み出す要因の一つになっていると考えられる。

これまでの学校カリキュラムや学校行事など、記憶にある範囲で交流してみよう。それらのカリキュラムと共に、「ヒドゥン・カリキュラム」の中にもジェンダーを考える視点は見つかるだろうか。

ヒドゥン・カリキュラムの具体例として、以下のようなものがある。

① 子どもに「女の子みたいに、いつまで泣いているの」という言葉で叱る。

② いつも男子から先に行動させることを教師が指示する。

③ 女子の制服はスカートで、男子はパンツ（ズボン）と決まっている。

④ 係活動で重い物を運ぶのは男子とされていて、女子が担当しようとすると心配される。

⑤ 児童会や生徒会の役職は、たいてい会長は男子で、副会長は女子である。

⑥ 共学の運動部のマネージャーは、ほぼ女子である。

これらの事例は、いずれも意図的・計画的・継続的に営まれるカリキュラム（顕在的カリキュラム）とは異なるものであり、目に見えにくく暗黙の了解の形で児童生徒に伝達されていく事が多い。必ずしもそうなるというわけではなく諸条件にも影響されるだろう。

重要なことは、それらが当然であると児童生徒が受け取る可能性があり、人間形成の時期の価値の根幹や思考の習性となる可能性が大きいことを認識しておくべきであろう。

初等中等教育以前に、幼児教育におけるジェンダー形成については、青野(2008)[13] は、隠れたカリキュラムは保育における環境構成にも見られること保育者もそれを自明視していることを明らかにしている。

今後は、子どもがジェンダーついて考えるためは、初等中等教育以前の「幼児教育におけるジェンダープログラムの開発」が求められる。

（5）　高等教育進学とジェンダー

　教育の機会均等違反を放置してはいけない。ジェンダーギャップ65位の教育の分野においても、重大な女性差別があることが、昨今の医大における入試の女性差別で明らかになった。

　男女共同参画白書（2021年）[14]では「大学入学者選抜において性別を理由とした不公正扱いは決して許容されるものではない。そのような取扱いが行われることのないよう、各大学対し周知徹底を図るとともに、特に医学部医学科入学者選抜に係る入試情報については、各大学において、男女別の合格率の積極的開示を促す。【文部科学省】」と示された。

　大前提となるのが、教育基本法第4条である。

教育基本法平成18年12月22日法律第120号

●学校教育法昭和22年2月31日法律第26号

●児童福祉法昭和22年12月12日法律第164号

最終改正：平成28年6月3日法律第65号

（教育の機会均等）

> 　第4条　すべて国民は、ひとしく、その能力に応じた教育を受ける機会を与えられなければならず、人種、信条、性別、社会的身分、経済的地位又は門地によって、教育上差別されない。

　この「教育の機会均等」が、否定されたのである。事の発覚は、東京医大が男性の受験者に「加点」して、合格する女性の数が少なくなるように調整していたことである。この問題を受け、文科省は過去6年間の医学部の入試を緊急調査し、81大学中、6割から7割の医学部で男性のほうが多く合格している事を公表した。その後、文科省は「不適切な入試」を以下のように定義した。

・合理的な理由なく、成績の順番を飛ばすなどして特定の受験生の合否判定をすること

・性別や年齢、出身地域など属性を理由として一律的な扱いの差をつけること

この基準に照らして、9つの大学名を挙げて入試方法は「不適切」として発

表している（東京医科大、昭和大、神戸大、岩手医科大、金沢医科大、福岡大、北里大、順天堂大、日本大）。

　この調査結果では、最初に男性への加点が判明した東京医科大は男性より女性の合格率が低く、スコアは1.29。女性の合格率が高いと1.0以下になる。

　順天堂大は1.69という異状な数値だった。その説明は、「女子のコミュニケーション能力が高いため男子の点数を補正した」とした。また、第三者委員会に根拠となった論文を提出したが、「医者になるならコミュニケーション能力が高いほうがいいはず」であり、納得がいかない。「女性は医者になっても、結婚や出産のために、途中で辞めるから、女性医師が多くなると医療現場が崩壊する。だから差別は仕方がない」という理論が、マスコミの間でも論じられた。アンケート結果では、日本の医療現場はギリギリであることから、現場の医師からも「東京医科大学の女子一律減点に『理解できる』『ある程度は理解できる』とした医師は65.0%」というがあがっている。株式会社エムステージ（女性医師のワークライフを応援するWEBマガジン「joy.net」を運営）は、「『医療現場に必要なのは根本的な働き方改革』としながらも、実際に一人でも人員が減ったら周りの人にしわ寄せがくると理解していることだ」と課題を指摘している。

　また、シカゴ大学の山口一男教授は、「OECD諸国の中で日本の女性医師の割合が最下位と低い。他国は『医療現場は崩壊』していないので、そのように感じられるとしたら女性のせいでなく、医療現場の医師の長時間労働が限界であることを示唆している。

（6）　就職活動及びその後のキャリア形成とジェンダー

　職業や雇用をめぐっては、就労形態や職種、職業に関する偏見や差別、本人の適性・能力に基づかない不合理な採用選考、賃金や昇進等における男女の不均等な待遇、職場におけるセクシュアル・ハラスメント、パワーハラスメント、妊娠・出産・育児休業等に関するハラスメントの問題等がある。

　「雇用の分野における男女の均等な機会及び待遇の確保等に関する法律」（男女雇用機会均等法）[15]で労働者が性別や妊娠・出産により差別されることを

禁止するとともに、職場におけるセクシュアル・ハラスメント対策の措置を事業主に義務付けている。https://www.mhlw.go.jp/file/06-Seisakujouhou-11900000-Koyoukintoujidoukateikyoku/0000130144.pdf

　また、「育児休業・介護休業等育児又は家族介護を行う労働者の福祉に関する法律」（育児介護休業法）においては、労働者が育児休業・介護休業等の制度を利用したことに関する事業主による不利益な取扱いを禁止している。

　「短時間労働者及び有期雇用労働者の雇用管理の改善等に関する法律」（パートタイム・有期雇用労働法）においては、通常の労働者と同視すべきパートタイム・有期雇用労働者の待遇を差別的に取り扱うことの禁止等を定めている。

　さらに、「労働施策総合推進法」の改正によりパワーハラスメント対策が法制化され、パワーハラスメント防止のために雇用管理上必要な措置を講じることが、事業主の義務となった。

　社会・経済情勢の変化に伴い、働き方も多様化する中、一人ひとりの仕事の役割を理解し、仕事に優劣のないことを認識し、社会を支える構成員としてお互いを認め合い支え合える社会を築くための取組が求められているところである。2016（平成28）年3月に男女雇用機会均等法を改正する法律等[16]が公布され、妊娠・出産等に関するハラスメント防止措置義務が新設された。

　就活リクルートファッションについて、以下、朝日デジタル（2021.5.17 高橋未菜）[17]による記事を抜粋引用して示しておきたい。

　　「女性らしさ」が強調されたリクルートスーツ、面接時には必須とする「ちょうどいい化粧」。就職活動する学生に対して、こうした押しつけをやめてほしいという声が性的少数者を中心に上がっています。履歴書の性別欄のあり方にも変化が起きるなど、就活におけるジェンダーのあり方を問う動きが広がっています。

事例は10年前の大学生時代の就職活動である。

　　ゆったりめのパンツスーツにネクタイを締め、面接会場に向かったが途中で怖くなり、「面接担当者におかしいと思われる」と、駅のトイレに駆け込んだ。ネクタイをはずし、化粧をした。ヒールのある靴とストッキングに履き替えた。そ

れでも、かばんが男性用だと気づかれたらどうしよう、と不安は消えなかった。

戸籍上は女性だが、性自認は、女性にも男性にも当てはまらないと考える「Xジェンダー」である。就職活動で身につける衣類や振る舞い方は、どれも「男性用」か「女性用」に分けられていると感じ、自身の存在が取り残されている気持ちになった。「服装やマナーでつまずき、どんな仕事がしたいのかまでたどり着けなかった」という。「その後、就職活動を断念し、体調を崩し大学卒業前後の３カ月ほど自宅から出ることができなくなった」との談である。

その後、職場でパンプスを強制することに疑問の声を上げる「#KuToo」運動を立ち上げた俳優の石川優実さんに数年前に出会い、就職活動での「らしさ」の押しつけも抑圧や差別だと気がついた。2020（令和２）年11月、インターネット上で「#就活セクシズムをやめて就職活動のスタイルに多様性を保証してください。」という署名活動を立ち上げた。「極端に二元化した男女別スタイルやマナーの押しつけをやめて、多様性のある装いのスタイルを提案して」「女性はこうすべき、男性はこうすべきという偏った表現は差別や抑圧につながるため見直しを」と求める。「集まった１万５千筆強を就職支援企業や青山商事や大手アパレル企業、大学などに提出する予定」とされている。

先述の記事は、性別役割分業（gender division of labor）「男女それぞれの責務や役割について明確に区分すること」および性的マイノリティと共に考えるには十分に複合的な要素を含んでいる。

考えてみよう・話し合ってみよう

①　あなたの幼児期（小学校入学までの時期）に遊びや生活の中で、身近な大人や保育者の働きかけでジェンダー問題として見られた事象について振り返り、互いの考えを交流してみよう。

②　これまでの義務教育以降の学校教育の中で、あなたの身近な大人や教員は、どのような働きかけや言葉かけをしていたか振り返り、「学校教育とジェンダー」について、互いの考えを交流してみよう。

3.　マイノリティとジェンダーを自分事として考え続けるために

　最後に、「ダイバーシティ＆インクルージョン」に関する認知獲得に向けての意識調査の結果 7 点のサマリー[18]　が大いに参考になると思われる。

① 　86.8％が多様性に富んだ社会の重要性を感じており、72.8％がダイバーシティ＆インクルージョンの推進に前向き

② 　95.9％が社会的マイノリティに対して日本社会に差別や偏見があると感じており、73.4％が実際に自分の中にある「心の壁」を何らかの形で意識した経験がある

③ 　社会的マイノリティに対する差別や偏見は 10 代が 61.6％で最も低く、最も高い 60 代の 72.9％と 11.3pt の差。特に LGBTQ に対する差別や偏見は、10 代は 26.7％であるのに対して 60 代は 54，6％と 27.9pt もの大差がある

④ 　社会的マイノリティに対する「心の壁」の感じ方は、「会話など通常のコミュニケーションが取りづらいだろうと思った」が 54.8％で最も多く、次いで「日常的な行動や仕事などできないことが多いだろうと思った」49.8％、「自分とは価値観が大きく違うだろうと思った」40.5％

⑤ 　社会的マイノリティとより多く、そして深く関わった経験のある人のほうが、そうした経験の少ない人に比べて「心の壁」を感じづらい

⑥ 　社会的マイノリティに対する「心の壁」の原因、第 1 位は「接し方が分からないから」43.1％、第 2 位は「あまり接したことがないから」42.4％、第 3 位は「よく知らないから」41.8％

⑦ 　「心の壁」を減らす方法の第 1 位は「一緒にお仕事や日常生活を共にする」が 49.5％、第 2 位は「イベントに参加するなど、コミュニケーションをとる」が 42.9％、第 3 位は「当事者やその家族、周辺の方々の体験談やレポートなどを読む」が 23.2％

　なお、【調査概要】は以下の通りである。

・調査主体：日本財団・調査対象：日本在住の 10 代（16 歳〜 19 歳）〜 60 代
・調査人数：5、216 人・調査方法：インターネット調査※構成比は小数点以下第 2 位を四捨五入しているため合計しても必ずしも 100 とはならない。

・調査時期：2019 年 7 月 26 日～ 29 日
・本調査における社会的マイノリティ：LGBTQ（レズビアン、ゲイ、バイセク
シュアル、トランスジェンダー、クエスチョニング／クィア）の人、身体障害
のある人、精神障害、発達障害、知的障害のある人、日本で暮らしている外国
籍の人、ミックスの人など見た目が日本人に見えない人、高齢者（おおむね 75
歳以上の方）
・本調査における「心の壁」：社会的マイノリティに対して、関わりを避けたり、
先入観や見た目で行動や価値観に違いがあるだろうと決めつけをしてしまう意
識のはたらきのこと

　また、鈴木（2017）[19]「社会の構造に目を向け、マイノリティの生きにくさ
につながっているかもしれない『マジョリティの当たり前』を見いだし、それ
らが少しずつ変わるよう働きかけていくことでもあります。多様な人たちが生
きやすい社会を作っていくことが必要なのです」の言葉も付しておきたい。
　2025 年には大阪・関西万博が開催される。この万博のテーマである「いの
ち輝く未来社会のデザイン」は、SDGs（Sustainable Development Goals：
持続可能な開発目標）が達成された社会を目指すものである。また、SDGs の
観点でも、平成 27（2015）年 9 月に国連サミットにおいて採択された「持続
可能な開発のための 2030 アジェンダ」に「人権を保護しジェンダー平等と女
性・女児の能力強化を進めること」[20] と記載されており、取り組むべき課題と
して、人権の視点が明確に示されている。

引用・参考文献
1)　大阪府人権施策推進基本方針（2021）
2)　細田満和子「公衆衛生（Public Health）からみた COVID-19 ― 今こそ大切な共生の思想
と実践 ―」『星槎大学紀要（Seisa Univ. Res. Bul.）共生科学研究』No.16（2020）pp.19-
27.
3)　法務省「本邦外出身者に対する不当な差別的言動の解消に向けた取組の推進に関する法律」
平成 28（2016）年 6 月
4)　大阪府「大阪府人種又は民族を理由とする不当な差別的言動の解消の推進に関する条例」
令和元（2019）年 11 月
5)　出入国在留管理庁「出入国管理及び難民認定法」改正　平成 30（2018）年 12 月

6)　大阪府「大阪府性的指向及び性自認の多様性に関する府民の理解の増進に関する条例」(大阪府性の多様性理解増進条例) 令和元 (2019) 年 10 月施行

7)　https://www.asahi.com/articles/ASP7V76JBP7VOIPE036.html (朝日 2021.7.26 閲覧)

8)　バトラー (Butler.J.)『ジェンダー・トラブル』(1990.　竹村和子訳書 1999) 青土社

9)　http://raichou.c.ooco.jp/nenpu.html (NPO 法人平塚らいてうの会 2021.5.2 閲覧)

10)　世界経済フォーラム (World Economic Forum)「Global Gender Gap Report 2020」2020 年 12 月

11)　石倉洋子「学校におけるジェンダー・バイアス―ジェンダー・フリーな教育のために―」『白鴎大学論集』第 13 巻第 1 号 (1998) pp.123-145.

12)　独立行政法人国立女性教育会館「学校教育分野における政策・方針決定過程への女性の参画拡大」http://id.nii.ac.jp/1243/00018886/2021.6.4 閲覧

13)　青野篤子「園の隠れたカリキュラムと保育者の意識」『福山大学人間文化部紀要』第 8 号 (2008) pp.19-34.

14)　内閣府「男女共同参画白書」令和 3 年度に講じようとする男女共同参画社会の形成の促進に関する施策 (2021 年) 第 2 部第 11 章　p255

15)　厚生労働省「雇用の分野における男女の均等な機会及び待遇の確保等に関する法律」(男女雇用機会均等法) (2020)

16)　厚生労働省「男女雇用機会均等法を改正する法律等」公布、妊娠・出産等に関するハラスメント防止措置義務が新設 (平成 28 年 3 月)

17)　高橋未菜「朝日デジタル」(2021.5.17)

18)　https://www.nipponfoundation.or.jp/app/uploads/2019/08/new_pr_20190823_01.pdf (2021.8.4 閲覧)

19)　http://www.ritsumei.ac.jp/psy/column/35/ 鈴木華子 (2017.6.8)「マジョリティとマイノリティ～多様性を尊重する社会をつくる」(2021.8.4 閲覧)

20)　国連サミット「持続可能な開発のための 2030 アジェンダ」に「人権を保護しジェンダー平等と女性・女児の能力強化を進めること」平成 27 (2015) 年 9 月採択

●●● コラム⑪　SDGsと学校 ●●●

　2020年オリンピックイヤーの始まりとともに、新型コロナウイルスの影響が世界中に広まった。変異しながら拡大し続けるウイルスの影響を誰が予測できただろうか。予測不可能な時代を迎えていることをあらためて認識させられた出来事である。

　Society5.0の時代を迎え、社会の変化が急速で予測不可能な時代を迎えている今日、学習指導要領に示されている「感性を豊かに働かせ、未来を創る」という目的に対応した、自分たちの未来を見据えた学校教育の取組が必要となる。その取組の中心となるのがSDGs（Sustainable Development Goals）、持続可能な開発目標である。SDGsは、2030年までにすべての世界各国が達成をめざす、「誰も取り残されない」17の目標のことである。

　蟹江（2020）は、SDGsの特徴の一つとして「自由な仕組み」をあげている。2030年の希望の未来の姿を目標とし、その目標達成は、それぞれに合ったアプローチで取り組むことができる。希望の未来に到達するために、どのような方法、行動が必要なのかを吟味、選択し、実行していくこと、それがSDGsの考え方である。

　学校教育の中でも、SDGsの考え方を組み込んだ教育実践が多く取り組まれてきている。例えば、小学校社会科の中では、仮説的に未来にアプローチする未来洞察（foresight）の手法を手がかりにした未来洞察型の授業も提案されている（澁谷2020）。未来洞察とは、確定的な要素を用いて統計的にアプローチする未来予測（forecast）とは異なり、不確実な要素にも着目し、仮説的に未来にアプローチするものとして、予測不可能な社会に対応する考え方として注目されている。その授業構成は、確定的な要素を用い、直線的な延長で未来を考えさせる従来の未来予測型の授業を発展させたものとなっている。現時点では不確実ではあるが、複数の自分たちの希望の未来を描き、その実現に向けてのシナリオを創り出した上で価値判断・意思決定させ、社会に参画する力を育成することを目的とした授業となっており、SDGsの考え方と通ずるものである。

　ポストコロナにおける学校教育は、獲得した知識をどのように活用し、論理的に考えを導き出すかがますます問われる。学校教育の中でSDGsを取り組むことは一つの重要な視点となるだろう。

【参考文献】
文部科学省（2018）『小学校学習指導要領解説社会』日本文教出版、pp.2-5.
蟹江憲史（2020）『SDGs（持続可能な開発目標）』中央公論新社、pp.9-16.
澁谷友和（2020）「小学校社会科未来洞察型授業の開発 ― 希望の未来像を描くシナリオ作成に着目して ―」『社会系教科教育学研究』第32号、pp.41-50.

第 **12** 章

大学教育の今

1. 18歳人口減少の波と大学経営

　日本は、人口に占める高齢者の割合が増加する「高齢化」と、出生率の低下により若年者人口が減少する「少子化」が同時に進行する少子高齢化社会となっている。

　財務省によると約40年後つまり2060年頃には、65歳以上人口はほぼ横ばいで推移する一方で、20歳～64歳人口は大幅に減少し、高齢化率は現在の約30%から約40%へと約10%程度上昇することが見込まれている。このことは国の財政構造上、社会保障支出の規模の水準は高く社会保障以外の支出規模は低い水準となるとともに、労働人口の減少に伴い税収の規模も低い水準となるという大きな課題である。

　これは大学を取り巻く環境においても、次頁の2018年に中央教育審議会大学分科会将来構想部会（第13回）資料2（図12-1）で示された「大学進学者数等の将来推計」のグラフからも同様のことが読み取れる。

（1）　大学を取り巻く厳しい環境

　2018（平成30）年に中央教育審議会大学分科会将来構想部会が行った推計によれば、2040年の大学進学者数は約51万人となり、大学進学者数のピークであった2017年の約63万人と比較すると約12万人減少し、約80%の規模となると予測されている。

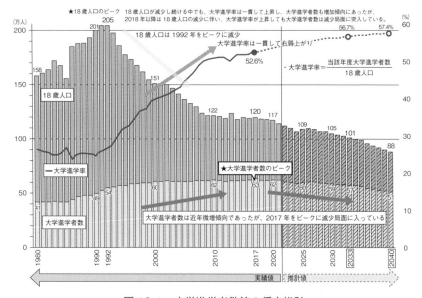

図 12-1　大学進学者数等の将来推計

（出典）2018 年中央教育審議会大学分科会将来構想部会（第 13 回）資料 2 を参照に作成

　1992（平成 4）年の 205 万人をピークとした 18 歳人口が減少し続ける中でも、大学進学率は上昇し、大学進学者数も増加傾向にあったが、2018 年以降は 18 歳人口の減少に伴い、大学進学率が上昇しても大学進学者数は減少するといった局面に突入している。これは 18 歳人口が 2040 年には 88 万人に減少しピーク時の約 44%になることと大きく関係しているといえる。

　一方、2005 年と 2017 年との大学の校数を比較してみると短大の一部が四年制大学へ変更した影響もあるが 726 校から 780 校へと増加している。

　ここまでの数値を整理してみると表 12-1 のようになる。

　また、2017 年における大学の数は 780 校であるが、そのうち私立が 604 校で全体の 77.4%を占めており、学部学生数は約 258 万人で私立が約 200 万人と全体の 77.7%を占めているという実態である。グラフ化すると図 12-2 のようになる。

表 12-1　18 歳人口・大学進学者数・大学数と大学進学率

年	18 歳人口（万）	大学進学者数（万）	大学進学率（%）	大学数（校）
1992（平成　4）	205	54	26.3	523
2005（平成 17）	137	60	43.7	726
2017（平成 29）	120	63	52.6	780
2033	101	57	56.7	?
2040	88	51	57.6	?

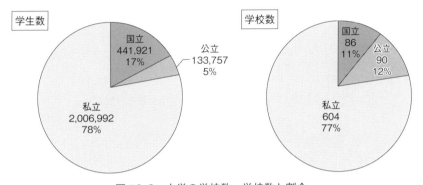

図 12-2　大学の学校数・学校数と割合
（出典）文部科学省「学校基本統計」（平成 29 年度）

　さらに大学を規模別に学校数と入学定員について調べてみると、図 12-3 で表されているように小規模大学の学校数は全体の 76.4%を占めており、そのうち私立が大部分を占めている。また、小規模大学の入学定員は全体の 34.1%を占めているが、こちらも私立が大部分を占めている。

　現実に 2018 年段階で小規模大学を中心とする私立大学の 4 割が定員割れを起こしている状況である。

　前に示した 18 歳人口の推移の表を見ると、あくまでも推計ではあるが大学進学者数は 2017 年から 2033 年までの 18 年間で 63 万人が 57 万人へ、2033 年から 2040 年までの 7 年間で 57 万人から 51 万人へとそれぞれ 6 万人ずつ減少していることがわかる。この 6 万人という人数を定員 1,000 人の中規模大学に置き換えてみると 60 校分にあたる数である。つまり 60 校減になる可能性

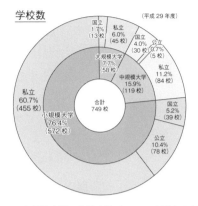

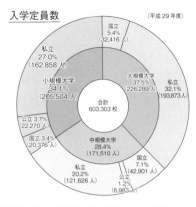

※大規模大学：入学定員が2,000人以上の大学、中規模大学：入学定員が1,000人～1,999人の
　大学、小規模大学：入学定員が999人以下の大学
※小数点第二位を四捨五入しているためグラフの合計値が一致しない場合がある。

図12-3　大学の学校数・入学定員数と割合
（出典）文部科学省調べ

　を含んでいるといえるであろう。このように考えると2040年までに12万人が減少するということは単純計算をすると今の780校から120校程度減となることも予測しておかねばならないだろう。

　18歳人口の減少というこの状況だけでも今後ますます定員の確保が難しく存続が危ぶまれる大学が増えることは容易に予測できるのである。しかし、18歳人口の減少が大学存続の危機をもたらせる大きな要因であることには違いないが、そのような要因の下でも生き残る大学やさらに発展する大学があることも間違いのないところである。このことは、18歳人口の減少は大学存続にとって負の要因ではあるが、その負の要因を乗り越えて大学が生き残り発展していくための正の要因もあることを意味しているのである。それだけに、なぜ衰退と発展といった大きな違いが起こるのかをいろいろな観点から分析し、解決のための手立てを講じることがこれからの大学経営にとって重要なことであるといえる。

（2）　大学教育の質向上に向けた改革の必要性

　人口増加、進学率の上昇に支えられてきた大学の量的拡大局面は終焉を迎えている。これからの第4次産業革命、Society5.0といわれる時代において、いかに大学で学ぶことの価値を社会に発信し、大学教育を経て、社会に貢献できる人材を送り出せるかが問われてきている。個々の大学がそれぞれの大学の個性・理念・特色を生かして、「この大学はこんな人材を育成している」という「その大学ならではの価値」を社会に示すことが、高等教育機関としての大学の最大の価値になってくるのである。このような大学ごとの個性がより重要になるにともなって、現在の日本において大学教育の質保証に向けた改革が注目され、その実現に向けた取組が強く求められている。

　このような大学改革や高等教育のあり方について、文部科学省をはじめ中央教育審議会大学分科会将来構想部会や日本経済団体連合会（経団連）などから短期間の間に次々と答申や提言として示されていることからもその緊迫感が伝わってくるところである。

　それは、これまでから我が国の大学教育が、学生に密度の高い学修を促す教育システムとなっていなかったことが問題視されてきていたにもかかわらず、なかなか改善されてきていなかったという現状に起因していると考えられる。例えば、学生が大学修了時までに必要な能力を身に付けることを保証する「出口における質保証」が十分に行われていないことや、厳格な卒業認定がなされておらず修得主義が徹底されていない実態が見られることなどがあげられていることからもわかる。

　それぞれの答申や提言では共通して、大学において育成すべき力を学生が確実に身に付けるためには、大学教育において「教員が何を教えるか」よりも「学生が何を身に付けたか」を重視し、学生の学修成果の把握・評価を推進することの必要性が述べられている。

　中長期的に見れば、大学が入学時の一時的な学力で評価されるといったこれまでの文化は今後変わっていくことが予想できる。答申や提言でも述べられているように、世界的な方向性として、教員が何を教えたか（inputs）を重視することから、学生は何ができるようになったか（outcomes）を重視する傾

向となると思われる。テクノロジーの急速かつ継続的な進化、グローバリゼーションの一層の進展の中で、社会は個人間の相互依存を深めつつより複雑化・個別化していることはわが国においても例外ではない。このような社会環境の今、日本がこれまでの「入学がゴールの国」から「卒業が評価される国」へと変革を目指した取組にどれだけ真剣に力を注ぐかが国の将来を左右すると言っても過言ではないだろう。

　大学の教育改革への取り組みについては、つい最近の2020（令和2）年に中央教育審議会大学分科会から出された「教学マネジメント指針」の中には次のような記載がある。

> ・「2040年に向けた高等教育のグランドデザイン」（平成30年11月26日中央
>   教育審議会答申）答申には、高等教育の大衆化に伴う変容を前提としても、
>   教育の質を保証するための現在の取組は不十分との認識が示されている。
> ・これまでも「我が国の高等教育の将来像」（平成17年1月28日中央教育審
>   議会答申）の取りまとめ以降、「高等教育計画の策定と各種規制」の時代か
>   ら「将来像の提示と政策誘導」の時代へと移行する中で、各高等教育機関に
>   おける自主的な教育改善努力が促されてきた。大学教育の質の保証について
>   も、これまで多くの積極的な教育改善の取組が進められてきたが、改善に真
>   剣に取り組む大学と改善の努力が不十分な大学とに二極化しているという指
>   摘もあり、大学全体として十分な信頼が得られているとは言い難い。

　かつては少数エリートが通っていた時代の大学と比較して、大学の大衆化が進んだ現在の我が国の実態を踏まえ、各大学には教育内容向上に向けて緊急にかつ全力で取り組むことが求められているのである。

（3）　大学教育の質保証に向けた改革

　大学教育の質保証に向けた改革とは、学修者本位の教育の実現を目指すことである。

　今後到来する予測困難な時代にあって、学生たちは卒業後も含めて常に学び続けていかなければならない。つまり自身が目標を絶えず明確に意識しながら主体的に学修に取り組むことや、その成果を自ら適切に評価して、さらに必要な学びに踏み出していく自律的な学修者となることが求められている。

①　学修者本位の教育改革の方向性

改革を進めるにあたっての着眼点やその切り口については、前出の答申「2040年に向けた高等教育のグランドデザイン」に的確に示されているので紹介する。

〈高等教育改革の実現すべき方向性として掲げられている事項〉

> ・高等教育機関がその多様なミッションに基づき、学修者が「何を学び、身に付けることができるのか」を明確にし、学修の成果を学修者が実感できる教育を行っていること
> ・このための多様で柔軟な教育研究体制が各高等教育機関に準備され、このような教育が行われていることを確認できる質の保証の在り方へ転換されていくこと

さらに同答申は具体的に、2040年に求められる人材像を次のように定義している。

・基礎的で普遍的な知識・理解と汎用的な技能を持ち、

・その知識や技能を活用でき、

・ジレンマを克服することも含めたコミュニケーション能力を持ち、

・自律的に責任ある行動をとれる人材

その上で、そのような人材を育成するために、高等教育機関は

・「何を教えたか」から、「何を学び、身に付けることができたのか」への転換

・「何を学び、身に付けることができたのか」という点への着目するように

と示している。

さらに、教育課程の編成においては、学位を与える課程全体としてのカリキュラム全体の構成や、学修者の知的習熟過程等を考慮し、単に個々の教員が教えたい内容ではなく、学修者自らが学んで身に付けたことを社会に対し説明し納得が得られる体系的な内容となるよう構成することなど、「個々人の可能性を最大限に伸長する教育」への転換を求めている。

このような学修者本位の教育とは、各高等教育機関の既存のシステムを前提とした「供給者（教員側）目線」から脱却し、学位を与える課程（学位プログラム）が、学生が必要な資質・能力を身に付ける観点から最適化されている

かという「学修者（学生側）目線」での教育ということである。このことは根本的で包括的な改革であるだけに、具体的に応えていくことは非常に大きな困難を伴うものである。しかし、各大学が社会的使命を十分に果たしていくためには乗り越えなければならない課題であるといえよう。

　② 3つの方針（ポリシー）に基づく教学マネジメント

　教学マネジメントは「大学がその教育目的を達成するために行う管理運営」と定義でき、大学の内部質保証の確立にも密接に関わる重要な営みである。

　この重要な教学マネジメントの確立に関して、前出の「グランドデザイン答申」では各大学が取り組むべき必要事項として下の内容が示されている。

・卒業認定・学位授与の方針、教育課程編成・実施の方針、入学者受入れの方針（以下「3つの方針」という。）に基づく体系的で組織的な大学教育を展開し、学位を与える課程（学位プログラム）共通の考え方や尺度に則って点検・評価を行うことで、不断の改善に取り組むこと。

・学生の学修成果に関する情報や大学全体の教育成果に関する情報を的確に把握・測定し、教育活動の見直し等に適切に活用すること加えて適切なPDCAサイクルを確立すること。

　ここで、3つの方針（ポリシー）とは何を示しているのかを今少し詳しく取り上げる。

・卒業認定・学位授与の方針（ディプロマ・ポリシー）
　　各大学等の教育理念に基づき、どのような力を身に付けた者に卒業を認定し、学位を授与するのかを定める基本的な方針で、学生の学修成果の目標ともなるもの。

・教育課程編成・実施の方針（カリキュラム・ポリシー）
　　卒業認定・学位授与の方針の達成のために、どのような教育課程を編成し、どのような教育内容・方法を実施し、学修成果をどう評価するかを定める基本的な方針。

・入学者受入れの方針（アドミッション・ポリシー）
　　各大学等の教育理念、卒業認定・学位授与の方針、教育課程編成・実施の方針に基づく教育内容等を踏まえ、どのように入学者を受け入れるかを定める基本的な方針。

　３つの方針は各大学の強みや特色が反映されたものであり、教学マネジメントの確立に当たって最も重要なものであるので、学修者本位の教育の質の向上を図るための出発点ともいえる存在といえる。特に「卒業認定・学位授与の方針」は、学生の学修目標として、また、卒業生に最低限備わっている能力を保証するものとして機能すべきものであり、具体的かつ明確に定められることが必要である。また、大学教育の成果を学位プログラム共通の考え方や尺度（アセスメントプラン）に則って点検・評価することを、教学マネジメントの確立に当たって強く心がけねばならない。

　教学マネジメントの確立にとって「３つの方針」が重要な役割を担っていることが、2020（令和2）年に示された「教学マネジメント指針」の最初に「3つの方針を通じた学習目標の具体化」という項目で取り上げられていることからも読み取れるところである。

　それだけに、大学教育の質の向上に向けた改革を進めるにあたっては、まず、「入学から卒業まで一貫して、その大学らしい人材をどのように育成していくのか」「どんな学生に来てほしいのか、高校卒業までにどのような準備をしてきてほしいのか」といった目標や要求を各大学が明確に示すことが必要となる。

　入学から卒業までの一貫した質の高い大学教育を目指すためには、いわゆる３つの方針（ポリシー）を一体的に策定することが重要であり、そうすることによりはじめて改革が実現可能なものとなるのである。

　「グランドデザイン答申」でも要求されていた３つの方針を基にした教育活動の PDCA サイクルのイメージ図が、中央教育審議会大学分科会大学教育部会の「参考資料」として公開されていたので紹介しておく（図 12-4）。

　2040 年を見据え生き残りをかけて教育の質向上を目指した大学改革を進めるためには、これまで述べてきた３つの方針に基づく教学マネジメントの確立だけで十分とはいえない。その他にも 2、3 を例に挙げると「大学入試改革」「文理融合等を通じた人文社会科学系教育の教科」「グローバル化の推進」「情報開示と学習成果の可視化」「オンラインを活用した授業・カリキュラムの拡大（MOOCs、EdTech の活用）」など取り組まなければならない課題はまだ

三つのポリシー…卒業認定・学位授与の方針（ディプロマ・ポリシー）、教育課程編成・実施の方針（カリキュラム・ポリシー）、
入学者の受け入れ方針（アドミッション・ポリシー）

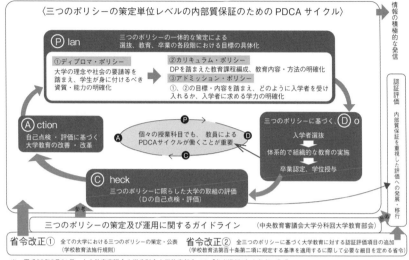

※　平成28年3月31日　中央教育審議会大学分科会大学教育部会での「参考資料2」を参考に作成

図12-4　「三つのポリシー」に基づく大学教育改革の実現（イメージ案）

まだ控えている。

　それらの課題に関しても各種の答申や指針にかなり具体的に提言されているので、それぞれの改革が必要とされている背景や要求事項を多方面から分析していくことが前進に結びつくであろうと確信している。

2. 社会が求める学生像

　これからの未踏の時代に、社会的・職業的に自立し、たくましく生き抜いていくためには、想定外の事象や未知の事象に対しても、持てる力を総動員して主体的に解決していこうとする力を培っていくことが必要である。

　そのためには、まずは、基礎となる学力、体力を土台としてしっかり身に付けることが不可欠である。基礎的な知識・技能は、いつの時代にあっても、おろそかにすることがあってはならない。特に、高等教育を目指し、高度な専

門教育を受けて、将来、社会人になる場合、その基盤として、文系にも必要な数理的思考法や、理系にとっての人文・社会系の素養など文系・理系を問わない幅広い教養を備えておくことが必要である。

　また、これからの世界を生きる上で、日本人としての文化や歴史、伝統を背景としたアイデンティティや国語力と並んで、英語を中心とした外国語による発信力や情報活用能力は不可欠である。

　これらに加えて、コンピュータの能力が人間の能力を上回るとの予測もあるからこそ、今後は、人間が優位性を持つ資質・能力を磨き、高めることが、ますます必要になる。例えば、あらかじめ正解のない問いや自ら設定した課題に挑戦していく活動や、創造性や高い専門性を発揮して行う活動、人間の感性や思いやりが求められる活動等の価値は、むしろこれまで以上に高まると考えられる。

　それだけにこれからの社会は以下のような資質・能力を身に付けた学生像を求めている考えられる。

・**主体的に課題を発見し、解決に導く力、志、リーダーシップを身に付けた学生**

　世の中のすべての仕事や活動が、より良い製品やサービスを提供したり新たな領域を切り拓いたりして、付加価値を生み出し、人々の生活の向上や社会の成長・発展をもたらしていこうとしている。その第一歩として、まだ解決されていない課題を発見し、提起していくことが必要である。課題とは、理想とする状態と現状との差のことであり、課題を発見するためには、まず、心に高い志を抱くことが不可欠となる。これはコンピュータや人工知能がどんなに発達しても、人間にしかできないことである。これからの世の中では、志を持って、主体的に学び、「なぜ、そうなるか」（Why）を考え、課題を発見する能力を高めることが重要である。また、課題解決に当たっては、他者と協力して対応しなければならない場合もあり、リーダーシップや責任感、さらには、相手に説明し、納得してもらう論理性や、人の心を動かすプレゼンテーション能力を養うことも不可欠だからである。

・創造性、チャレンジ精神、忍耐力、自己肯定感を持った学生

　未知の課題に挑み、解決策を生み出すためには、既存の概念にとらわれない創造的な発想力や企画力、直観力が必要である。これを身に付けるためには、慣れ親しんだ環境から離れ、失敗を恐れず、未知の場に飛び出して、発想を拡げる経験の積み重ねが不可欠であり、果敢に挑むチャレンジ精神とともに、強い忍耐力を養っていくことが求められる。また、その素地として、プラス思考で、様々な課題に意欲的に取り組む姿勢も必要となるからである。

・感性、思いやり、コミュニケーション能力、多様性を受容する力を備えた学生

　どれほどコンピュータや人工知能が発達しても、感性や思いやり、慈しみの気持ちなどにおいては最後まで人間が優位性を持つと考えらる。人に対して働きかけたり、人の感性に訴えたりする仕事や活動を行うことはもとより、職場やコミュニティの中で、他者と目標を共有し、協働して課題解決に取り組むことは、いつの時代にあっても不可欠である。また、グローバル化した社会では、異なる価値観や文化的・宗教的背景を持つ人たちと互いに理解し合い、共存していくことも必要である。社会の中での協調性と、その基盤となる倫理観を養うためには、他者に共感できる感性、思いやり、他者との意思の疎通を図るコミュニケーション能力、多様性を受容する力を身に付けていくことが必要である。その際、これまでの我が国の教育の中で培われ、日本人として大切にしてきた誠実さやおもてなしの心など、日本人が長けている感性をさらに伸ばしていくことも忘れてはならないことである。

　図12-5は経済産業省が社会で求められる「社会人基礎力」をとして提唱しているものである。「社会人基礎力」は、「前に踏み出す力」「考え抜く力」「チームで働く力」の3つの能力（12の能力要素）から構成されており、「職場や地域社会で多様な人々と仕事をしていくために必要な基礎的な力」と位置づけられている。

　社会が求める学生像を見極めていく上で参考となる切り口・視点を示した

「人生100年時代の社会人基礎力」とは

「人生100年時代の社会人基礎力」は、これまで以上に長くなる個人の企業・組織・社会との関わりの中で、ライフステージの各段階で活躍し続けるために求められる力と定義され、社会人基礎力の3つの能力／12の能力要素を内容としつつ、能力を発揮するたあたって、自己を認識してリフレクション（振り返り）しながら、目的、学び、統合のバランスを図ることが、自らキャリアを切りひらいていく上で必要と位置付けられる。

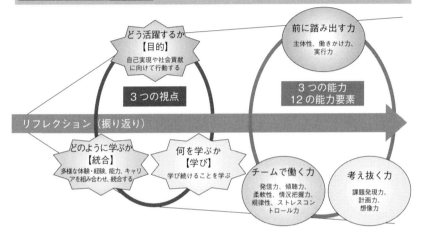

図12-5　人生100年時代の社会人基礎力

ものである。

　また、経団連からは今後の若手人材育成や大学改革に対する提言として、大学生に経済のデジタル化、グローバル化への対応と同時に、リベラルアーツ（教養）を高めることを求めている。そのため情報科学や数学、歴史、哲学など基礎科目を大学で全学生の必修とし、学部、学位、カリキュラムのあり方も根本的に見直すよう提案している。

　さらに、経団連は超スマート社会に向かいつつある現代を大きな変化の時代と位置づけ、新時代を切り開く若者を大学で養成するよう求めている。そのためには、文系、理系を問わず、リベラルアーツと呼ばれる高い教養を身に着けるとともに、ビッグデータや人工知能（AI）を使いこなす能力、高い語学力が必要であるとの考えである。

　文理融合はさらに進めるべきで、理系の学生に高度な語学教育、文系の学生に基礎的なプログラミングや統計学を教えるように要請もしている。

　以上の産業経済省や経団連の提案を総合してみると社会が求める具体的な学生像が自ずと見えてくるのではないかと思える。

　ここで言われているリベラルアーツとは、現代社会の様々な問題に立ち向かうための「総合力」のことであり、欧米ではリベラルアーツは専門教育の下位に位置するものではなく、それ自体がひとつの学問体系として確立されているものを意味しているのである。

　リベラルアーツを、単に知識を身につけるだけでなく、実践的な知性や創造力を養うための学問ととらえてしっかりと身につけてもらいたいものである。

引用・参考文献

「卒業認定・学位授与の方針」、「教育課程編成・実施の方針」及び「入学者受入れの方針」の策　定及び運用に関するガイドライン　中央教育審議会大学分科会大学教育部会　2016.

「我が国産業における人材力強化に向けた研究会」資料　経済産業省　2017.

「学校基本統計」文部科学省　2017.

「大学分科会将来構想部会第13回（資料2）」中央教育審議会　2018.

「2040年に向けた高等教育のグランドデザイン（答申」中央教育審議会　2018.

「今後のわが国の大学改革のあり方に関する提言」日本経済団体連合会　2018.

「教学マネジメント指針」文部科学省　2020.

●●●　コラム⑫　プログラミング教育　●●●

　2020（令和2）年度から「プログラミング教育」が必修化され、関心が高まっているが、具体的には何をどう学ぶのか正しく認識されていないようである。それを受けて、パソコンのスキルアップやロボットプログラミング、コーディングといった「プログラミング教室」が拡がり、実践的なプログラミングを学ぶものだと誤解を生んでいないだろうか。

　小学校での「プログラミング教育」とは、コンピュータに意図した処理を行うよう指示することができるということを体験しながら、身近な生活でコンピュータが活用されていることや、問題の解決には必要な手順があることに気付くことであり、いろいろな知識やコーディングを覚えることが目的ではない。各教科等で育まれる思考力を基盤としながら基礎的な「プログラミング的思考」を身に付けることが目的なのである。

　また、「プログラミング的思考」とは、自分が意図する一連の活動を実現するために、どのような動きの組合せが必要であり、一つ一つの動きに対応した記号を、どのように組み合わせたらいいのか、記号の組合せをどのように改善していけば、より意図した活動に近づくのか、といったことを「論理的に考えていく力」である。コンピュータの規則性に基づいて論理を組み立てたり、課題を解決したりする思考のことである。一方で、コンピュータを使わずに「アンプラグド」という学習方法で「プログラミング的思考」を育成する方法もあるのも知っていてほしい。

　そして、新しく「プログラミング教育」という教科・科目が創設されるわけではなく、小学校では、算数や理科などの既存の教科や総合的な学習の時間の中で、プログラミングの要素を取り込むことを意味しているのである。しかし、どの学年のどの教科でどのような内容を何時間学習するのか、といった具体的な中身については各学校が判断することになっており、各学校の教育目標、ICT環境や指導体制といったそれぞれの実情に合わせて進めていくため、学校によって差が生じることは否めない。

引用・参考文献

小学校段階における論理的思考力や創造性、問題解決能力等の育成とプログラミング教育に関する有識者会議、「小学校段階におけるプログラミング教育の在り方について（議論の取りまとめ）」、2016、www.mext.go.jp/b_menu/shingi/chousa/shotou/122/attach/1372525.htm.

小学校プログラミング教育の手引き（第二版）、pp.11-13、文部科学省、2018

第 **13** 章

これからの教育社会学
― 人間形成としての「自己実現」を図るために ―

1. はじめに

　時折しも、2022 年 2 月 24 日、ロシアのウクライナ侵攻が起きたが、このことによって、私たちは「新冷戦」（「冷戦」：第二次世界大戦後、対立するイデオロギーのアメリカ合衆国とソビエト連邦〈当時〉の両国が、核戦力を背景に対立した国際上の現象。）の再開を認識することが重要である。

　私たちは今こそ、「公正」（公平で偏っていないこと。心理学では、「正義」と同義。）を基軸とした「共生社会」実現に向け、社会としても、個人としても、まさに「自分事」として向き合わざるを得ない現実を迎えていることを自覚しなければならない。

　このような先の見えない状況にあっても、私たちは、社会情勢や世界の動向を見据え、柔軟で、適切な判断力を持ち社会を「生き抜く力」を持った子どもたちを育てていかなければならない。今後子どもたちに求められるのは、社会を「生き抜く力」であり、それが「21 世紀型能力」［国立教育政策研究所の定義では「『基礎力』は、言語・数量・情報を道具として目的に応じて使いこなす力、『思考力』は、一人一人が自ら学び判断し自分の考えを持って、他者と話し合い、考えを比較吟味して統合し、よりよい解や新しい知識を創り出し、さらに次の問いを見つける力、『実践力』は、日常生活や社会、環境の中に問題を見つけ出し、自分の知識を総動員して、自分やコミュニティ、社会にとって価値のある解を導くことができる力、さらに解を社会に発信し協調的に

吟味することを通して他者や社会の重要性を感得できる力」(国立教育政策研究所『教育改定の編成に関する基礎的研究報告書7』2014)] であることは明白であろう。

　この「生き抜く力」については、村瀬嘉代子氏が、その同義語とされる(住本克彦『〈折れない心〉の育成についての一考察』新見公立大学紀要第40巻 pp.65-70、2019) レジリエンスについて、「近年、心理学用語のレジリエンスが臨床領域でとみに注目されるようになってきた」とし、「この言葉は「困難な状況にもかかわらず、うまく適応できる力」「挫折から回復・復元する弾力性」を指している」(村瀬嘉代子『子どものこころに寄り添う営み』pp.55-65、慶應義塾大学出版会　2019) と定義した上で、レジリエンスが育っていき、「こころがしなやかに勁くなった人物像」としては、次のように述べている。「いたずらに力まず、現実状況を的確に捉えながら、自分の対処能力に応じて、自らも努力しつつ、ほどよく他者に助力を求めることができるようになる。かつ、平素から人間関係をつくり維持することが円滑にできて、自分を生かし、他をも活かす、協調や協力関係を円滑にもてるようになる。そして、一見難しい課題に対しても、その苦しさや悲しさにどう耐えるか、どう取り組んで解決したりのりこえるか、諦めずに考えつつ耐える過程のうちから何かを学び取っていける。さらに、自分のこころのちからを自分自身の課題解決にのみ使うのではなく、他者に対して想像力を働かせつつ分かつことをもする」(同 p61) ここでは、かなり具体的な育成したい子ども像が描かれている。

　また、本著の難波正義先生の論文にある通り、「自然との共生」のテーマは、人類の存続に直結する中核に位置するものと言っても過言ではないだろう。地球温暖化の問題も含め、こういった地球規模の様々な課題には国境は存在しない。さらに「新冷戦」を迎え、私たちの目の前には世界情勢が大きく揺らいでいる現実も横たわっている。

　2019年末からのコロナ禍により、人間としての在り方・生き方、人類としての在り方・生き方等が問われる時代を迎えている。「教育社会学」、「人間形成論」、「哲学」等が注目されている。教育思想家として知られるヨハネス・アモス・コメニウス(Johannes Amos Comenius)は、「献呈状15」において、

「天の下　人類の破滅（humanae corruptelae）を救うには青少年を正しく教育する（iuventutis recta institutio）より有効な道はほかにはない」〔コメニウス『大教授学 1』、世界教育学選集 24、p35　コメニウス（著）、梅根 悟（監修）、勝田守一（監修）、鈴木秀勇（翻訳）明治図書 1962〕と指摘し、人材育成の重要性を説いたが、『新冷戦』時代を迎えた現況にあっては、この言葉は一層重みを増したと言えよう。

　また、自己概念の第一人者の梶田叡一氏は「〈我の世界〉を土台として〈我々の世界〉を生きる」ことの重要性を説いている（『自己を生きるという意識』pp.33-38 金子書房 2008）。さらに、「人間的成長・成熟と内面世界・自己概念の教育」の項では、「育てていきたい内面世界・自己概念の主要ポイント」として 11 項目を挙げ、その中に「自分自身が、人々によって、さらには大自然の力によって、『生かされている』という自己概念を持つこと。さらには、それを土台とした『脱自己中心的』で満足感・充実感にあふれた人生観、世界観を持つこと」と「自分が基本的に生かされているのだとしたら、自分も何か自分にできることで周囲に貢献する、というのが自然であり当然である、という自己概念を持つこと。言い換えるならば、自分自身が他の人のために、また自然界をも含めた世界のために役立つ働きをするということは、存在論的な意味での基本的義務であり、またそのことは自分に本来可能であることを実感し、実際にそうした働きができるよう工夫し努力する姿勢を持つこと」を挙げている点は特に注目することが重要である（梶田叡一『自己意識論集 II　自己意識と人間教育』自己意識の心理学』pp.24-27 東京書籍 2020）。

　これらに関連して、自己実現へと向かう力と姿勢を育てようとする際、以下の 6 点に留意することが大切だとしている（梶田叡一『自己意識論 V　内面性の心理学』自己意識の心理学』pp.136-139 東京書籍 2021）。

(1)　自己洞察を深め、自分にとっての「現実」と「真実」は何かを理解すべく努める、ということであろう。

(2)　自分自身の内面の実感・納得・本音を大事にし、それを拠り所にして考え、発言し、行動するよう努める、ということである。

(3)　自分自身の内面世界を点検し、その浅さや鈍さ、歪みに気づき、是正・

改善をはかろうと努める、ということである。

(4)　自分自身の内面世界を豊かにし、深め、活性化すべく努める、ということである。

(5)　他の人の内面のあり方に関心を持ち、その人にとっての「現実」や「真実」にも虚心に耳を傾け、自分と異質なものにも寛容であると同時に、他の人と通底するものを積極的に求めるべく努める、ということである。

(6)　以上のことを踏まえたうえで、自分なりの「渇き」や「促し」にもとづいて内発的に成長していくよう努める、ということである。

梶田氏はこれら6点を挙げた上で「自己実現とは、ここで述べてきたように、自分の本当の感性や意欲を発現させ、躍動させ、それを通じて本当の自分自身に成り切っていくことである」とし、「自己実現は、社会的な進路の問題などではない。どのような進学、就職をするかという問題でもなければ、定年などで職業生活を引退するまでの間の仕事の仕方の問題でもない。その人の生涯をかけて、死ぬその時まで追求していかねばならない根本課題と言ってよい。自分を創る、自分を実現するということには、こうした本質的で長期的な展望が不可欠ではないだろうか」と説き（同 pp.139-140）、人間形成、つまり自己実現にあっては生涯をかけての学びであるとしている。さらに、社会体系との関連では「孤立した小宇宙である個々人が大勢集まって有機的に相互連係し合い、複雑な社会体系を形成しているという事実は、自己意識が実は社会的なものであるということに着目することによって、その仕組みの大要を理解することができる。つまり、これ以上個人的なものはない、というほど個人的なものと考えられる自己意識は、同時に、その個人が置かれた社会的位置や状況によって、基本的に規定されているのである。そして、個々人の間の有機的連関性自体が、さらには社会の相互関連的な機能のあり方が、そうした自己意識の社会性に基礎づけられているのである」として、社会体系と自己意識の関連を説いている（梶田叡一『自己意識論集1　自己意識の心理学』p187 東京書籍 2020）

　今後益々「平和」「自由」、そして「公正」（正義）が脚光を浴び、多様性を認める教育が求められ、社会を生き抜く力を備えた、「共生社会」実現を志向

する人材育成が急務となるであろう。　いずれにしても、先の見えない社会情勢の只中にある今こそ、教育改革や教育実践にその知見を提供できる立場にある、学問としての教育社会学の果たすべき役割は大きいといえよう。

2.　「共生」を志向する世界・社会の動き

（1）「ウェルビーイング」と「共生社会」の実現

　WHO憲章（1948）にも見られる「Well-being ウェルビーイング」（「『令和の日本型学校教育』の構築を目指して」〈中央教育審議会答申、2021〉にも記載 p4）とは、すべての人々が、個々人において、まさに、身体的にも、精神的にも、そして社会的にも満たされた状態にあることであるといえる。教育の立場からは、究極の自己実現がかなった状態と言ってもいいだろう。

　近年「世界が注目する『ウェルビーイング』！『ハピネス』とは違う幸せのキーワード〜 NEC未来創造会議・分科会レポート〜」のテーマで、「NEC未来創造会議」が開催された。

　その中で、NEC未来創造会議のベースにある未来創造プロジェクトでは、『幸せ（ウェルビーイング）』に着目し、幸福学の研究を行う慶應義塾大学システムデザイン・マネジメント研究所の前野マドカ氏と岡本直子氏は、「幸せ（Well-being）とはいかにして生まれるのか」について、心理学的・統計学的アプローチにより「やってみよう（自己実現と成長）」「ありがとう（つながりと感謝）」「なんとかなる（前向きと楽観）」「あなたらしく（独立とマイペース）」という幸せを構成する4つの因子が定義されたとして、これら4因子の重要性を述べている（世界が注目する「ウェルビーイング」！「ハピネス」とは違う幸せのキーワード〜 NEC未来創造会議・分科会レポート〜 https://wisdom.nec.com/ja/article/2019091301/index.html、2019）。

　既述の通り、自己概念についての第一人者で、筆者も「いのちの教育」について指導（「いのちの教育実践研究会」他）を頂いている梶田叡一氏は、教育の最終到達点にある「自己実現」について「最も深い水準での自己概念とは、その人が本当のその人に成り切っていくことである」とし、「その人が本

当にやりたいことをやれるようになること」であり、「そのためにこそ、さまざまな認識や能力も身につけていかなくてはならない」として、教育の営みの重要性に触れている（梶田叡一『自己意識論集Ⅴ：内面性の心理学』東京書籍2021、p129）。さらには、「じつは教育というのは、〈我々の世界〉で生きる力を身につけるということだけではありません。〈我の世界〉を生きる力を同時に考えていかなくてはならない」としており、社会とのつながり、自身の人生や生き様両方を意識しながら生きることの大切さを説いている。これらは、前野マドカ氏と岡本直子氏の4因子とも関連しているのである。すなわち、個々人においての「ウェルビーイング」や「自己実現」の成立なくして「共生社会」の実現はありえないと言っても過言ではないだろう。

（2）　持続可能な社会を築くために：求められる SDGs の達成

　最近、「SDGs」（エス・ディー・ジーズ）という言葉が大きな話題となっている。SDGs とは「Sustainable Development Goals」の略で、「持続可能な開発目標」と表されている。SDGs は、「誰一人取り残さない」社会の実現を目指し、経済・社会・環境をめぐる広範な課題に統合的に取り組むため、2015 年 9 月に国連で採択された「持続可能な開発のための 2030 アジェンダ」に掲げられたものである。

　そして、持続可能な社会を達成することを目指して、2030 年に向け、世界全体が共に取り組むべき普遍的な「17 の目標」と「169 の達成基準」が示されている。

　SDGs というと、科学技術イノベーション（STI for SDGs）の推進が話題になりがちであるが、もちろん「17 の目標」の中には教育も掲げられており、この教育の取組にインクルーシブ教育の構築・推進が深く関わっている。ここでは、その点を確認するとともに、SDGs との関連でインクルーシブ教育の推進に取り組んでいるユネスコの取組を見ていこう。

　SDGs の「17 個の目標」は、どれも明確で、「共生社会」の実現ためには大切なものばかりである。そしてそれらを達成するために考え出されたのが「達成基準」である。

それは 2030 年までに達成すべき基準で、目標毎にほぼ 10 個ずつ、総数 169
個になる基準である。以下はその最初に挙げられている項目である。

① 2030 年までに、現在 1 日 1.25 ドル未満で生活する人々と定義されてい
  る極度の貧困をあらゆる場所で終わらせる。

② 2030 年までに、飢餓を撲滅し、すべての人々、とくに貧困層および幼
  児を含む脆弱な立場にある人々が、一年中、安全かつ栄養のある食料を
  十分得られるようにする。

③ 2030 年までに、世界の妊産婦の死亡率を出生 10 万人当たり 70 人未満
  に削減する。

④ 2030 年までに、すべての子どもが男女の区別なく、適切かつ効果的な
  学習成果をもたらす、無償かつ公正で質の高い初等教育および中等教育
  を修了できるようにする。

⑤ あらゆる場所におけるすべての女性および女児に対するあらゆる形態
  の差別を撤廃する。

⑥ 2030 年までに、すべての人々の、安全で安価な飲料水の普遍的かつ平
  等なアクセスを達成する。

⑦ 2030 年までに、安価かつ信頼できる現代的エネルギーサービスへの普
  遍的アクセスを確保する。

⑧ 各国の状況に応じて、1 人当たり経済成長率を持続させる。とくに後発
  開発途上国は少なくとも年率 7% の成長率を保つ。

⑨ すべての人々に安価で公平なアクセスに重点を置いた経済発展と人間
  の福祉を支援するために、地域・越境インフラを含む質の高い、信頼でき、持続可能かつ強靱（レジリエント）なインフラを開発する。

⑩ 2030 年までに、各国の所得下位 40% の所得成長率について、国内平均
  を上まわる数値を漸進的に達成し、持続させる。

⑪ 2030 年までに、すべての人々の、適切、安全かつ安価な住宅および基
  本的サービスへのアクセスを確保し、スラムを改善する。

⑫ 開発途上国の開発状況や能力を勘案しつつ、持続可能な消費と生産に

関する 10 年計画枠組み（10YFP）を実施し、先進国主導の下、すべての
国々が対策を講じる。

⑬　すべての国々において、気候関連災害や自然災害に対する強靭性（レジ
リエンス）および適応の能力を強化する。

⑭　2025 年までに、海洋ごみや富栄養化を含む、とくに陸上活動による汚
染など、あらゆる種類の海洋汚染を防止し、大幅に削減する。

⑮　2020 年までに、国際協定の下での義務に則って、森林、湿地、山地お
よび乾燥地をはじめとする陸域生態系と内陸淡水生態系およびそれらの
サービスの保全、回復および持続可能な利用を確保する。

⑯　あらゆる場所において、すべての形態の暴力および暴力に関連する死
亡率を大幅に減少させる。

⑰　課税および徴税能力の向上のため、開発途上国への国際的な支援など
も通じて、国内資源の動員を強化する。

　以上のうち 4 番目（SDG4）に、教育分野の目標が明記されている。「すべ
ての人に包摂的かつ公正な質の高い教育を確保し、生涯学習の機会を促進す
る」という主目標のもとに具体的な課題として 10 のターゲットが示されてお
り、それらの多くは、途上国を念頭に置いた対応に関するものであるが、いじ
め、不登校、外国籍、障害、貧困（社会構造の変化により新たに生まれたタイ
プも含む）なども含めて、誰一人取り残さないという観点からは、すべて
の国々におけるインクルーシブ教育の実現とも大きく関わっているのである
（「4.a　子供、障害及びジェンダーに配慮した教育施設を構築・改良し、すべ
ての人々に安全で非暴力的、インクルーシブで効果的な学習環境を提供できる
ようにする。」など）。

　また、SDGs の 10 番目の目標「人や国の不平等をなくそう」の中にも、イ
ンクルーシブ教育に深く関わる目標が掲げられている（「10.3　差別的な法律、
政策及び慣行の撤廃、並びに適切な関連法規、政策、行動の促進などを通じ
て、機会均等を確保し、成果の不平等を是正する。」など）。

　これらのことから、インクルーシブ教育の推進は、個々人が「ウェルビーイ

ング」を実感しつつ、そのことにおいてこそ、「共生社会」が実現する。その
ためには SDGs 達成に向けての実践が何より重要となるのである。この SDGs
に関連して文部科学省でも様々な取組を行っている（「SDGs 達成の担い手育
成推進事業」等）が、そうした取組を個別の課題として捉えるのではなく、イ
ンクルーシブ教育システムの構築も絡めた総合的な課題として捉えていくこと
が肝要である。

3. 共に生きる社会に向けた教育

（1）「共生する心」を育てる

　「共生」を志向する世界・社会の動きにあっては、「ウェルビーイング」と「共
生社会」の両立が不可欠である。この「共生」を実現するため、前述のよう
に、SDGs が「持続可能な開発目標」として、17 項目の目標を掲げ、それら
の目標を達成することで「誰一人取り残さない」社会の実現を目指している。

　では、学校教育において、いかに「共生する心」を育てていくのか、以下は
その育成する場となるものである。

① 　各教科、道徳、特別活動、総合的な学習の時間など、すべての教育実
　　践において「国際教育」を推進する

② 　情報通信技術を活用して「国際教育」を推進する（「GIGA スクール構
　　想」〈文部科学省「GIGA スクール構想の実現について」2019〉とも合致）

③ 　外国語教育の充実によって「国際教育」を推進する

④ 　教員養成大学等で、「国際教育」の基本的な理念・視点での物事の捉え
　　方をしっかり学ばせる（留学、海外研修旅行、海外修学旅行、姉妹校提
　　携による学校間交流などの異文化交流含む）

　これらの場面で、ユネスコ（国連教育科学文化機関 /United Nations
Educational, Scientific and Cultural Organization: UNESCO）の理念に基
づく「国際理解教育」、文化的多様性の尊重を目標とする「多文化教育」、様々
な文化的背景を持つ子どもたちが共に安心して学び合える「異文化間教育」の
実践の積み重ねが何より重要となる。多様な人々が共に生きる社会を創るた

めには、「インクルーシブ教育」の実践も重要である。インクルーシブとは、排除せずに包み込む包摂するという意味で、1994 年の「特別なニーズ教育に関する世界会議」において採択されたサラマンカ声明では「万人のための学校」を提唱し、障害の有無を含め、様々な教育的ニーズを持つ人々を通常の教育システムの中で教育する、インクルーシブ教育のパイオニアとなったのである。このインクルーシブ教育を実現するためには、合理的配慮（reasonable accommodation）が必要となる。合理的配慮は、2006 年に国連で採択され、2014（平成 26）年から日本でも効力を発揮している「障害者の権利に関する条約」の第 2 条で、次のように定義されている。「『合理的配慮』とは、障害者が他の者との平等を基礎として全ての人権及び基本的自由を享有し、又は行使することを確保するための必要かつ適当な変更及び調整であって、特定の場合において必要とされるものであり、かつ、均衡を失した又は過度の負担を課さないものをいう」。さらには、2016（平成 28）年 4 月より「障害者差別解消法」が施行され、そこでもインクルーシブ教育とそれに伴う合理的配慮が強調されている。したがって合理的配慮とは、これまでの特別支援教育のコンテクストで解釈されてきた「特別な配慮」ではなく、差別解消のための「調整」であると解釈すべきであろう。

　インクルーシブ教育の理念や実態は、国によって様々であるが、日本では、特別支援学級と通常学級、特別支援学校と通常学校というように、普段は別の場所で学修しつつ、随時交流する形態が多いといえる。

　さらには、公正な社会の形成者を育てるといった「シティズンシップ教育」も重要である。

　2020 年初頭からの新型コロナウイルスの世界的感染拡大は、一層の「共生社会」実現の重要性を示しており、「共生社会」実現を求めようとする人材育成の教育の必要性を強く求めているように、思えてならない。感染症拡大を阻止するためには、世界が協調し合わないと不可能で、まさに「ウェルビーイング」が成立しないと「共生社会」の実現に至らないと、脱炭素問題や地球温暖化問題等の人類存続にかかわる問題にも果敢に立ち向かおうとする人材育成の教育をこそ進めなければならないのである。

　社会には、社会的文化的背景や身体的特徴などを異にする様々な人々が、相互に関わりながら暮らしている。当然そこには、対立する意見は生まれるが、それを暴力ではなく話し合いによって解決できるような次世代を担う子どもたちをこそ育成することが求められているのである。そのため、国際理解教育や多文化教育、異文化間教育、インクルーシブ教育、シティズンシップ教育（社会形成・社会参加に関する教育）など、共に生きる社会を目指すという点で共通した様々な教育が実践されてきており、それらを一層充実させていくことが求められているのである。

　「教育は人なり」といわれるように、これらの様々な教育実践を進めていくのは他ならぬ教師である。つまり、教師自身が児童生徒のモデルとなって、多様な生き方を尊重する「共生社会」実現に向けて、これまで見てきたような「共生」を志向する世界や社会の動きを正確に捉え、これらに関連する教育実践の先頭に立って、その範を示していかなければならないのである。

（2）「『令和の日本型学校教育』の構築を目指して」（令和3年1月26日中央教育審議会答申）の概要

　以上のような世界・社会の動向を踏まえ我が国の教育、とりわけ学校教育の動きを見ていこう。

　当該答申では、Society5.0（サイバー空間〈仮想空間〉とフィジカル空間〈現実空間〉を高度に融合させたシステムにより、経済発展と社会的課題解決を両方する、人間中心の社会。内閣府）時代の到来など、社会の在り方そのものが急激に変わる社会状況を見据え、これからの初等中等教育の在り方について、「総論」と「各論」の構成で、目指すべき改革の方向性と具体的な方策が示された。

　第Ⅰ部　総論は次の全5章から構成されている。

　⑴　急激に変化する時代の中で育むべき資質・能力

　⑵　日本型学校教育の成り立ちと成果、直面する課題と新たな動きについて

　⑶　2020年代を通じて実現すべき「令和の日本型学校教育」の姿

⑷　「令和の日本型学校教育」の構築に向けた今後の方向性

⑸　「令和の日本型学校教育」の構築に向けた ICT の活用に関する基本的な
　　考え方

　2020 年代を通じて実現を目指す学校教育が「令和の日本型学校教育」とされ、すべての子どもたちの可能性を引き出す、「個別最適な学び」と、「協働的な学び」を実現するため、これまでの学校教育が果たしてきた役割を継承しつつ、必要な改革を進めていくことが示されている。さらに、「令和の日本型学校教育」の実現に向けて、ICT は基盤的なツールとして必要不可欠なものであり、これまでの実践と ICT とを最適に組み合わせることで、学校教育が抱える様々な課題を解決し、教育の質の向上につなげていくこととされている。

　また、「総論」を受けた、「各論」は以下の全 9 章から構成されており、各章において提言されている方策や具体的な取組は、以下の通りである。

⑴　幼児教育の質の向上について

⑵　9 年間を見通した新時代の義務教育の在り方について

⑶　新時代に対応した高等学校教育等の在り方について

⑷　新時代の特別支援教育の在り方について

⑸　増加する外国人児童生徒等への教育の在り方について

⑹　遠隔・オンライン教育を含む ICT を活用した学びの在り方について

⑺　新時代の学びを支える環境整備について

⑻　人口動態等を踏まえた学校運営や学校施設の在り方について

⑼　Society5.0 時代における教師及び教職員組織の在り方について

　「総論」においては、まず、現在の学校教育を取り巻く社会の変化と、その中で育むべき資質・能力がまとめられたうえで、「日本型学校教育」と言われる我が国の学校教育の「成果」と、変化する時代の中で直面する「課題」について整理された。

　具体的には、「急激に変化する時代の中で、我が国の学校教育には、一人一人の児童生徒が、自分のよさや可能性を認識するとともに、あらゆる他者を価値のある存在として尊重し、多様な人々と協働しながら様々な社会的変化

を乗り越え、豊かな人生を切り拓き、持続可能な社会の創り手となることができるよう、その資質・能力を育成することが求められている。」(同答申) この資質・能力の育成に向けては、子どもたちの「知・徳・体」を一体で育むこれまでの日本型学校教育の成果と、子どものたちの多様化や教師の長時間勤務といった直面する課題を踏まえつつ、学校における「働き方改革」や、「GIGAスクール構想」の実現といった新たな動きも加速・充実させながら、新学習指導要領を着実に実施することが必要であるとされる。

その上で、2020年代を通じて実現を目指す学校教育が「令和の日本型学校教育」と名付けられ、その具体的な姿として「全ての子どもたちの可能性を引き出す、個別最適な学びと、協働的な学びの実現」を挙げ、各学校においては、教科等の特質や児童生徒の実情を踏まえながら、「個別最適な学び」と「協働的な学び」を一体的に充実し、「主体的・対話的で深い学び」の実現に向けた授業改善につなげていくことが求められているのである。

以上を踏まえ、各学校段階における「子どもの学び」「教職員の姿」「子どもの学びや教職員を支える環境」について、「こうあってほしい」という思いで、目指すべき姿が具体的に示されている。「Society5.0」は、第5期科学技術基本計画で示された、わが国が目指すべき未来社会の姿である。先端技術が高度化し、あらゆる産業や社会生活に取り入れられた新たな社会は、すでに到来しつつある。Society5.0時代に生きる子どもたちに必要な資質・能力の育成とそれを担う教師の指導力が課題となっている。このSociety5.0時代の教師にはICT活用指導力が求められている。Society5.0時代の到来や学校におけるICT環境の整備が進んでも、教師としての基本的な役割が変わるものではないが、Society5.0時代に生きる子どもたちに必要な資質・能力の育成を図るためには、教師自身がICTを活用した指導力を向上させ、GIGAスクール構想の理念を実現することが強く求められているのである。

4．他の教育改革に関連する動き

（1）　児童生徒の「学びの保障」のために

　「GIGA スクール構想」におけるハードやソフトを一体とした整備を進めることで、緊急時においても ICT の活用によりすべての子どもたちの学びを保障できる環境の実現について示された。このことを受けて、1 人 1 台端末を実現し、GIGA スクール構想は一気に加速、その活用には地域格差や学校間格差が否めない状況もあったが、今後は緊急時においても、児童生徒の「学びの保障」の実現に向けて、家庭学習を支援することができるようになった。この点では不登校支援においてもオンラインを活用しながらの様々な工夫の余地もあり、望ましいことだと考えられる。

　今後の課題としては、家庭の通信環境の整備が重要となり、学校では、その環境状況を把握するとともに、行政も含め、経済的理由等で ICT 環境を準備できない家庭に対しての丁寧な整備が求められるところでもある。また、ICT 機器を活用する児童生徒およびそれを指導する教員の活用スキルアップも重要課題となるであろう。

（2）　コロナ禍における学校教育の実践とその留意点

　学校は、限られた空間のなかで、多くの児童生徒や教職員が一緒になって生活する場であることから、当然学校における衛生管理に気をつけながら活動を進めていかなければならない。厚生労働省が示した、新型コロナウイルス感染症拡大の状況を想定した「新しい生活様式」では、人との間隔をできるだけ2m 空けることや、会話をする際は、可能な限り真正面を避けることなどが示された（厚生労働省 HP）。

　ただ、実際、教室において 2m の距離を確保することは難しく、また、音楽科での合唱や楽器の演奏、保健体育科での柔道や家庭科での調理実習など、感染リスクの高い教育活動の場はあまりにも多い。

　各学校において、国全体はもちろん、各都道府県、地域の新型コロナウイ

ルス感染症の発生件数等の動向に留意しながら、各教育委員会のガイドライン
に沿って、それぞれの学校で工夫していくことが大切である。こうしたコロナ
禍における学校教育の実践に際しては、児童生徒および教職員の健康管理や三
密を避けることは当然として、マスクの着用、換気、消毒などを徹底し、学校
の教育活動において可能な限り、感染予防に努めることが重要である。さらに
は、新型コロナウィルス感染症及びワクチンの接種に関連した誤解や偏見に基
づく不当な差別、いじめ等が起こらないよう、人権教育も徹底されなければな
らない。

（3）求められるアフターコロナを見据えた教育実践

　アフターコロナを見据えたとき、児童生徒の「学び」をいかに保障するか
が一層重要となる。新型コロナウイルス感染症の拡大は、全国の小学校、中
学校、高等学校および特別支援学校等に、臨時休業となる事態を招いた〈2020
（令和2）年2月28日付で文部科学省から通知が出され、国内で前代未聞の
小学校、中学校、高等学校、特別支援学校等における全国一斉の臨時休業を
国が要請するという事態となる〉。そのなかで、児童生徒の「学び」をいかに
保障するかが大きな課題となった。つまり、感染症対策と共に子どもたちの
健やかな学びの保障を両立するという、二つのことが同時に求められたので
ある。

　また、学習指導要領のめざす「学び」の実現としては、小学校は2020年度
から、中学校は2021年度から、新学習指導要領の全面実施がなされたが、新
型コロナウイルス感染症の感染拡大を踏まえ、育てる資質・能力を意識したう
えで、指導すべき内容を明確化し、指導方法を柔軟に見直すことなど、基本的
な考え方が示されたのである。

　さらには、効果的な学習保障のための学習指導の考え方の明確化として、
臨時休業等によって指導を終えることがむずかしい場合の措置として、次年度
等に繰り越して教育課程を編成することが可能となったり、個人でも実施可能
な学習活動を授業以外の場において行ったりするなど、学校における学習活動
の重点化により、限定された授業時数の中で、学習指導要領に定める内容を効

果的に指導するように求められたのである。

（4）「社会に開かれた教育課程」の実践を重ねること

　これからの急激に変化する時代を生き抜いていくために必要な力とは何かを、学校が社会と連携・協働しながら、正確な情報等を共有し、教育が「不易」（時代が変わってもその価値は変わらないもの。教育においては、心を育てることの大切さなど）として実践し続けなければならないものを押さえつつ、社会の急激な変化を柔軟に受け止めていく「社会に開かれた教育課程」としての役割がますます期待されている。これが、これからの時代に求められる教育を実現するための「社会に開かれた教育課程」の姿である。以下は、特に新学者指導要領においてポイントとされている点である。

1）資質・能力の3つの柱の明示

　以下の①～③3つの柱に沿って、育てるべき資質・能力を整理し、教育課程の枠組みを考えることが大切である。①「何を理解しているか」「何ができるのか」（生きて働く知識・技能の習得）、②「理解していること・できることをどう使うか」（思考力・判断力・表現力等の育成）、③「どのように社会・世界と関わり、よりよい人生を送るか」（学びに向かう力・人間性等の涵養）

2）教科間・学校段階間のつながりの重視

　資質・能力の育成には、知識の質と量が重要であるが、教科等の学習の意義を確認しながら、教科間あるいは学校段階間の関係をつなぐことで、教科等における学習の成果を、「何を知っているか」だけではなく、「何ができるようになるか」にまで発展させることを求めている。

3）求められる「主体的・対話的で深い学び」（授業改善）

　子どもたち一人ひとりの資質・能力の育成や生涯にわたる能動的な学びにつながる、意味のある学び（学びの本質）となるようにしていくため、授業や単元の流れを、子どもの「主体的・対話的で深い学び」の過程として捉え、単元や題材のまとまりのなかで指導内容を関連づけながら、授業の質を高めていく工夫が求められている。

4）求められている学習評価の一層の充実（「何が身についたか」）

　学習評価については、教育課程や学習・指導方法の改善と一貫性をもった形で改善を進めることが求められている。また観点別評価については、小・中・高等学校の各教科を通じて、「知識・技能」「思考・判断・表現」「主体的に学習に取り組む態度」（子どもが学習の見通しを持って学習に取り組み、その学者を振り返る場面を適切に設定する）の３観点に整理することとしている。すなわち、単元や題材を見通して評価場面をどのように設定するかが大切とされているのである。

5. おわりに

　本書の読者のほとんどが将来教職を目指す方々であることは前述したが、教職に就いてからも活用していただけるよう、最新のデータに基づく内容を網羅させていただいた。難波正義先生からの「自然との共生」に関連した当該学問へのメッセージは、あらゆる学問の立つべき基軸をお示しいただいたものであると確信している。

　OECD は、これからの教育におけるキーワードとして、エージェンシー（Agency）を挙げている（OECD「Education2030 プロジェクト」2015 〜）。その意味するところは、「自ら考え、主体的に行動して、責任を持って社会変革を実現していく力」（文部科学省）であり、つまり「自分事」として自分が実際にとった行動が、世界や社会とどう関わっていくかを考える。また、世界や社会で起こっていることが自分の行動とどうつながっているのかについて考えていくことが、これからの個々人が世界や社会に対して持つ意識として重要となってくるのである。

　今、地域環境は、温暖化、酸性雨、砂漠化等、人類がこれまで経験したことがない大きな問題と向き合っている。次世代を担う子どもたちが、「自分事」として世界や社会の動きをグローバルにとらえ、「自分事」として、身近なできることから行動に移していけるような、そういった人材をこそ育てていかなければならない。それこそが、個々人の「ウェルビーイング」や「自己実現」

の成立と共に「共生社会」の実現につながる唯一の道ではないだろうか。

　まずは我々人類の文明が維持発展することにおいてのみ、学問成立の意義は見いだしうるものであり、教育社会学においても、「自然との共生」を含む、一人一人の「ウェルビーイング」の実現を基盤にした「共生社会」実現、そのため教育に何ができるか、「共生する心」を育てる場の設定と進める際のポイントはどこにあるのか、また、様々な教育改革が進む中、その改革が出てきた背景や意図は何なのか等、それらを掘り下げる学問こそ教育社会学であり、「公正」が一層強く求められる世界の動きや社会情勢を見据えるとき、今後益々教育社会学への要請は強いものとなるであろう。

引用・参考文献

中央教育審議会「『令和の日本型学校教育』の構築を目指して〜全ての子供たちの可能性を引き出す、個別最適な学びと、共同的な学びの実現〜」（答申）2021.

藤田英典「教育改革―共生時代の学校づくり」岩波書店　1997.

原清治・春日井敏之・篠原正典・森田真樹「教育社会学」ミネルヴァ書房　2019.

石井英真「流行に踊る日本の教育」東洋館出版社　2021.

岩水雅也「教育社会学概論」NHK 出版　2019.

梶田叡一『自己意識論集1　自己意識の心理学』p187 東京書籍 2020.

梶田叡一『自己意識論集Ⅱ　自己意識と人間教育』自己意識の心理学』pp.24-27 東京書籍 2020.

梶田叡一『自己意識論Ⅴ　内面性の心理学』自己意識の心理学』p129、pp.136-139、pp.139-140 東京書籍 2021.

川廷昌弘「未来をつくる道具　わたしたちの SDGs」ナツメ社　2020.

教育の未来を研究する会「最新教育動向 2021」明治図　2021.

国立教育政策研究所『教育改定の編成に関する基礎的研究報告書7』2020.

コメニウス『大教授学1』、世界教育学選集 24、p35　コメニウス（著）、梅根 悟（監修）、勝田守一（監修）、鈴木秀勇（翻訳）明治図書　1962.

文部科学省「令和2年度文部科学白書」2021.

村瀬嘉代子『子どものこころに寄り添う営み』pp.55-65、p61 慶應義塾大学出版会　2019.

日本環境教育学会・日本国際理解教育学会・日本社会教育学会・日本学校教育学会・SDGs 市民社会ネットワーク・「グローバル・コンパクト・ネットワーク・ジャパン」（編）「事典 持続可能な社会と教育」教育出版　2019.

日本教育社会学会（編）「教育社会学事典」丸善出版　2018.

NHK スペシャル取材班「2030 未来への分岐点」2021.

齋藤勝裕「『環境の科学』が一冊でまるごとわかる」ベレ出版　2020.

酒井明「現代社会と教育」ミネルヴァ書房　2021.

篠原清夫・栗田真樹「大学生のための社会学入門」晃洋書房　2016.

住本克彦『〈折れない心〉の育成についての一考察』新見公立大学紀要第 40 巻 pp.65-70、
　　2019.

吉田武男「教育社会学」ミネルヴァ書房　2018.

●●● コラム⑬　学校の新しい生活様式 ●●●

　2020年から2021年現在まで世界中に猛威を振るい続けるコロナウイルスが与えた影響は多岐にわたるが、ここでは教育というカテゴリーにおいて焦点をあて一考察をしたいと思う。2020年4月から、全国の教育機関における授業は、リモートに移行することになり、分野を問わず工夫を強いられることになった。重要なことは、対面授業で行う教育の質を携帯やPCの画面の中で保証できるかどうかということであり、そのために、教員は学生に配布する資料の教材研究や、PCで利用できる教育に関係するソフトの使用方法の理解に、多くの時間を費やしたに違いない。大学受験の予備校のように、動画を撮影、編集してくれるようなスタッフを配置できる教育機関であるならば、そこまで苦労は多くなかったかもしれないが、そのような教育機関は少数派だろう。数学の教員である私の場合、通常時における授業で対面式の場合には、90分間ひたすら黒板の両端を往復しながら数式を書き続ける。おそらく大学の数学の先生は、こういう授業形式を選んでいる方は多いのではないだろうか。こうしたスタイルの授業の質をおとさずリモートで授業を展開するにはどうしたらよいか。私はYouTubeでの授業方法を研究した。最終的にはA4用紙に数式を記述して、それを書画カメラで映すということに落ち着いた。この手法は、これまでの授業の質を保つことのできる方法の1つだと思う。私のように、教員はリモートで行う授業の研究を重ねたであろうし、その影響もあったのか、この1年で教育系YouTuberが増加したようにも思われる。

　さて、ここからは今後の教育の方向性について、私の考えを述べたいと思う。コロナが与えた影響の一つに、授業のICT化の促進があげられる。2024年度から全国の義務教育機関の学校で、電子教科書の導入が本格化されることが決まっており、現在、多くの教員がICTを用いた授業を展開せざるを得なくなったことは、その良い準備期間になったともいえる。授業課題も、グーグルドライブやマイクロソフトのチームズを利用する等多様化しており、加えて電子黒板やリモート授業をするためのソフトも多く開発され、素人でも授業を映像化できる技術が生み出されている。

　一方、近年は子どもたちへの質の高い教育が、より強く求められている。かつてなら、例えば部活でケガをして長期入院が必要な子どもには、担任の先生や、友だちが課題を持っていき、軽く内容に触れる程度であった。しかし、ICT化により授業を映像化して保存しておけば、学校を欠席している生徒にも同じ授業を提供することができる。実際に、授業動画を保存し始めた自治体もあると聞いている。このように映像授業の導入が、今後のトレンドになると考えると、教員はわかりやすい授業を行うだけでなく、授業の理解を促す動画編集の技術が必要になってくる。さらに、もっと先の時代では、授業はすべて映像を流すスタイルに変わりそのフォローを教師がするという時代がくるかもしれない。いずれにしても、学校現場での教師の働き方は変わってくるだろう。

執筆者紹介

難波　正義　（岡山大学名誉教授）　発刊によせて、特別寄稿

住本　克彦　（奈良学園大学教授）　まえがき、第7章、第8章、第10章、第13章

岡本　恵太　（奈良学園大学准教授）　第1章

オチャンテ・カルロス　（奈良学園大学講師）　コラム①

森　　一弘　（奈良学園大学教授）　第2章

正村　政則　（新見市教育長）　コラム②

小泉　令三　（元福岡教育大学教授）　第3章

岡野　聡子　（奈良学園大学准教授）　コラム③

定金　浩一　（甲南大学教授）　第4章

西江なお子　（奈良学園大学准教授）　コラム④

山口　裕毅　（兵庫県立大学講師）　第5章

崔　　回淑　（環太平洋大学准教授）　コラム⑤

坂中　尚哉　（香川大学准教授）　第6章

齋藤　健司　（新見公立大学教授）　第9章、コラム⑥

濱津　良輔　（鳥取市立美保南小学校元校長）　コラム⑦

住本みゆき　（小野市教育委員会）　コラム⑧

正木　友則　（岡山理科大学准教授）　コラム⑨

立浪　朋子　（新見公立大学講師）　第10章

岡部　康英　（石川県立小松特別支援学校校長）　第10章

太田　雄久　（奈良学園大学講師）　コラム⑩

善野八千子　（奈良学園大学特任教授）　第11章

澁谷　友和　（奈良学園大学准教授）　コラム⑪

松岡　克典　（奈良学園大学准教授）　コラム⑫

金山　憲正　（奈良学園大学教授）　第12章

原口　忠之　（奈良学園大学准教授）　コラム⑬

■編著者紹介

住本　克彦　（すみもと　かつひこ）

奈良学園大学　人間教育学部　教授
〈専門分野〉教育学、いのちの教育、学校カウンセリング、生徒指導など。
〈略歴〉兵庫教育大学大学院 学校教育研究科 学校教育専攻修士課程（生徒指導コース）修了。

公立学校教諭、兵庫県教育委員会義務教育課 指導主事、兵庫県立但馬やまびこの郷（県立不登校対策支援施設）指導主事（カウンセリング担当）、兵庫県立教育研修所 心の教育総合センター主任指導主事、環太平洋大学次世代教育学部 教育経営学科・教授・学科長・教務部長・学生相談室長、新見公立大学 幼児教育学科長・健康保育学科長・教授等を経て、現職。

現在、日本教育カウンセラー協会「評議員」、滋賀県立学校いじめ問題調査委員会「委員」（学識経験者）、岡山県いじめ問題対策連絡協議会「会長」、兵庫県こども家庭センター（児童相談所）「児童虐待等対応専門アドバイザー」、兵庫県教育委員会「県立高等学校特別非常勤講師」、神戸市今後の不登校支援のあり方に関する検討委員会「委員長」、新見公立大学「非常勤講師」、姫路市医師会看護専門学校「非常勤講師」、岡山医療専門職大学「非常勤講師」等も務めている。

〈主な著書・論文等〉
① 住本克彦（単著）：「命の教育」の一環としての「いじめ防止教育プログラム」開発に関する一考察 ― 文部科学省のいじめ防止対策事業を踏まえて ―、新見公立大学紀要第 39 巻、pp.79-84, 2018.
② 住本克彦（編著）：エンカウンターで不登校対応が変わる 國分監修 図書文化社 2010.
③ 住本克彦（共著）：現代カウンセリング事典 國分康孝監修 金子書房 2001.
④ 住本克彦（編著）：エンカウンターでいじめ対応が変わる 國分監修 図書文化社 2019.
⑤ 住本克彦（監修・編著）：子どもたちが輝くクラスづくりのための総合質問紙調査「i-check」令和 4 年 改訂版 東京書籍 2022.
⑥ 住本克彦（編著）：コンパス教育相談 建帛社 2022. など 多数。
〈資格等〉日本カウンセリング学会認定スーパーバイザー、学校心理士、学校カウンセラー、SGE 公認リーダー、ガイダンスカウンセラーなど。

新しい視点からの教育社会学
― 人間形成論の視点から ―

2022 年 9 月 26 日　初版第 1 刷発行

■編 著 者―――住本克彦

■発 行 者―――佐藤　守

■発 行 所―――株式会社 大学教育出版
　　　　　　　〒 700-0953　岡山市南区西市 855-4
　　　　　　　電話（086）244-1268　FAX（086）246-0294

■印刷製本―――モリモト印刷 ㈱

ISBN978 - 4 - 86692 - 200 - 3